航空港规划丛书

综合交通枢纽规划

（第二版）

刘武君　著

上海科学技术出版社

航空港规划丛书

图书在版编目（CIP）数据

综合交通枢纽规划 / 刘武君著. -- 2版. -- 上海：上海科学技术出版社，2021.10
（航空港规划丛书）
ISBN 978-7-5478-4713-8

Ⅰ.①综… Ⅱ.①刘… Ⅲ.①交通运输中心－交通规划－研究 Ⅳ.①U115

中国版本图书馆CIP数据核字（2021）第181050号

综合交通枢纽规划(第二版)

刘武君　著

上海世纪出版（集团）有限公司
上海科学技术出版社　出版、发行
（上海钦州南路71号　邮政编码200235　www.sstp.cn）
上海中华商务联合印刷有限公司印刷
开本 787×1092　1/16　印张 14.5
字数 300 千字
2015 年 3 月第 1 版
2021 年 10 月第 2 版　2021 年 10 月第 1 次印刷
ISBN 978-7-5478-4713-8/U·117
定价：138.00 元

本书如有缺页、错装或坏损等严重质量问题，请向工厂联系调换

综合交通枢纽规划(第二版)

内容提要

本书是在虹桥综合交通枢纽实践的基础上,对综合交通枢纽规划进行的系统研究和总结,指出综合交通枢纽规划成功的两点重要因素:一是综合交通枢纽的一体化;二是综合交通枢纽的可持续发展。

本书共分十四章,对综合交通枢纽的定义、分类、意义、目标做了比较具体的讨论,包括:出行理念,枢纽体系;定位功能,明确目标;规模合理,滚动发展;流程便捷,易于识别;人车分流,动静分离;公交优先,站场分离;快慢分离,互通冗余;各成体系,便于运营;统一平台,运营指挥;多式联运,方便旅客;商业服务,提升功能;防灾减灾,保障安全;节能减排,持续发展;一体化,可持续。

本书的主要读者是从事综合交通枢纽规划、设计、施工的技术人员和管理人员,也可供交通领域其他从事规划、设计工作的人员参考。

综合交通枢纽规划（第二版）

第一版代序

枢纽：撬动区域经济一体化的支点

"假如给我一个支点，我就能撬动地球。"这是后人借阿基米德之口解释杠杆原理的名句。其实，这句名言还告诉了我们"支点"的重要性。在城市和区域规划中，一些关键性的重大基础设施往往就能起到这种"支点"的作用。

三年前，当我向一位外国学者介绍刘武君教授所做的浦东国际机场和虹桥综合交通枢纽的时候，他兴奋地对刘武君教授说："这可是撬动了上海经济的项目啊！"自2010年虹桥综合交通枢纽建成投运以来，这是我听到的对这项引人注目的城市基础设施工程最为准确、深刻的评价。是的，虹桥综合交通枢纽无疑就是那个"支点"，那个撬动了上海城市经济、带动了长三角经济一体化发展，甚至影响了整个国家和东亚地区的"支点"。

综合交通枢纽始终都是城市和区域发展的"支点"。集散是交通枢纽的功能，也是城市的基本功能。现代城市有四大基本功能：交通、居住、工作、游憩，其中的居住、工作、游憩在乡村中也是存在的，只有交通才是城市所特有的。交通的集散带来了交通枢纽地区人口和产业的聚集，带来了贸易，从而带来了城市和城市的发展。现代综合交通枢纽带来的是第三产业，也就是现代服务业的聚集。虹桥综合交通枢纽及其周围地区的快速发展也正在印证这些。

综合交通枢纽是多种交通方式的换乘设施，是各种交通系统互联互通、形成网络的关键，也就是综合交通体系的"支点"。由于受各自为政的交通行政管理体制的长期影响，我国的各种交通方式相互隔绝，造成了当前我们要建设一体化的综合交通体系困难重重的局面。现在看来，综合交通枢纽的规划建设就是我国综合交通体系建设的"突破口"。交通枢纽就是一体化综合交通体系规划运营的"支点"。虹桥综合交通枢纽为整合长三角综合交通体系和上海市综合交通网络做了许许多多的探索，本书比较全面地展示了这些突破和创新。

对于这个"支点"即综合交通枢纽的规划研究，在学术界应该说还只是刚刚起步。刘武君教授的这部《综合交通枢纽规划》结合虹桥综合交通枢纽的案例，是非常值得一读的。该书比较全面地研究了综合交通枢纽规划的相关课题，书中始终贯穿着两个核心思想，就是六个字："一体化""可持续"。这应该是著者基于自己主持虹桥综合交通枢纽等多个枢纽项目规划工作的经验总结，是这些经验高度凝练的"结晶"。

"一体化"是综合交通枢纽规划设计应该追求的目标。我们讲了多年的一体化到底是什么内涵，怎样才算是一体化了呢？刘武君教授在他的这本书中通过虹桥综合交通枢纽案例，给出了这样的阐释：在功能定位方面追求综合交通枢纽与区域和城市发展的一体化；在交通运输方面追求综合交通枢纽与综合交通网络发展的一体化；在规划布局方面追求综合交通枢纽中各种交通基础设施的一体化；在系统建设方面追求综合交通枢纽与运行信息系统的一体化和应急指挥系统的一体化；在多式联运方面追求综合交通枢纽中各种交通方式运营管理的一体化；在防灾规划方面追求综合交通枢纽安全保障的一体化；在项目开发方面追求综合交通枢纽实现投资、建设和运营的一体化。总之，就是希望在综合交通枢纽规划运营中，通过对上述七个一体化的不懈追求，最终达到促进区域经济社会一体化发展的目的。就如上海虹桥综合交通枢纽在促进长三角经济社会一体化方面做出了突出的贡献那样，现在，虹桥综合交通枢纽本身也已经成为长三角区域经济一体化的标志。

另一方面，可持续发展也是综合交通枢纽规划建设的基本原则，更是综合交通枢纽项目的生存哲学。把防灾减害、保障安全放在头等重要的位置上，高度重视综合交通枢纽的防灾规划，是综合交通枢纽可持续发展的前提；高度关注商业服务设施的规划建设，确定商业服务设施的合理规模和合理业态，是综合交通枢纽可持续发展的保障；采用成熟的节能技术，不断地在节能减排上下功夫，是综合交通枢纽可持续发展的追求。使每一个综合交通枢纽都成为可持续发展的项目是规划建设的目标，其实也是规划建设的底线。

最后，综合交通枢纽规划是一个需要多学科聚集共同探究的课题，期待有更多不同专业的学者和工程师加入进来，长期努力，开拓创新，不断丰富综合交通枢纽规划建设的成果。刘武君教授从提出虹桥综合交通枢纽的概念方案，开展功能定位研究、规划研究、设计施工，到竣工投运，用了整整八年时间，再加上四年多的运营维护经验，凝聚成了这本《综合交通枢纽规划》。它让我想到：一个好的城市基础设施不是我们在设计院里"画"出来的，更不可能用标准图去进行批量生产，它需要我们"画"前的精心策划和"画"后的艰苦实施，以及长期的精益运营。十年磨一剑！只有这样才能成就一个真正优秀的建筑，任何急功近利、表面光鲜、追求一时新奇刺激的"形象工程"都是不可取的。

当前，全国各地的综合交通枢纽建设方兴未艾，相信刘武君教授的这部《综合交通枢纽规划》的出版，会对这些综合交通枢纽的"一体化"和"可持续"产生重大影响，虹桥综合交通枢纽案例也将会起到极好的借鉴和指导作用。

吴良镛

2015 年 1 月 18 日 于北京

目录

绪论　出行理念，枢纽体系　1

第1章　定位功能，明确目标　13
1.1　综合交通枢纽在区域中的功能定位　14
1.2　综合交通枢纽在综合交通网络中的功能定位　16
1.3　综合交通枢纽在城市规划中的功能定位　18
1.4　要素规划与城市设计　24

第2章　规模合理，滚动发展　37
2.1　综合交通枢纽设施的基本空间构成　38
2.2　三种常用的设施规模策划方法　41
　2.2.1　需求推测法　41
　2.2.2　容量策划法　42
　2.2.3　类比策划法　42
2.3　虹桥综合交通枢纽的规模策划　49

第3章　流程便捷，易于识别　53
3.1　综合交通枢纽的设施一体化　54

3.2 方便换乘的设施布局　58
3.3 简洁顺畅、容易识别的流程设计　61
3.4 若即若离的旅客流程与商业服务设施　65

第4章　人车分流，动静分离　67
4.1 人车竖向分离　68
4.2 人车水平分离　72
4.3 动静分离与车道边规划　75

第5章　公交优先，站场分离　77
5.1 公交优先　78
5.2 站场分离　84
5.3 舒适候车　85

第6章　快慢分离，互通冗余　87
6.1 快捷、自成系统的旅客通道　88
6.2 多车道边、多出入口的人车转换模式　93
6.3 分散均匀的地区交通　93
6.4 便捷安全的专用通道　94
6.5 客货分离　96

第7章　各成体系，便于运营　99
7.1 多元投资，产权明晰　100
7.2 设施运行，相对独立　110
7.3 运行系统，完整高效　112
7.4 标识规范，易于识别　113

第8章　统一平台，运营指挥　117
8.1　信息平台，有机生成　118
8.2　信息共享，统一发布　122
8.3　信息互联，统一指挥　125

第9章　多式联运，方便旅客　129
9.1　远程值机，多式联运　131
9.2　城市航站楼与空轨联运　134
9.3　空铁联运　137
9.4　空路联运　145

第10章　商业服务，提升功能　147
10.1　商业规模，客流决定　148
10.2　业态规划，突出理念　150
10.3　设施布局，适应市场　153
10.4　广告规划，受众第一　162

第11章　防灾减害，保障安全　165
11.1　设施布局，防灾优先　166
11.2　区分灾害，确立目标　169
11.3　灾害识别，灾害评估　171
11.4　灾害对策，工程实施　173
11.5　监测预警，应急救援　177

第12章　节能减排，持续发展　181
12.1　枢纽运营，终生节能　183

12.2 节能减排,技术先行 184
　12.2.1 紧凑集约,节约用地 184
　12.2.2 自然采光,自然通风 185
　12.2.3 节水、节材 185
　12.2.4 节能 186
　12.2.5 新能源利用 187
12.3 环境保护 190
12.4 高效经营,持续发展 193

结语　一体化,可持续 199

图表索引 207

案例索引 214

参考文献 215

后记 217

综合交通枢纽规划（第二版）

绪 论

出行理念，枢纽体系

2006年5月,当我开始负责虹桥综合交通枢纽的规划设计工作的时候,我就带领我的研究团队考察了世界上几个著名的综合交通枢纽,并沿途向他们解释我心中酝酿许久的虹桥综合交通枢纽规划设计的指导思想和方式方法。后来我发现,为了表述清楚综合交通枢纽的规划思想,以下几个基本概念必须解释清楚,或曰达成共识。

1. 组合出行

由于各种交通方式在使用者密度和出行距离方面,都有其使用优势阈(见图0-1)。步行

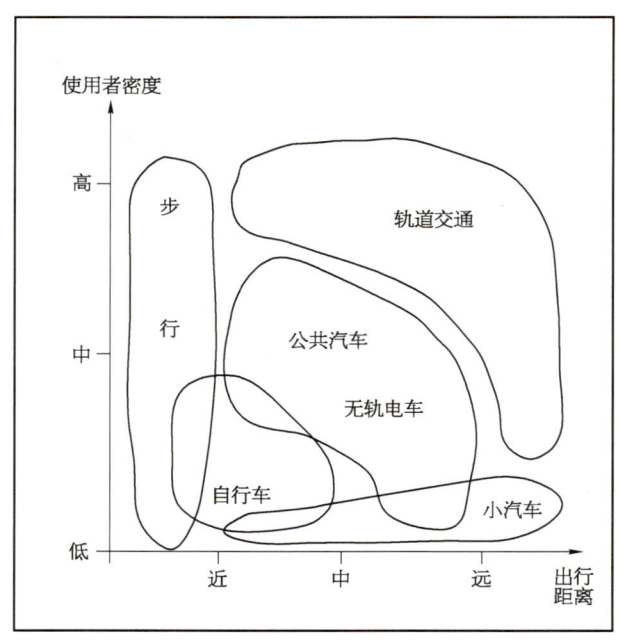

图0-1 各种交通方式的优势阈

是使用最多的,但它不适合中长距离;自行车适应的距离比步行略长,但使用者密度大大降低;轨道交通使用者密度高、适用的距离阈很大,但它不能够像步行和自行车那样提供门到门的服务;公共汽车和地面有轨电车与轨道交通相似,但在使用者密度和出行距离上都逊于轨道交通;只有小汽车与轨道交通有相似的出行距离阈,且可以提供门到门的服务,但它使用者密度最低、占用城市资源最多、环境污染最大,同时还具有"发展不可逆"的特征,是城市公共交通发展的"天敌"。

上述各种交通方式的优势阈,使人们在现代城市中的日常出行一般都不可能只使用一种交通方式,于是我在《大都会——上海城市交通与空间结构研究》(上海科学技术出版社,2004年出版)中提出了"组合出行"的理念(见图0-2)。也就是说市民出行需要通过几次换乘才能到达目的地。这样的出行方式对个体来说也许效率不高,但是综合的出行效率和总的资源利用率一定是最高的。今天,这个"组合出行"的理念已经被广泛运用于大都市的客运交通规划之中。

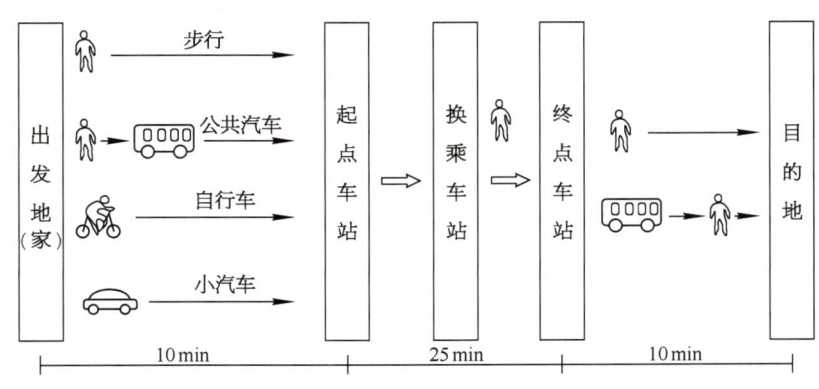

图0-2 "组合出行"模式

2. 一小时通勤圈

在如图0-2所示的出行模式中,1 h所能覆盖的区域当然是中间使用轨道交通的情况下为最大。换言之,即如果在上海使用轨道交通,市民们80%~90%的出行都能在1 h之内、换乘不超过3次的情况下完成,那么可以认为城市的公共交通是比较方便的。这就是"一小时通勤圈"的概念,也是目前人们每天上下班的主要交通模式。

在这个交通模式中,轨道交通车站成为重要节点,在这里旅客将换乘其他各种交通方式,如何使旅客在此便捷舒适地换乘是设计者规划设计的目标。上海市轨道交通3号线水产路站就是一个特别重视轨道交通与公共汽车和自行车换乘的案例,设计者在平行于轨道交通车站设置了三个公交巴士站台,在高架的轨道交通车站下布置了自行车停车场,使水产路站成了换乘非常便捷的交通枢纽(见图0-3)。

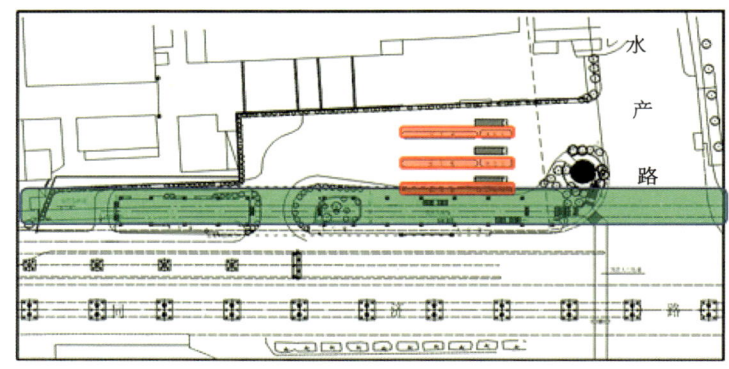

图0-3　上海市轨道交通3号线水产路站

在类似于上海市轨道交通3号线水产路站这样的轨道交通车站,由于交通的便捷,必将带来人流、居住人口的增加和土地开发强度的提高,从而造成城市空间结构的变化,形成以轨道交通线路为轴、轨道交通车站为核的"核—轴式"城市多核结构(见图0-4)。随着这种以车站为核心而集聚的发展,城市商业服务设施以及其他各种公共设施也会向车站地区集聚。于是,多种交通方式换乘节点的形成,加上这种不断向节点集聚的城市结构的重构,就会在城市中形成各种不同的各种交通枢纽。

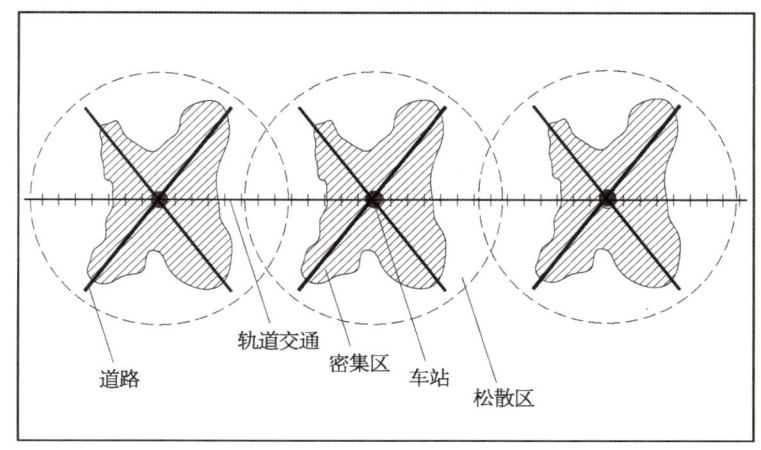

图0-4　以车站为核心集聚的城市多核结构

根据过去的研究,发现以轨道交通车站为核心的周边500 m半径之内是上述集聚发展最明显的地区。同时500 m也是一般成人步行比较合适的距离。于是,轨道交通车站一般都是在1 km左右的间距。显然,这具有其内在的规律性和合理性。如图0-5所示为上海市的轨道交通网规划图,如果以每个车站为圆心、500 m为半径画一个圆,就会发现内环线以内地区的覆盖率高达90%以上,中环线以内浦西也在80%左右。

其实,这就是规划设计"一小时通勤圈"的基础。

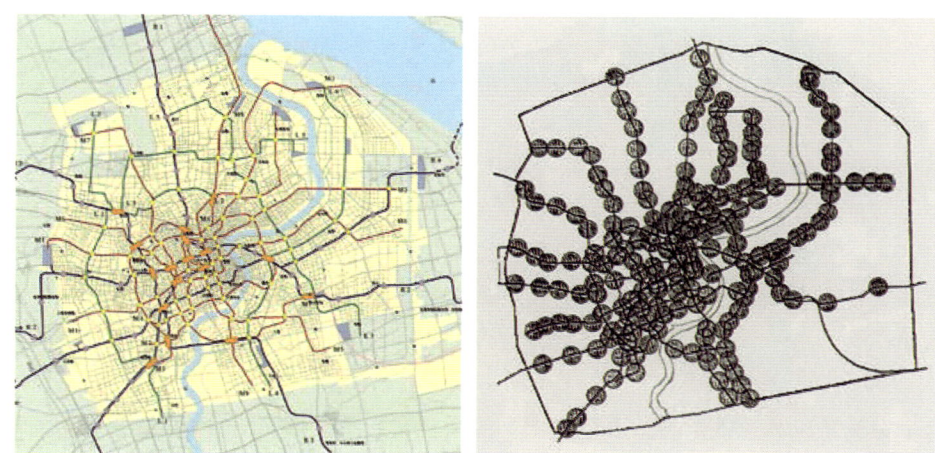

图0-5　上海市中心城轨道交通网及车站500 m半径覆盖圈

3. 一日交通圈

"一日交通圈"即指一天能够往返的活动区域,通常是指利用城际交通方式,如长途客车、城际铁路或民用航空等,单程在3～5 h的商务活动区域。对于上海来说,利用长途客车的一日交通圈就是传统的杭嘉湖、苏锡常经济圈;利用城际铁路就是沪宁、沪杭甬经济圈;利用民用航空就可覆盖全国,甚至东亚、南亚的大部分国家。

"一日交通圈"这个概念,无论是在交通规划上还是在经济活动中,甚至在日常生活中都是非常重要的。在一日交通圈内的区域是同一经济区划、同一经济体,也就是存在所谓"同城效应"的区域。它使得区域能够共享许多市政基础设施、文化设施、医疗设施、教育资源,共享经济资源、环境资源、土地资源等。

过去,交通规划比较偏重于交通设施规划,引入"一小时通勤圈"和"一日交通圈"这两个概念之后,交通规划则是从"旅客出行"这个角度出发进行设计。以"出行"为基础是区别于过去以"设施"为基础的本质所在。以设施为基础的交通规划表现为各种交通方式的基础设施相互分隔，旅客成为"被"运输的"物体"，这当然也与我国过去相互分隔的交通行政管理体制密切相关。而在以"出行"为基准的交通规划中，旅客是运输的主体，他们根据自己的出行需求和设施条件选择自己的"组合出行"模式。

案例 0-1　苏州吴教授一家的周末一天

今天是周六，家住苏州的吴教授一家三口和往常一样 7:00 起床、8:00 出门、8:30 就乘上了去上海的城际高铁，9:00 他们在虹桥综合交通枢纽换乘上海市轨道交通 2 号线，不到 10:00 就到了位于浦东新区的东方体育中心。他们一家来这里是为了观看在东方体育中心进行的国际游泳锦标赛。

12:30，他们看完了今天的国际游泳锦标赛，从位于体育中心内的轨道交通车站乘车、换乘，来到了位于上海市中心的新天地共进午餐，品尝了正宗的意大利菜。然后，一家三口悠然自得地乘轨道交通到虹桥综合交通枢纽换乘城际高铁回到了苏州，到家时是 16:30。

这就是长三角今天的"同城生活"，也就是本书要讲的"一日交通圈"。

这个案例是以高速铁路为主要运输工具的一日交通圈。事实上，以虹桥综合交通枢纽为核心，不同的运输工具其覆盖区域是完全不同的。如图 0-6～图 0-8 所示分别说明了以上海为中心的高速公路、高速铁路、民用航空三种运输工具的不同服务区域。

4. 交通枢纽

城市和乡村中存在多种不同的交通方式，如航空、铁路、道路、水路、城市轨道交通等；各种交通方式或是相同交通方式又会形成各种不同的交通网络。分析这些不同的交通网络，发现它们可以归纳为两种最基本的原型，即"集聚型"和"网格型"（见图 0-9）。

集聚型的交通网络由多条线路向一处集聚，形成一个交通枢纽。但线网规模变大以后还集聚在一处就会出现一些弊端，如过于拥挤、投资太大、安全性降低等。于是就出现了将集聚点分成几个射线形集聚网络、三个的三角形集聚型网络和将集聚点环状分布的环形集聚型网络。

网格型的交通网络更富人工规划特征，其网络中的交通线路呈网格状，所有的交叉点都是两条线路交叉形成的较小的交通枢纽。这种网格型网络具有与城市的协调性好、均匀性好、建设难度小等优点，但如果不达到一定规模，就缺乏较好的可达性和便捷的换乘功能。

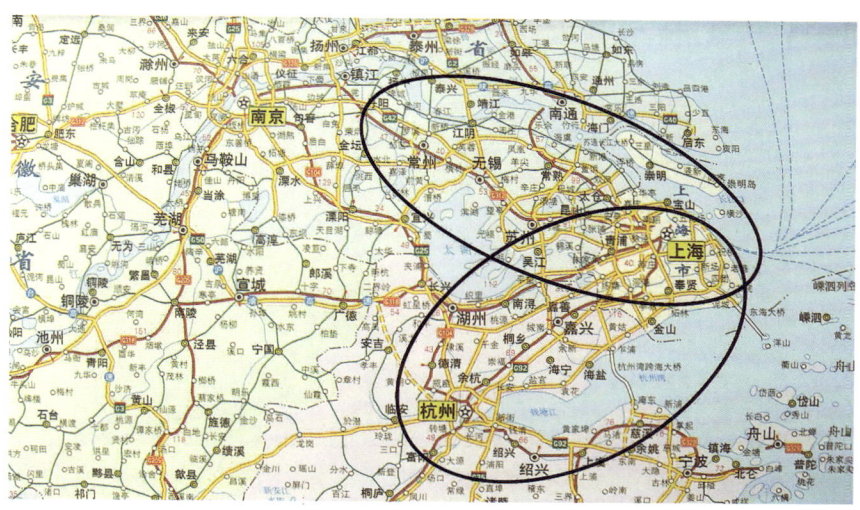

图 0-6 以虹桥综合交通枢纽为核心的高速公路一日交通圈

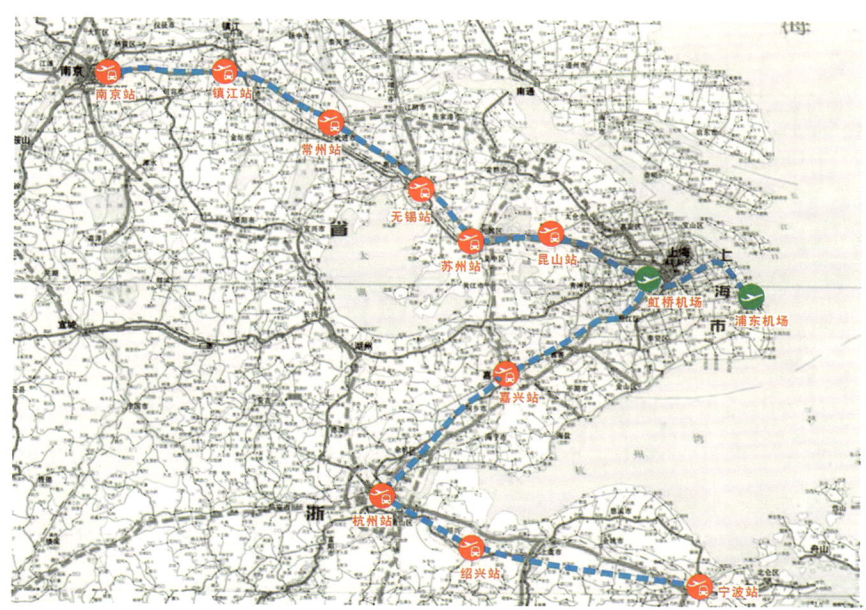

图 0-7 以虹桥综合交通枢纽为核心的高速铁路一日交通圈

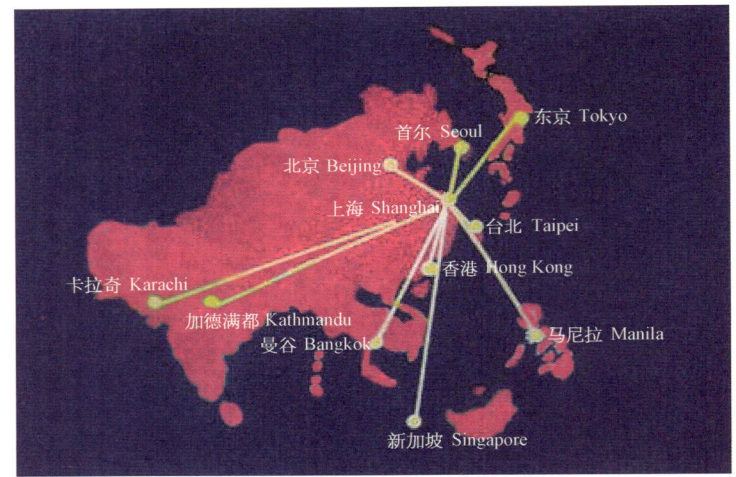

图 0-8　以上海机场为核心的航空一日交通圈

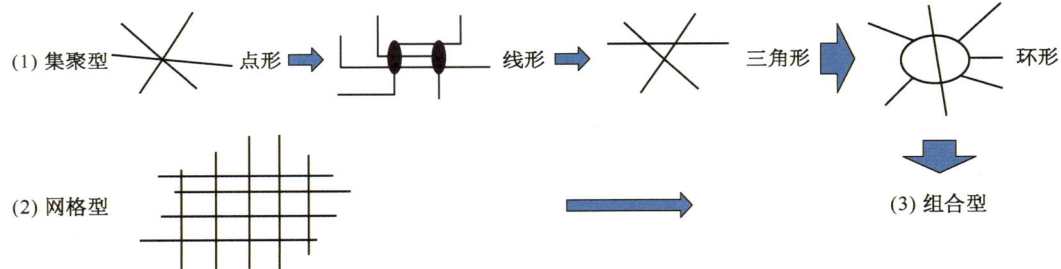

图 0-9　交通网络的基础原型

因此,可以看到现实中的交通网络绝大多数都是这两种基本原型的组合型。而且往往在其发展过程中都是由简单的集聚型向复杂的集聚型演变,并最终发展成为集聚型与网格型结合的组合型网络的。上海的轨道交通网络规划就是一个很好的案例。上海先有了轨道交通 1 号线和 2 号线,有了人民广场换乘枢纽;然后制定了一个长 800 多 km 的"上海市轨道交通网络规划",计划将上海发展成为一个网格型的轨道交通网络;但是,随后很快就发现在网络没有具备一定的规模之前,如果没有几个集聚型的换乘枢纽站,旅客换乘很不方便;于是便规划建设了几个集聚型的换乘枢纽站,如东方路站、徐家汇站、中山公园站、虹口足球场站等。这表明,事物都有其自身的发展规律,一味地"跨越式发展"是行不通的。

上述交通网络中的节点其实就是所谓的交通枢纽。因此,两种或两种以上的交通方式或交通线路的换乘站点即可认为是"交通枢纽"。一般以旅客换乘量的多少(而不是设施规模的大小)来定义交通枢纽的大小。将具有许多种交通方式的大型换乘站称为"综合交通枢纽",而把位于城市外围地区的城市内外交通的换乘站称为"门户型交通枢纽"。本书是以门户型大型综合交通枢纽为研究对象,以虹桥综合交通枢纽为案例,来研究综合交通枢纽的规划课题的。

综合交通枢纽还可以从发展战略和规划的角度分为国家级、区域级、城市级和市内级等四大类,其中城市内的综合交通枢纽又可以根据城市自身的规模分为不同的几个级别。分类的依据大体上为枢纽的功能定位和换乘量的大小两个方面;而枢纽规划布局的依据则完全来自对城市交通现状和规划中的客流调查和分析。

5. 综合交通运输体系

综合交通运输体系是指上述各种交通方式所形成的网络的总和,一个好的综合交通运输体系应该是各种交通方式有机融合后的一个网络、一个体系。然而,我国各种交通方式各自为政的现象还比较普遍,不断地整合各种交通方式,促进综合交通运输的一体化建设是亟待完成的任务。综合交通运输体系的问题是我国长期以来备受关注的课题。

案例 0-2 上海市综合客运交通枢纽布局规划

为进一步构筑长江三角洲大都市交通圈,把上海建成"四个中心"和现代化国际大都市,进一步完善网络化、功能性、枢纽型的城市综合交通体系,促进公交优先发展,必须配合城市发展进程,统筹规划,适时建设,建立布局合理、结构完善的综合交通枢纽系统,促进交通、土地资源的合理配置和综合利用。

根据上海市委、市政府的部署,在各相关单位的协同配合下,由市规划局会同市交通局组织编制了《上海市综合客运交通枢纽布局规划》,明确了上海市综合客运交通枢纽的总体布局。

1. 规划原则

(1) 坚持科学发展观,将先导性和可操作性相结合。按照公交优先发展的要求,预控公共设施资源,以适应长三角区域交通一体化发展的需求,适应上海城乡规划体系建设的需求,适应举办世博会的需求。

(2) 坚持以人为本,系统衔接,方便换乘。依托网络完善、站点固定、客运量较大的轨道交通系统,充分发挥轨道交通的运能,提升服务水平。同时要与机场、铁路、高速公路、长途客运以及常规地面公交等其他交通系统保持紧密衔接。

(3) 坚持因地制宜，集约节约利用土地。枢纽布局要满足常规公交、静态交通以及其他交通方式发展的必要需求，同时要充分利用现状用地条件，对不同区域提出差别化的布局和选址的要求。

(4) 坚持优势互补、条块结合。要依托区县政府，依托市政建设，市区联手推进交通枢纽建设。

本次规划以机场、铁路、轨道交通、市域高速公路和干线公路网为基础，综合考虑枢纽的交通方式和规模大小，结合城市功能和城乡规划体系，对全市交通枢纽进行分类梳理。

2. 综合交通枢纽梳理分类和基本布局

本次枢纽布局规划在市域范围内选择了 145 个枢纽站点，根据枢纽承担的交通功能和规模大小，分为 A、B、C、D 四类。其中，A 类枢纽 5 处，B 类枢纽 88 处，C 类枢纽 37 处，D 类枢纽 15 处。

(1) A 类枢纽(5 处)：指以航空、铁路等大型对外交通设施为主，配套设置轨道交通车站、地面公交站、社会停车场、出租车营运站等市内交通设施，共同形成的大型市内外综合客运交通枢纽。结合两大机场和铁路客站，全市共形成虹桥综合交通枢纽、浦东国际机场、铁路上海站、铁路上海南站和铁路浦东客站枢纽共 5 个一体化市内外综合交通换乘枢纽。

(2) B 类枢纽(88 处)：指以轨道交通车站为主，结合地面公交站点、出租车营运站、社会停车场和长途客运站等其他交通设施，共同形成的大中型综合客运交通枢纽。根据不同的客流规模，B 类枢纽主要分为两类。

① B1 类枢纽(15 处)：是以三线及三线以上轨道交通换乘站为主体的大型枢纽。B1 类换乘枢纽地区的规划工作是近年的重点工作之一。汉中路、静安寺、人民广场、世纪大道、徐家汇、虹口体育场等地区的综合交通规划均已完成或基本完成，其余站点将根据轨道交通推进情况和周边用地情况逐步实施。

② B2 类枢纽(73 处)：是以单线或双线轨道交通站点为主体的中型枢纽。在本市规划的 300 余个单、双线轨道交通站点中，通过综合考虑地面公交始末站、长途客运站、社会停车场库等交通设施的用地需求，对其中有新增用地需求的 73 个 B2 类枢纽进行了规划布点。其中 19 个分布在内环线以内，32 个分布在内外环之间，22 个结合郊区城镇布置，分布在外环以外。

(3) C 类枢纽(37 处)：指以轨道交通、地面公交和机动车换乘为主体的停车换乘(park and ride, P&R)枢纽。中心城用地紧张、交通负荷重，因此规划在外环附近及外环以外、靠近主要公路和轨道交通站点的区域设置大中型社会停车场，提供优惠的停车收费标准和便捷的换乘条件，起到适当截流进城机动车、引导换乘公交的作用，形成 37 处 C 类停车换乘枢纽。

规划建议根据需求预测上限控制C类枢纽用地规模,并应根据实际交通需求增长情况,结合轨道交通建设进度和城镇建设阶段,对C类枢纽实行统一规划、分期建设。这包括两层含义:一是结合世博会地区建设,根据轨道交通建设时序,选择37个枢纽中的16个C类枢纽先行实施,如11号线嘉定城北站枢纽、松江客运中心枢纽等;二是每个枢纽地块可根据本身客流增长的不同阶段和地块的实际情况,分期开发建设。

(4) D类枢纽(15处):指以多条地面公交换乘站点为主体的小型枢纽。D类枢纽通常是距离轨道交通站点较远的、多条常规公交线始末站集中布局而形成的枢纽,如军工路枢纽、南浦大桥枢纽等。这类枢纽根据全市公交线网规划和公交发展导向,结合地区规划统一布局并控制用地。本次规划形成15个D类枢纽,其中8个分布在中心城,7个分布在郊区城镇。

3. 近期建设目标

为便于市民出行、形成较为均衡的枢纽布局,同时为成功举办2010年上海世博会,缓解中心城区的交通压力,规划部门根据轨道交通的建设进度,结合郊区城镇的建设,规划选择用地条件和建设条件均比较成熟的枢纽列入近期建设计划。规划"十一五"期间建设完成综合交通枢纽60个,其中包括A类枢纽3个[虹桥综合交通枢纽、浦东国际机场枢纽和铁路上海站枢纽(扩建)],B类枢纽36个,C类枢纽16个,D类枢纽5个。加上目前已建成的枢纽24个,如铁路南站枢纽、人民广场枢纽等,到2010年上海市共建成综合交通枢纽84个。

下一阶段市规划局将会同市建设交通委、市交通局和相关区县共同组织编制各类枢纽的详细规划,做到规划落地,以推进建设实施。市规划局还将制定"综合交通枢纽规划设计导则",对不同地区、性质和规模的枢纽,在功能定位、设施配置、集约用地、交通组织、开发强度等方面予以分类指导。市建设交通委和市交通局将结合轨道交通等市政交通建设和地区开发建设,进一步完善交通枢纽建设机制,市区联手、共同推进。

由于历史的原因,我国的各种交通方式长期分属不同的行政主管部门,造成了民航、铁路、公路、地铁、水路等均自成体系、均有自己的法律法规和规划设计的技术规范,使在发展综合交通体系的时候遇到许多体制和技术障碍。当前,我国综合交通体系的规划建设已经提上了议事日程,大交通部的改革已经启动,在各种交通方式的一体化方面也应该尽早突破。而在我看来,交通枢纽的规划建设,特别是综合交通枢纽的规划建设就是眼前的机遇和"突破口"。可以在新一轮综合交通枢纽的规划建设中,在保证各交通方式合理的系统独立性的同时,从综合交通枢纽开始整合综合交通体系,至少在综合交通枢纽内达到最高的一体化目标。

由于各种交通工具的最大旅行速度都是不变的,这就导致交通工具在站与站之间所需的时间非常刚性。要拓展"一小时通勤圈"和"一日交通圈",就必须在交通枢纽方面精心规划设计,最大限度地提高其便捷度,把综合换乘所需的时间压缩到最小。这也是目前最能做好的事情。同时,一旦在综合交通枢纽提供了便捷、舒适的换乘条件,那么我们长期期待的"公交优先"就有可能变成现实了。

总之,综合交通枢纽的规划建设就是综合交通体系建设的中心和重心。那么,怎样才能规划好一个综合交通枢纽呢？接下来,本书将分12章详细研讨。

综合交通枢纽规划（第二版）

第1章

定位功能，明确目标

综合交通枢纽的规划工作可分为三大部分。一是对规划前提的研究和确认；二是分析旅客流程和规划设施布局；三是枢纽内各相关生产运营系统的规划设计。定位功能和明确目标就是综合交通枢纽规划的第一步。

综合交通枢纽的规划建设总是为了"服务社会经济、协调城乡发展"的，因此在规划建设某个综合交通枢纽之前，应该研究清楚该综合交通枢纽在区域城市网络规划，以及区域综合交通网络中的功能定位，还应该研究清楚该综合交通枢纽在其所在城市和区域中的功能定位，以及建设该综合交通枢纽需要达到的目标。

综合交通枢纽规划建设的目标大多是为了促进区域经济、社会和综合交通体系的协调发展，而虹桥综合交通枢纽规划建设的目标就是为了"促进长三角的一体化"！

1.1 综合交通枢纽在区域中的功能定位

大型综合交通枢纽大多是区域中心城市的集疏运核心，往往还是其所在城市的门户。以虹桥综合交通枢纽为例，它既是上海市的门户型综合交通枢纽，又是沪宁、沪杭两大交通走廊的交点。因此，毫无疑问，它将成为沪宁、沪杭两大交通走廊上的最关键节点，将成为长三角地区城市网络的最关键节点（见图1-1）。而在上海的传统经济腹地苏锡常、杭嘉湖地区，虹桥综合交通枢纽的经济地理位置就更加优越，一定会成为地区经济社会的新核心设施（见图1-2）。

在京津冀北地区，北京大兴国际机场具有与虹桥综合交通枢纽相类似的地位。未来的北京大兴国际机场可以像虹桥综合交通枢纽一样，成为京津冀的区域性核心设施，成为京津冀城市网络的最关键节点之一（见图1-3）。

图1-1 虹桥综合交通枢纽在长三角的定位

图1-2 虹桥综合交通枢纽位于沪苏嘉地区的核心

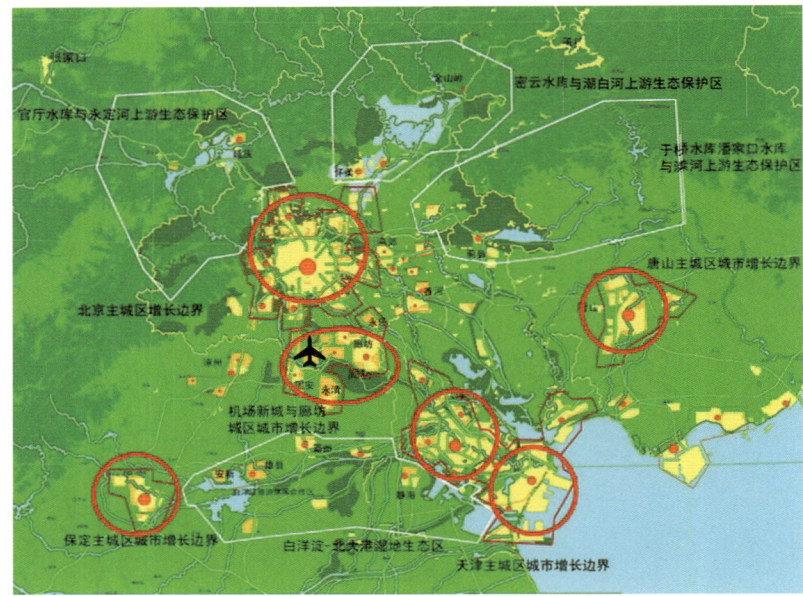

图 1-3　北京大兴国际机场在京津冀区域的功能定位

1.2　综合交通枢纽在综合交通网络中的功能定位

　　任何交通枢纽都是其所在网络中的一个节点,因此在开始规划设计之前研究清楚综合交通枢纽在综合交通网络中的应有地位非常重要。综合交通枢纽的不同定位会影响其本身的功能内容和功能规模,同时,不同的枢纽设施内容和规模又会反过来影响网络的发展和变化。

　　为了研究虹桥综合交通枢纽在长三角综合交通网络中的功能定位,对长三角地区的交通走廊进行了图示化分析(见图1-4)。从图1-4中可以清晰地看到虹桥综合交通枢纽处于长三角综合交通网络中最关键的节点位置上,它的规划建设无疑将大大地促进长三角综合交通体系的一体化。可以说,虹桥综合交通枢纽将是长三角,甚至是国家的综合交通一体化最核心、最骨干的工程项目之一。

　　北京大兴国际机场位于京广、京九、京沪三大交通走廊的交叉点上,通往我国广大南方地区的国道、高速公路、铁路、高速铁路等各种陆上交通方式汇聚于此。无论怎样规划,这都是一个服务京津冀、服务国家的超大型综合交通枢纽,当然也将是北京南面最大的门户型综合交通枢纽(见图1-5)。

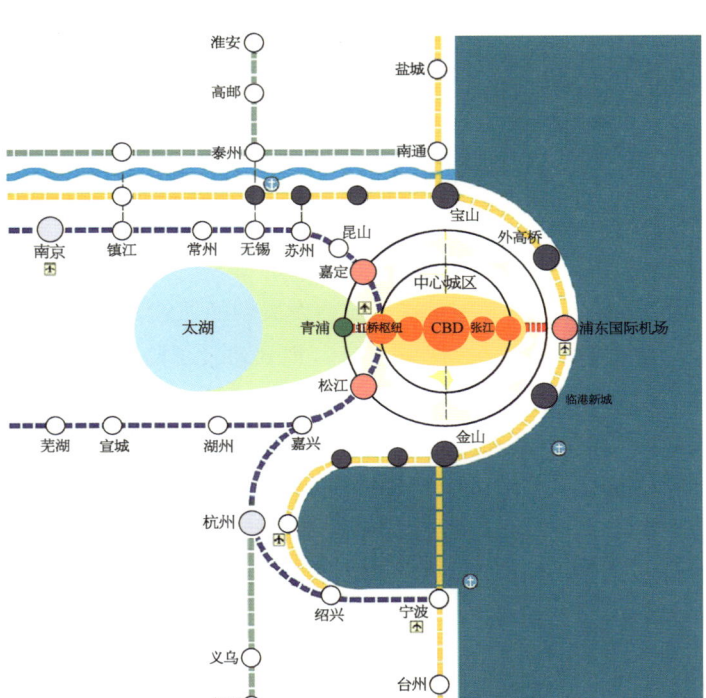

图 1-4 虹桥综合交通枢纽在长三角综合交通网络中的功能定位

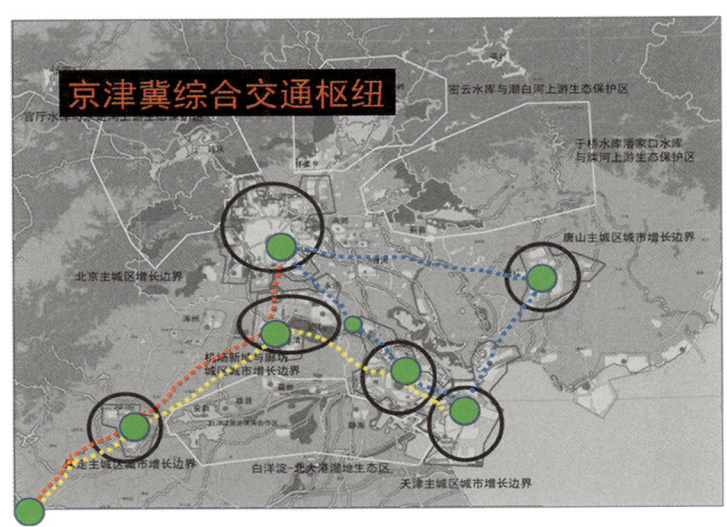

图 1-5 京津冀综合交通网络中的北京大兴国际机场综合交通枢纽

1.3 综合交通枢纽在城市规划中的功能定位

大型综合交通枢纽总是其所在城市的重要基础设施,它不仅直接影响城市的布局和发展,而且如果规划得好还可以成为城市经济社会发展和空间、交通、产业发展的"火车头",给城市发展带来一个新的契机。

虹桥综合交通枢纽位于上海市最重要的东西发展轴的西端。过去30年,上海市规划建设了以外向型经济为主体、面向世界的浦东新区,规划建设了陆家嘴金融区、金桥出口加工区、外高桥港、浦东国际机场、洋山港等一大批外向型基础设施;现在,应该借虹桥综合交通枢纽的规划建设启动上海社会经济的转型发展,眼光向内,把虹桥综合交通枢纽及其周围地区规划建设成为上海市未来30年对接长三角的平台(见图1-6)。因此,虹桥综合交通枢纽应与其周边地区共同"构建品质卓越的商务区,成为上海西部的活力核心并辐射长三角;塑造个性鲜明的地区形象,成为长三角的代表和上海市的又一张名片"。同时,虹桥综合交通枢纽还应该承担城市内外的转接,即集疏运功能,为旅客提供最舒适便捷的换乘体验。

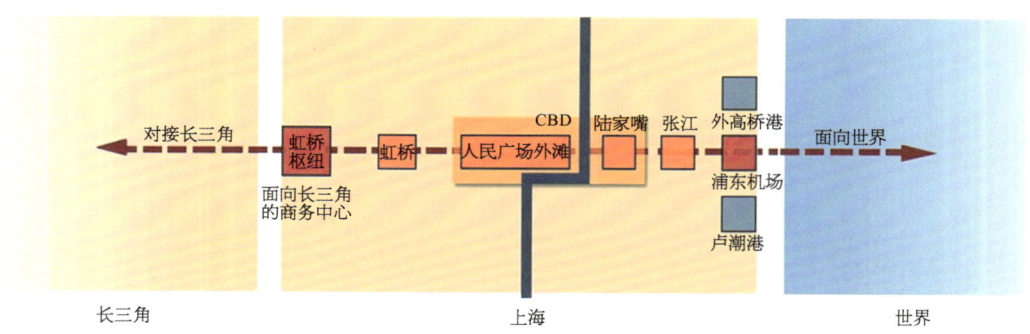

图1-6　虹桥综合交通枢纽在上海城市规划中的定位

上述是在上海总体规划层面上看虹桥综合交通枢纽,而研究一下虹桥综合交通枢纽周围地区的情况可以看到,虹桥综合交通枢纽地区周围的城镇空间,西北是嘉定(安亭、江桥)城镇群,西南是松江、闵行(莘庄)城镇群,西边是青浦(见图1-7a);而在产业特征方面,西北为汽车产业和物流业,西南以研发和先进制造业为特征,西边青浦方向主要是休闲、度假和居住(见图1-7b)。由于综合交通枢纽提供了大量人流进出的条件,因此虹桥综合交通枢纽地区是适合规划建设一个面向长三角的商务办公区的,是适合发展商贸、会展等人、财、物交流的产业设施群的。

第1章 定位功能,明确目标

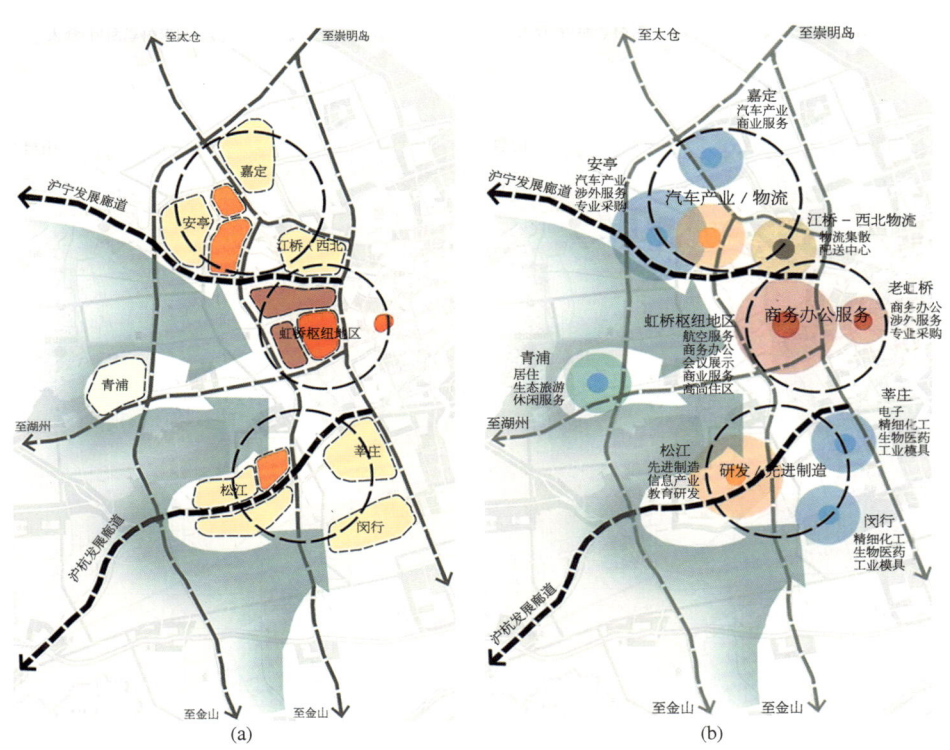

图1-7 上海西部地区(虹桥综合交通枢纽周围地区)规划设想

案例1-1 济宁市"空铁新城"发展规划

山东济宁新机场定位为4E级民用中型机场、国际定期航班机场。它将成为儒家文化、鲁西南经济深化外向型发展的"空中桥梁",对推动儒家文化走出去,办好世界儒学大会、尼山世界文明论坛等国际节会,更好地贯彻落实国家"一带一路"倡议具有强大的推动作用。

为了充分把握机场带来的发展机遇,发挥济宁临空经济对鲁西南及周边区域经济的拉动作用,为济宁市特别是兖州区的产业转型升级和城市发展拓展新的空间,并以山东省新旧动能转化为主要基调,结合城市长远发展的总体要求,逐步完善临空港的城市功能,兖州区政府牵头,我们开展了"济宁市临空产业发展策划"和"济宁市临空经济区分区规划"。

济宁临空经济区位于兖州区北部,紧邻济宁新机场,规划面积约20 km²。规划范围东至104省道,南至兖州工业园区北区,西至规划建设中的济微高速公路,北至机场红线(图1-8)。

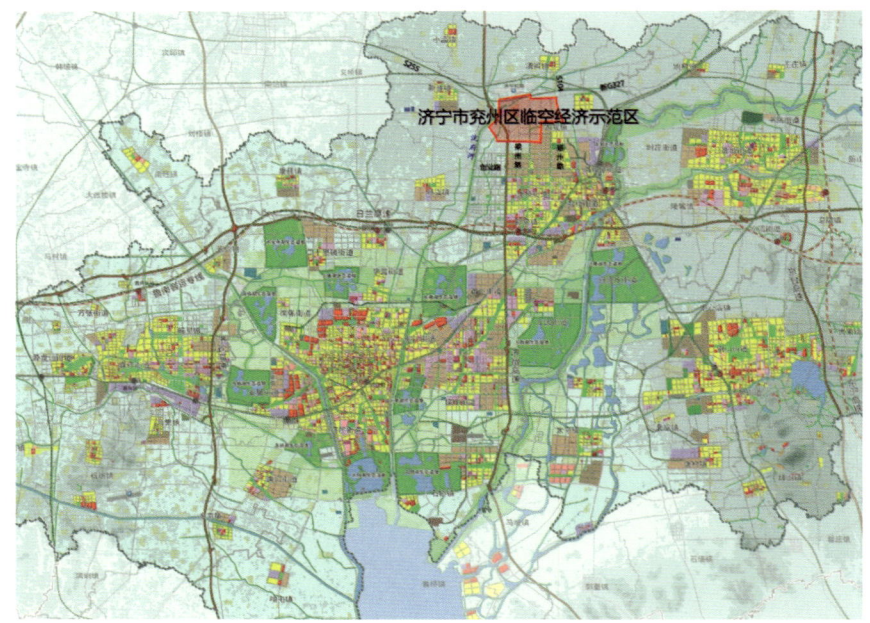

图1-8 济宁临空经济区位置图

1. 产业策划

济宁临空经济区将打造山东省新旧动能转换的创业之地、淮海经济圈的商旅物流集散中心、济宁城市转型发展的全新平台。为此,济宁临空经济区确立了四大功能定位:

(1) 济宁城市的新中心。形成空港、陆港、产业、商务配套聚集区,成为城市发展、新旧动能转换的驱动中心。

(2) 空陆物流产业联动区。利用空港、陆港之间的区域和机遇,发展航空物流及其延伸产业、高端制造、陆港物流及其延伸产业、商业及生活配套区。

(3) 全国重要的旅游集散地和目的地。利用良好的区位优势,打造高端旅游集散区,延伸商旅产业链,完善配套,提升服务。

(4) 鲁西南最重要、最新的交通中枢。强化济微高速、董梁/日兰/济徐高速的集疏通道作用,提升发展京沪、京九等高铁集疏通道的联系,对接联动兖州南站及曲阜东站,促进京沪高铁经济通道的资源导入兖州。

依据上述定位,我们为济宁临空产业的发展确立了四大基本策略:

(1) 以客流带物流。济宁具有众多优质的文化旅游资源,已经形成良好的旅游产业基础;同时还具有良好的制造业产业基础,可以大力发展商务旅行。因此,应该先行发展商旅客流,做大做强客运航线网络,并以此带动航空货运物流产业的发展壮大。

(2) 以陆港带空港。大力发展济宁"九省通衢、齐鲁咽喉"的地面交通优势,先行发展国家级"南北集散"的物流枢纽;同时与周边错位竞争,集中发展高端货物集散,逐步培育航空物流需求。

(3) 打造统一的物流信息平台。改变现状物流园区多、联动少的局面,打造公共信息平台;突出面向企业、面向制造业的公共物流平台,深度服务临空经济的发展。

(4) 多港多维度联动。在全市域特别是在兖州城市发展和经济发展的层面上,整合陆港、空港、信息港,整合客流、物流,整合机场、高铁站、火车站、长途车站等,整合产业、交通和人口布局,重组兖州新的城市结构。

我们基于济宁产业发展的现状调研,根据机场腹地的优势产业,抢抓政策红利、紧扣临空主题、深挖资源禀赋,筛选并锁定了济宁临空经济区核心区临空产业重点聚焦的领域为商旅产业链和物流产业链。在商旅产业链上,应聚焦商旅服务、餐饮零售、酒店住宿等。其相关产业设施以旅游集散中心为代表,包括旅行服务、文化教育、会议展览、商务办公、教育培训、文化科研、金融、批发零售、体育运动娱乐、住宿等设施。在物流产业链上,应聚焦高端装备制造、快递与跨境电商等。其相关产业设施以分拨中心为代表,包括仓储、加工、包装、运输、保税租赁、各种制造工厂、种植场、养殖场等设施。

济宁临空经济区产业设施分区图如图1-9所示。

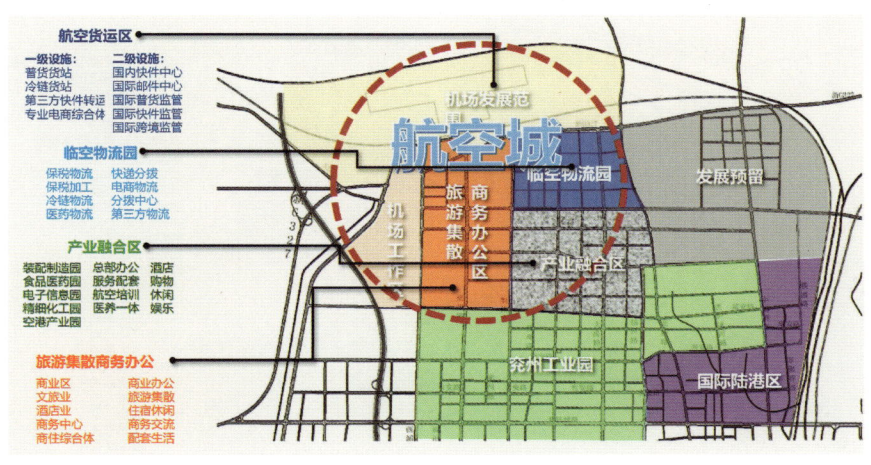

图1-9 济宁临空经济区产业设施分区图

2. 分区规划

根据上述临空产业策划,我们规划整体的临空经济区在空间布局,要形成"一核两轴三片一环"的空间布局结构。

"一核",即临空综合服务核。它紧邻济宁新机场南侧的东西通道,包含旅游、商业、文化、商务、会展等多种服务功能。

"两轴"。即空港功能景观轴:沿梁州路为临空经济区主要的功能景观轴线,串联临空经济区的主要功能节点;临空产城融合轴:融合城市和产业功能的主要东西向轴线。

"三片"。① 商旅核心片区:包括商旅中心、商务办公中心、会展中心,以及配套的居住功能,其中商旅中心是融合旅游服务、酒店住宿、商业、文化等功能的复合中心。② 临空生活片区:为临空区域配套的品质住宅区,提供标杆性的教育、休闲等人才配套服务功能。③ 物流产业片区:包括保税展示、海关办公、仓储物流,以及相关的临空产业等功能。

"一环",即临空生态活力绿环。加强城市公园、街道、广场等的绿化建设,形成环状的活力绿廊。

济宁临空经济区功能分区图如图1-10所示。

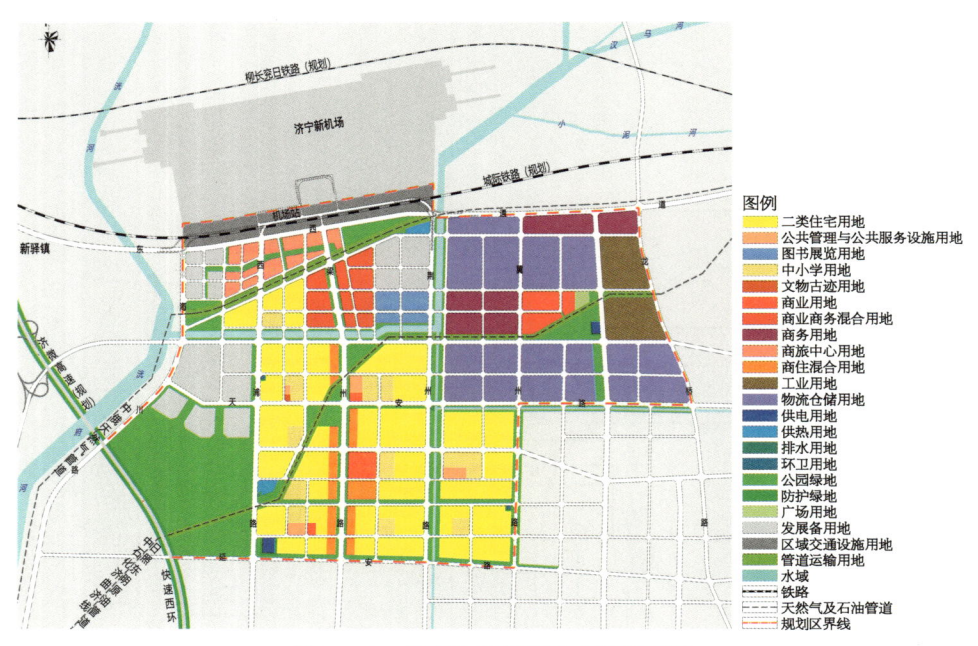

图1-10 济宁临空经济区功能分区图

3. 空铁新城

仅有上述临空产业园区的开发还是远远不够的,一般而言,要让这种规模的机场来带动地区经济的发展,也显得有些力不从心,甚至临空经济区本身的发展也有些过于乐观了。但是,我们之所以对济宁临空产业的发展充满信心,主要还是基于临空经济区靠近城市建成区,特别是紧邻城市新兴产业园区。这就是策划与规划的信心所在,也是工作的突破点所在。

由于济宁新机场的选址离兖州已建成的城区比较近,使得策划一个带动城市经济发展的临空园区和带动临空园区发展的城市空间扩展、城市经济发展之规划方案成为可能。

因此,我们紧扣这一核心议题,提出了规划建设一个以西浦路、梁州路、荆州路为主干的南北向城市发展轴,希望以此轴来重筑兖州城市空间结构。这就是我们做济宁临空产业园区策划与规划的核心思想,也是策划工作的突破点,更是兖州未来发展的方向。当然这也是兖州在高速交通(航空+高铁)时代城市新旧动能转换、城市结构升级、城市空间重筑的指导思想。在这个高铁与民航快速发展的时代里,兖州必须跟上时代的步伐。兖州"空铁新城"之城市结构如图1-11所示。

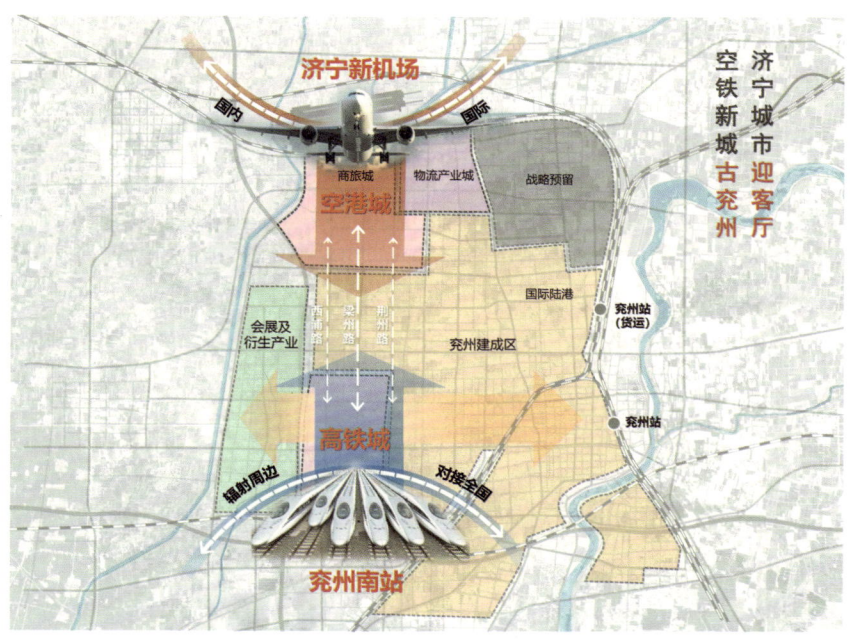

图1-11 兖州"空铁新城"之城市结构示意图

具体来说就是我们认为,应该"在城市的南北两端不断地投入,强化空港城和高铁城的功能,并通过不断地加强这两个新城之间的交通联系,来锁定城市南北轴。同时以此轴的建设带动新一轮的兖州城市经济社会的转型升级和不断发展"。为此,我们要做好空港城、高铁城的城市设计、开发规划、产业引进;要加快西浦路、荆州路的"快速化"改造;要重点推进梁州路的"街市化"建设,推进地铁、地面公共交通的导入;重点规划建设空港、高铁两个综合交通枢纽的便捷换乘和TOD开发。

这就是我们策划和规划的核心思想。

1.4　要素规划与城市设计

综上所述,综合交通枢纽的功能定位,一般情况下主要从综合交通枢纽在区域城市网络的现状与规划、从区域综合交通网络的现状与规划、从其所在城市的现状与规划这三个方面确定其功能定位。从这三个方面来看,虹桥综合交通枢纽的功能定位是长三角城市网络和综合交通网络的关键性节点,以及上海服务长三角的门户,它的目标是促进长三角社会经济和综合交通体系的一体化。

确定了上述功能定位和建设目标以后,接着要做的就是理清所有相关的功能和设施要素,如商务办公设施、居民动迁用房、机场跑道、航站楼、铁路车站、磁浮车站、铁路通道、地铁线路、主干路网、水道网等,然后开展要素规划。

所谓要素规划,就是在开展传统的规划工作之前,对与交通枢纽相关的各要素进行协调布局,特别是将跑道、航站、轨道、快速路等要素落地的设施规划工作。要素规划是虹桥综合交通枢纽规划中的创新,它使主要交通设施的布局比较早地确定下来,避免了大量不必要的反复("不翻烧饼"),大大地提高了规划设计工作的效率,保证了各交通方式之间的紧密联系。由于各种交通设施都有其比较刚性的技术要求,这就使得事先合理布局显得格外重要。例如,铁路和轨道交通的转弯半径、坡度要求,机场跑道的长度和净空保障要求等,这些都是不可能讨价还价的指标,略有折扣就没法保障交通工具的正常运营,也就会使交通枢纽的功能大打折扣,甚至干脆不能运营。因此,在开展传统的规划工作之前协调并确认好这些交通设施的布局规划,就成为综合交通枢纽地区规划的前提,成为各交通方式运营方不可回避的事情。

如图1-12所示是在开展虹桥综合交通枢纽地区详细规划之前完成的要素规划。从图中可以看出,机场跑道、航站楼的位置和城际铁路、高速铁路、五条城市轨道交通的线位等,都已经固定下来了,道路网、水网的布局也已经落地。其实,这些要素的规划与后来实施的结果基本上是一致的,几乎没有变化。唯一的不同是该图中航站楼前横跨地下通道的河道,原来是考虑水上巴士能够进枢纽的,后来因为地下设施的规模太大,出于反恐防恐的要求做了改道。这就造成虹桥综合交通枢纽缺少了水运这种交通方式,成为许多人心中的遗憾。

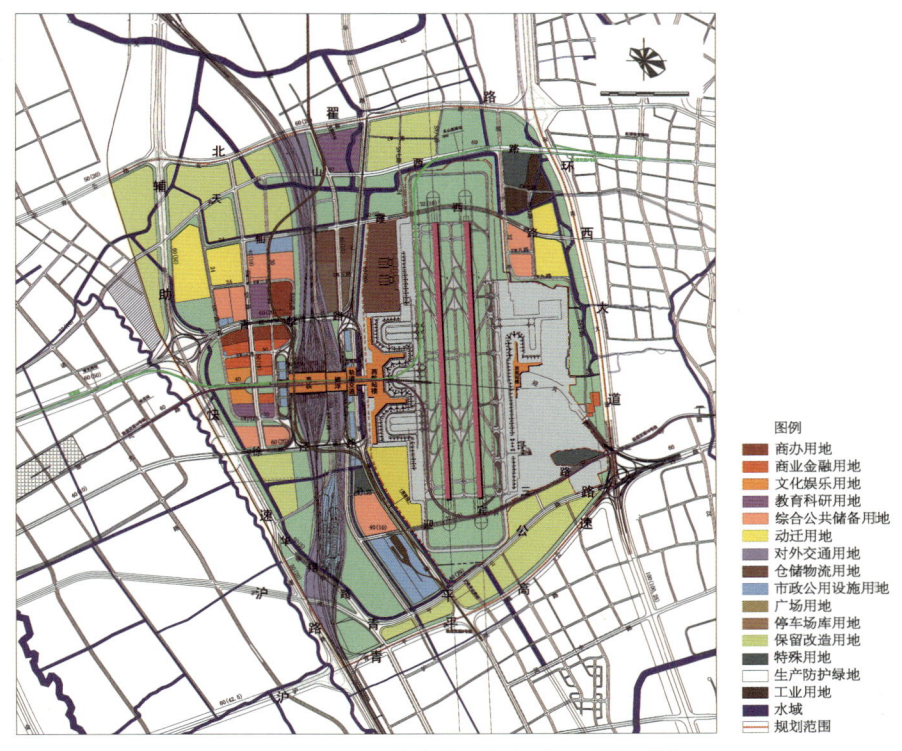

图1-12 虹桥综合交通枢纽地区要素规划

确认了要素规划以后,就可以开展控制性详细规划和修建性详细规划了。这里面关键是要充分考虑各种交通方式对城市空间的制约,必须将这些要求有机地纳入规划控制要素之中。例如,民航机场对其周围建筑高度的限制,飞机、列车、汽车的运行噪声对环境的影响等。

另一方面,由于综合交通枢纽周围地区往往就是城市的门面,对环境景观要求比较高。因此,综合交通枢纽地区一般都要进行更为详细的地区规划或城市设计(见图1-13、图1-14)。

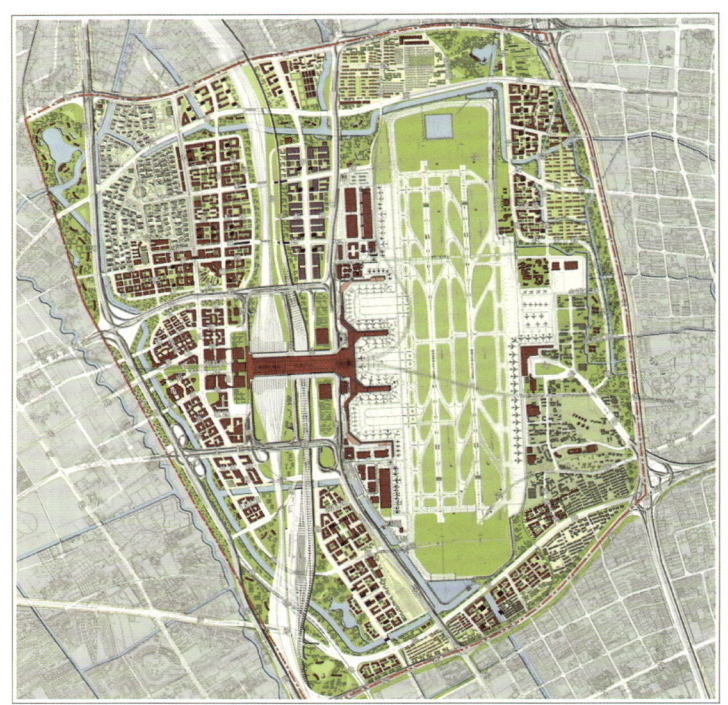

图1-13 虹桥综合交通枢纽地区详细规划

图1-14 虹桥商务区城市设计

第1章 定位功能,明确目标

案例 1-2 北京大兴国际机场临空经济区规划(北京部分,2020—2035)

1. 区位及规划范围

北京大兴国际机场临空经济区涉及京冀两地,位于京津冀区域及北京中心城区、北京城市副中心、河北雄安新区的地理中心,同时位于北京南中轴延长线上。距离北京中心城区约45 km,距离北京城市副中心约55 km,距离河北雄安新区约65 km。临空经济区总面积约150 km²,其中北京市所属用地面积约50 km²,涉及大兴区礼贤镇、榆垡镇,包括东侧礼贤片区、西侧榆垡片区两处城镇集中建设区。其中,礼贤片区东至京台高速、西至大兴机场高速、南至永兴河、北至大兴机场北线高速,面积约24 km²;榆垡片区东至京九铁路西侧路、西至京开高速-永兴河北路西段、南至永定河北侧、北至大兴机场北线高速,面积约26 km²(见图1-15)。

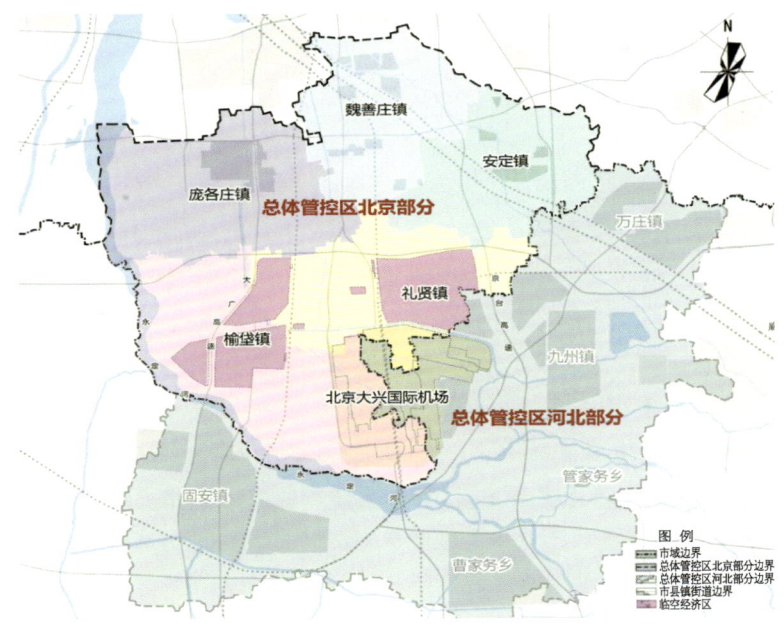

图1-15 北京大兴国际机场临空经济区位置

2. 战略定位

北京大兴国际机场临空经济区的定位为国际交往门户区、创新开放引领区、和谐宜居实践区、港城融合示范区。落实北京"四个中心"的城市战略定位,以京津冀协同发展战略为统领,紧密围绕对接中心城区功能疏解,提升首都国际交往中心功能,辐射带动周边地区转型升级,努力打造北京发展的新引擎、京津冀协同发展的新高地(见图1-16)。

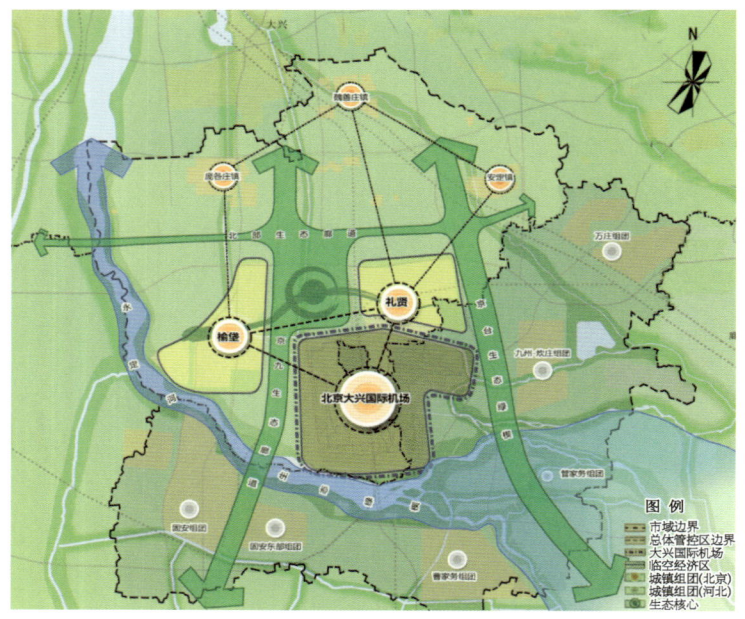

图1-16 北京大兴国际机场临空经济区总体规划

国际交往门户区:服务国家开放大局,建设满足国际交往服务要求的软硬件环境,塑造具有大国风范的门户形象,服务保障人文交往、经贸交往、科技交往等国际交往活动,与机场共同成为国家对外交往的重要窗口。

创新开放引领区:着眼产业发展前沿,着力构建与临空紧密相关的高精尖产业,促进区域产业对接协作,打造融入全球产业体系的重要节点。借助临空区、自贸区、综保区的"三区"叠加政策优势,积极探索高质量创新发展路径,高水平推进规划建设。

和谐宜居实践区:塑造高质量蓝绿空间、高品质公共服务、高标准基础设施、高水准城市风貌,提升城市的吸引力与魅力。

港城融合示范区:强化机场大型国际枢纽地位,紧密围绕"国家发展新动力源"建设要求,与机场在产业功能、基础设施、空间环境等方面深度融合,实现临空服务功能、城市综合功能的共建共享共荣。

3. 发展目标

构建以航空服务为基础,以知识密集型、资本密集型的高端临空产业集聚为目标,具有国际竞争优势的临空经济区。使其成为绿色高效的通达之城;成为多元融合的交往之城;成为创新驱动的活力之城;成为形象鲜明的印象之城;成为生态智慧的韧性之城。

4. 规模结构

到2035年,临空经济区常住人口规模控制在27万人左右。优化人口结构,有序推进本地农村人口城镇化,吸引高端人才集聚。到2035年,临空经济区职住用地比例约1∶1.2。加强建设时序管控,为国家级及市级重大项目、未来重大技术变革等预留充足空间,结合大兴区整体发展要求,将礼贤片区中轴沿线、榆垡片区机场起降沿线等区域约15 km² 划定为战略留白地区,占临空经济区总用地面积的30%左右。

5. 空间布局

构建"两区、三心、多组团"的空间结构(见图1-17)。

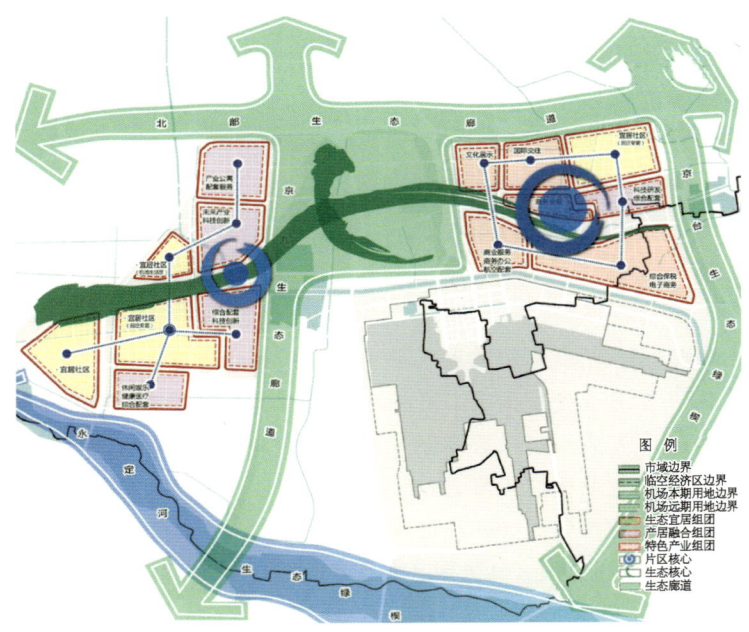

图1-17 北京大兴国际机场临空经济区结构规划

"两区",即礼贤片区与榆垡片区。东侧礼贤片区以航空物流、商务金融、会展商贸、科技研发等高端产业功能为主,重点依托航空枢纽与综合交通网络,建设集多种方式于一体的空陆联运系统,着力发展航空物流、电子商务等产业,设立综合保税区,打造国际航空物流枢纽。西侧榆垡片区以综合服务保障功能为主,兼具科技创新功能,重点结合航空枢纽建设需求,配套建设航空运输相关企业的生产生活服务保障系统,适当发展航空科教、特色金融、科技创新服务等产业,建设综合服务保障基地。

"三心",即中部大地景观核心、东侧礼贤片区核心、西侧榆垡片区核心。大地景观核心重点结合拆迁腾退,构建机场周边重要的生态郊野游憩地区,以及飞机起降视角下重要的空中景观控制地区。礼贤片区核心重点结合城际联络线礼贤站在南北两侧布局以展示交流、商务商业服务等为主的功能空间,将建设空间与生态空间有机结合,并为承接大事件提供空间。榆垡片区核心重点结合永兴河景观节点承接面向未来的创新产业空间,并借助京九市郊铁路等轨道交通支撑条件布局综合配套服务功能空间。

"多组团",即15个功能组团(街区)。每个街区的用地规模约 $2\sim4\ km^2$。其中,礼贤片区7个组团(街区),榆垡片区8个组团(街区)。将15个街区划分为生态宜居、产居融合、特色产业3种功能类型。

(1) 生态宜居:以居住及生活配套服务功能为主的街区。重点提升居住空间品质及基础教育、医疗养老、文化体育等公共服务设施配套水平,打造生态宜居的生活环境。

(2) 产居融合:兼具居住、产业公寓、生活配套服务,以及临空特色产业等功能的街区。重点保障居住空间品质,建设满足不同居住人群差异化需求的配套服务设施,打造产居融合的功能片区。

(3) 特色产业:以临空特色产业功能为主的街区。在政策允许的条件下,引导产业用地的适度兼容,完善员工宿舍等相关配套服务功能;结合产业员工需求,强化生活性服务业、文体休闲等服务保障水平,丰富开放空间与交往场所建设,打造集约高效、开放共享、舒适便捷的活力空间。

6. 产业规划

构建以生命健康为引领、以枢纽高端服务和航空保障为基底、以新一代信息技术和智能装备为储备的"1+2+2"产业发展体系。其中,生命健康聚焦精准医疗及服务、干细胞技术和医疗耗材等细分产业,以研发、应用、服务全产业链为特色打造创新集聚区;枢纽高端服务重点打造自贸临空金融、智慧物流与商贸、国际会展、技术咨询与培训等高端服务名片;航空保障着力发展航空培训、航空维修和公务机保障等细分领域;新一代信息技术以应用服务环节为发力点,主要发展大数据应用、云计算服务和物联网应用层等;智能装备大力发展机器人系统集成及航空产业研发、零部件制造等。

生命健康产业:在高端医疗耗材和植入器械、生物医药和医学外包服务等方面打造院企合作、药械创新、跨界共赢的产业集群,提供全球前沿的生物医药产品,为医疗机构研究提供资源和资金支持,为医疗机构输送先行先试患者资源。引入综合型医药和国际专科医药,形成面向患者需求、枢纽流量和本地居民的优质医疗服务中心,提供全球顶尖专家资源,推动生活医药创新的临床转化,为全球顶尖生物医药研发成果提供先行先用的试验田。远期布局医疗大数据产业,深入探索研发方向,支撑临床试验,帮助创新研发提速降本,并整合患者历史健康数据,为临床治疗提供系统化的数据支持。

航空保障产业:重点发展航空维修、航空金融等,对接航空公司需求引入航空总部,利用后发优势补足首都机场发展瓶颈,实现差异化发展。

枢纽高端服务产业:聚焦物流、会展、科技和金融服务等方向,补充地区跨境冷链物流短板,增强首都专业会展实力,夯实京津冀生产性服务基础,建设大兴枢纽金融服务特色。

新一代信息技术产业:集聚全球创新资源,瞄准大数据、云计算、物联网技术的应用环节。其中,在大数据领域,着重发展创新活跃、国际交往潜力大的大数据应用环节;在云计算领域,着重发展初创企业多、未来增长空间大的软件服务环节;在物联网领域,侧重布局创新性高的智能终端和应用服务等细分领域。

智能装备产业:聚焦航空产业与机器人产业,其中,航空产业一方面聚焦商业航空原材料、机电航电系统等研发环节,一方面积极参与通航飞机研发与部分生产环节,逐步形成产业集聚;机器人产业与京津冀已初具规模的研发和生产能力协同发展,立足空地综合交通枢纽,聚焦机器人集成环节。

7. 建设高品质公共服务配套

保障基础教育事业优先发展,全面提升配置标准。积极引入优质教育资源,鼓励和引导增设国际学校,提升对优质人才的吸引力。

积极承接中心城区优质医疗资源,鼓励和引导国际医疗机构入驻。优化医疗设施的空间布局。鼓励医疗设施、公益性福利设施、养老设施等邻近设置,共享共建,促进医养空间高效集约利用。提升基层卫生设施建设标准,加强社区卫生服务中心建设,建立各级医疗机构长效合作协同机制,实现基层首诊、分级诊疗。

结合礼贤片区中心绿地、榆垡片区带状绿地布局区级/新城级设施,推进高水平设施落地,形成区域公共文化、体育服务支点。加强街镇级、社区级设施建设,重点结合街区的社区中心均衡布局文化服务中心、体育活动中心。

构建区域级、地区级、街镇级、社区级四级商业设施体系。区域级中心依托北京大兴国际机场发展以旅游休闲、商务商贸等为主的功能业态,服务国内外及京津冀区域消费者。地区级中心以购物休闲为主导功能,服务新城及周边镇村。重点完善街镇级、社区级生活服务水平,以满足日常生活需求为主,优先配置生活性服务业等内容。

在生态宜居、产居融合街区,结合居住类用地的空间布局,建立以社区中心为基础、邻里街坊中心为补充的公共服务网络。其中,社区中心以街区为单位设置,重点涵盖街区级、社区级的公共服务设施及小型商业中心等的建设,构建15分钟社区服务圈,通过各类设施用地的统筹配置提供一站式社区生活服务,高效解决教育、医疗、养老、文化、体育、休闲、购物等日常生活需求;在此基础上,设置邻里街坊中心,重点涵盖社区级、项目级的公共服务设施以及便民商业设施等的建设,形成5~10分钟的便民生活圈,通过社区配建等方式,满足便民商业、养老看护等便民服务需求。

8. 绿色空间规划

构建"四廊环绕、两带串联、一心多点"的绿色生态空间结构。依托交通绿廊、河道绿廊等线性空间有机串联中心公园、社区公园、口袋公园,构建多层级复合的绿地空间系统。四廊:永定河、京台、京九、临空经济区北部4条区域性生态廊道;两带:永兴河、大礼路南侧干路(及永兴河北路)2条内部东西向景观带;一心:东西片区之间的生态景观空间(大地景观);多点:中心公园、社区公园、口袋公园等多处公园绿地节点(见图1-18)。

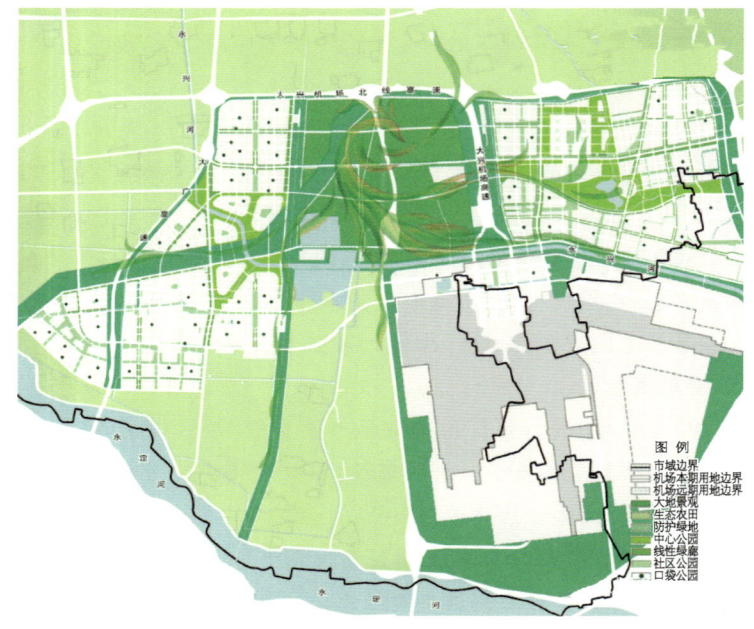

图1-18 北京大兴国际机场临空经济区绿地规划

9. 塑造临空经济区特色风貌

传承中华建筑文化基因,汲取国际先进设计理念,体现传统风韵、国际风尚。积极推广绿色建筑,严谨细致做好建筑设计,形成融于自然、简洁大方、端正大气、具有东方神韵和现代气息的建筑风格。塑造比例均衡、尺度宜人的建筑体量和富有变化的建筑形态,形成协调统一、开放共享的建筑界面(见图1-19)。

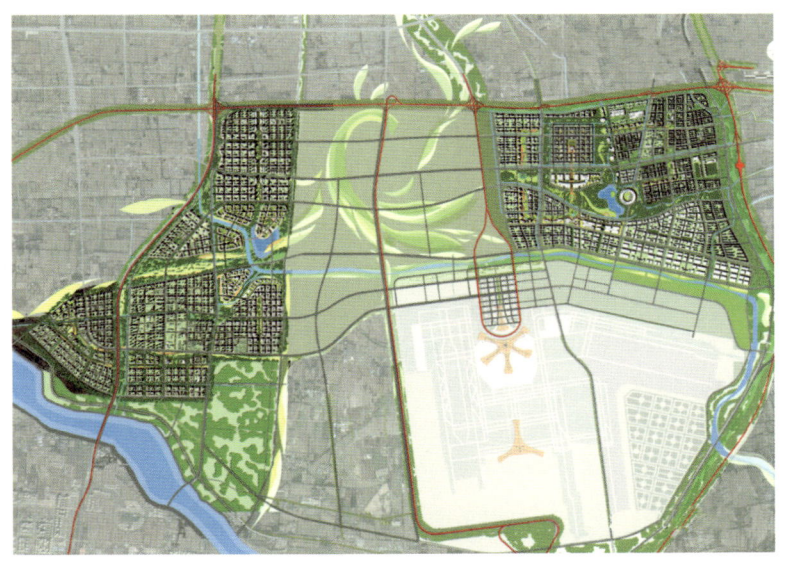

图1-19 北京大兴国际机场临空经济区总平面图

构建疏密有致的空中景观。实施分级管控,以风貌分区为基础,划定重点片区和一般片区。重点管控东西片区核心及中部大地景观核心,对城市格局、建筑肌理、建筑屋顶、标志物等要素进行精细管控。

构建简约素雅的色彩环境。突出"中国特色、简约素雅"的基本原则,强调环境色彩的和谐统一。结合主导功能、风貌分区,划定七类色彩分区,实施分类控制和引导。

10. 探索构建国际交往平台

发挥临空区位优势,利用自贸区等政策优势,服务国家开放大局,打造为国际交往服务的优良软硬件环境。重点结合礼贤片区的轨道站点布局国际会议会展功能,积极承接中心城区的对外交往、文化展示、科技交流等功能。依托野生动物园,积极培育旅游休闲产业,努力提升国际化服务水平和国际影响力。

结合战略留白,在中轴线及其延长线沿线预留国家级、市级公共文化设施建设空间,并为承接大事件提供可能。

11. 构建快捷高效的对外交通系统

加强轨道交通建设,构建面向区域、层次多样的对外轨道交通及铁路系统。以大容量快速轨道交通系统为主体,充分利用既有铁路富余资源,强化与中心城区、城市副中心、新城等的中长距离快捷联系。

临空经济区四级公共交通系统:对外联系主要以城际铁路、机场专线为主的一级对外轨道交通体系和以区域快线、地铁快线为主的二级公共交通体系承担,其中城际铁路、机场专线和区域快线为主体,地铁快线为补充;内部组团间主要以中低运量为主的三级内部骨架公共交通体系承担;组团内部主要以接驳公交为主的四级微型公交体系实现客流饲喂。四级体系由快到慢,由疏至密,共同形成内外衔接的高效优质公共交通系统。

临空经济区内部结合功能布局设置三级交通枢纽体系。其中,特级交通枢纽为机场交通中心换乘枢纽;一级枢纽结合礼贤片区的礼贤站、榆垡片区的榆垡南站各设置一处;此外,设置二级枢纽站四处。通过三级枢纽实现多层级公共交通体系的无缝衔接。

结合交通枢纽及近期对外轨道站点,重点围绕礼贤站、榆垡南站等推动站城一体化开发建设。后续结合站点及周边用地的深化研究,进一步落实轨道交通建设与城市功能的一体化发展要求。

规划与临空经济区(河北部分)轨道交通:构建临空经济区内部及其与临空经济区(河北部分)的大运量公共交通廊道,以轨道交通中低运量(有轨电车系统)或地面快速公交系统(BRT 系统)为主,串联起大兴国际机场、临空经济区榆垡和礼贤片区的主要功能节点和对外交通枢纽。该线路重点满足内部通勤出行。

结合全市轨道交通远景线网规划,在下一步工作中,进一步优化临空经济区涉及的相关线网及站点设置;同时,结合临空经济区近期建设发展需求,协同推动相关配套轨道交通规划建设工作。

12. 道路交通规划

落实小街区、密路网,到 2035 年,集中建设区路网密度达到 9 km/m^2 左右(不含综保区等特殊功能区域)。

突出以人为本、绿色低碳的理念,在传统规划主、次、支路网的基础上,依据道路功能对路网进行五级细分。

突出公共交通路权优先,在快速路和主干路设置对外快速公交线路(公交专用道),弥补轨道交通覆盖盲区。

在内部结合功能组团选择适当道路形成大运量公交走廊,并尽量与主要机动车廊道分开设置。在公交走廊道路上预留下一步布设有轨电车或 BRT 的断面条件。

将机动车主廊道与公共交通主廊道在空间上进行错位规划,减少机动车与行人的冲突,保障交通安全性,提高出行效率。同时,结合东西片区职住用地布局特征,在东西向机动车主廊道预留潮汐车道。

在组团内部街坊路的道路断面设计上,注重人本需求。充分保障步行、自行车的通行空间,建设更加宜人的街道出行环境(见图1-20)。

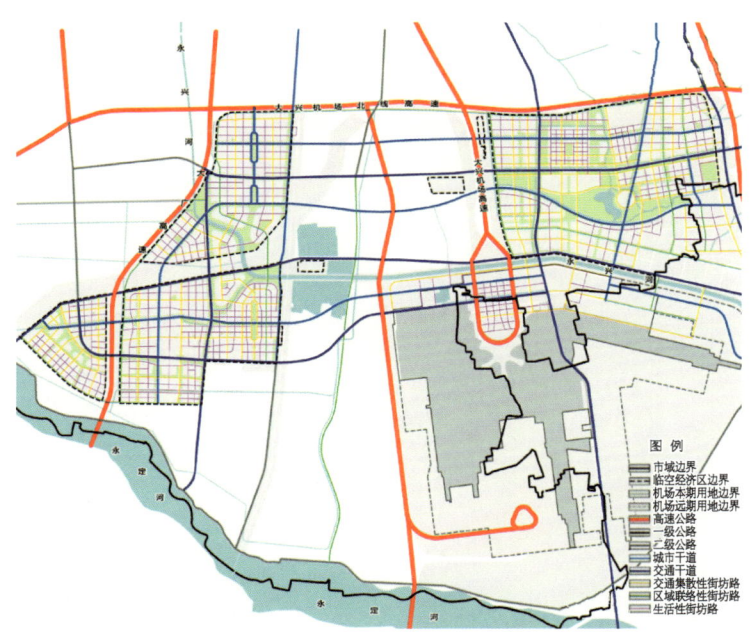

图1-20 北京大兴国际机场临空经济区路网系统规划

13. 合理安排建设时序,有序建设

启动区是临空经济区实质性启动建设的地区,突出重点项目引领,主要包括近期启动建设的产业项目及必要的配套服务功能,着力提升临空经济区整体形象与产业氛围。

起步区是战略留白、已批已建回迁安置区等之外的土地一级开发实施范围。在启动区基础上,逐步纳入必要的产业功能,保障临空经济区的分期分步可持续建设。

战略留白是为国家级及市级重大项目、未来重大技术变革等城市长远发展预留的战略空间,面积约 15 km²,主要位于礼贤片区中轴沿线、榆垡片区机场起降沿线等区域。

第 2 章

规模合理，滚动发展

综合交通枢纽规划的第一个前提是枢纽的定位问题,而第二个前提就是枢纽的规模问题,对枢纽发展不同阶段之需求的精准把握是课题的关键所在。

过去,规模预测往往只是在收集一些历史数据的基础上,对未来的需求做一些纸面上的外推,就得出枢纽发展的中期、甚至远期的需求。其实,这种简单的趋势外推法只能预测三五年的数据,时间加长就不可靠了。用这种趋势外推法来预测一个以前不存在的综合交通枢纽,其结果就很不可靠了。但是,规划师却希望得到枢纽设施的终端容量,因为这对于规划师来说非常重要,三五年的数据对规划师来说一点意义都没有。

本章会介绍三种交通基础设施容量策划的方法,供读者参考与研究。

2.1 综合交通枢纽设施的基本空间构成

综合交通枢纽设施从使用空间上来看,基本上是由交通空间、商业空间和环境空间三部分构成的(见图 2-1)。交通空间是指各种交通方式运营管理所必需的空间;商业空间是指与交通空间相结合的各种商业服务设施及其运营管理空间;环境空间是指旅客、访客等停留和公共景观及绿地空间。将上述三种空间联系在一起,又从属于三大空间的是步行空间。

通常情况下,较小的交通枢纽商业空间、环境空间会比较小或者没有,规划设计前往往并没有做相应的需求分析。因此,通常规划师只对交通空间的规模进行预测和方案分析后,就开始做规划设计了,只是在空间允许的情况下才会做点商业设施。一般小型枢纽设施的规模预测还是比较简单的(见

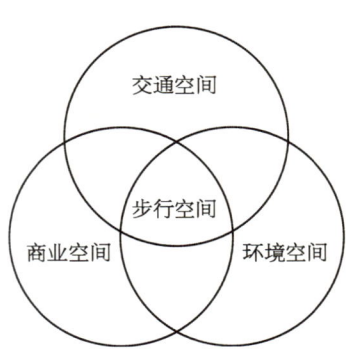

图 2-1 综合交通枢纽设施的基本空间构成

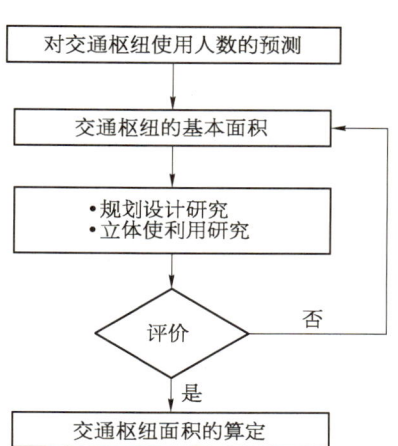

图 2-2 综合中小型交通枢纽面积的算定

图 2-2),都是通过日均旅客吞吐量或高峰小时旅客吞吐量来推算设施的面积规模。

对于一般的中小型交通枢纽来说,交通空间的核心设施车站的门前通常会有一个站前广场。这个站前广场实际上是各种交通方式的换乘空间,它包括步行空间、候车空间、车道、车位、交通岛等。除此之外,还会有代表车站所在地区的象征性设施,如城市广场、雕塑、喷泉等(见图 2-3)。

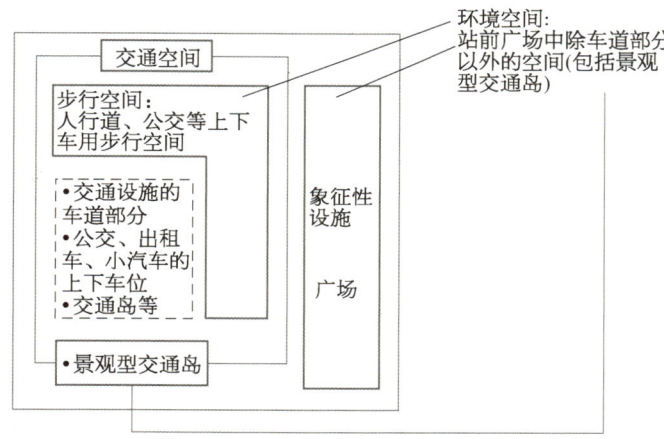

图 2-3 交通枢纽的空间布局模型

其实,城市轨道交通车站都应该有上述这些最低限度的交通空间和环境空间的。这样才能够提供换乘便捷、体现公交优先、减少城市路网压力。因此,我曾经建议上海"将全市所有的轨道交通车站、将建成的车站和规划中的车站进行一次普查,对所有车站开展交通换乘的详细规划设计,并据此调整车站所在地区(500 m 半径)的控制性详细规划"(引自《上海城市发展》2011 年第 6 期的《上海机场的运输组织与设施规划建设》)。我与顾承东博士和刘江博士还为城市轨道交通站前广场的规划设计编译了《城市轨道交通站前广场规划设计》一书,由上海科学技术出版社于 2005 年 1 月出版。

案例 2-1　日本某轨道交通车站前广场规划

这里给大家介绍一个日本的某轨道交通车站前广场案例。该站前广场位于城市的地区性商业服务中心,所在的轨道交通车站平均每天有超过 44 万人次的旅客吞吐量,站前广场规划面积 15 000 m²。该站前广场规划设计了 17 个各种公共汽车站位、6 个出租车站位和 4 个社会车辆站位,同时还规划设计了 35 个出租车停车位和 62 个社会车辆临时停车位。

从图 2-4 中可以看出,站前广场规划设计很好地做到了人车分离,图中的虚线表示的是

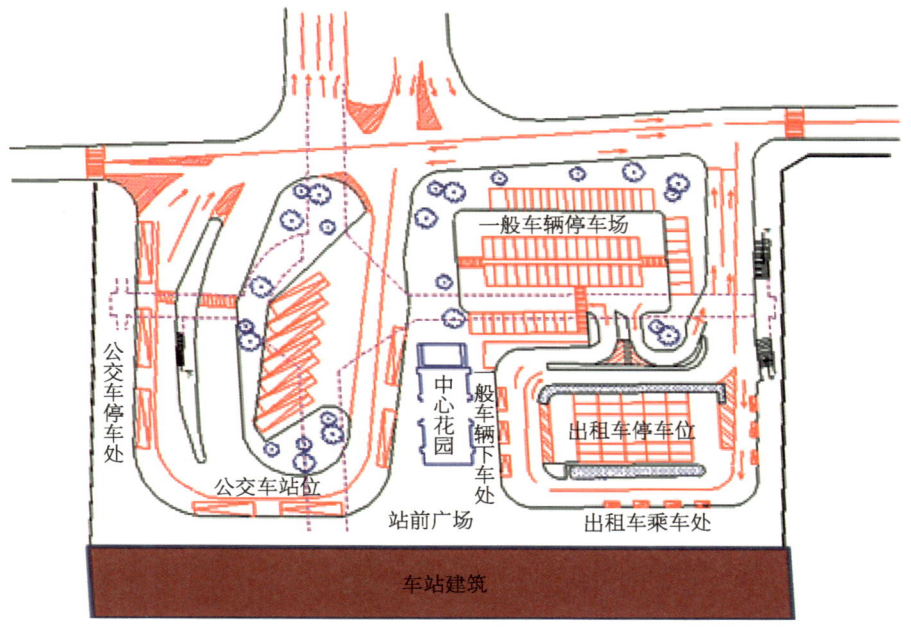

图 2-4　日本某轨道交通车站前广场的规划

高架的步行系统,该步行系统可以让旅客方便地从车站内进入站前广场对面的商业中心大楼内。由于该广场位于城市次级商业中心内,站前广场上完全没有规划商业设施,但在车站门前布置了一个微型中心花园。

该站前广场虽然面积很小,但功能齐备、一目了然,车辆流线清晰、流畅,环境整洁、安全,人流有序、高效。

看图时需要注意:日本的机动车是走左边车道的!

2.2 三种常用的设施规模策划方法

本书在这里讲的是规模策划,我要特别提示一下,是规模策划不是项目规模预测。目前已经有很多非常专业的部门和机构能够做预测,他们对设施应该是个什么样的规模,可以有比较准确的把握,时间越近预测得越准。但是,本书这里讲的是对交通设施规模的策划,不是预测。规划师要做的是策划,要做的实际上是要策划交通枢纽项目达到某个阶段、某个时间或是满足某些条件时的规模,或者是策划交通设施的终端规模是什么。终端规模对规划师来说是非常有意义的,一定要讲清楚。如果一个设施,只知道5年以后或者10年以后的规模,那是不够的,10年以后怎么办?交通设施可都是要存在100年以上的。

下文将介绍设施规模策划的三种常见方法。

2.2.1 需求推测法

需求推测法是根据某个特定的因素对规模进行趋势外推的策划方法。例如,用人口规模去推测设施规模就是最常见的方法之一。又例如用GDP去推测规模,即GDP到什么程度,就需要一个什么样的设施规模,这也是最常见的方法之一。如果人均GDP 1万美元,那么一人一年坐一次飞机,那如果GDP到2万美元人均乘坐飞机的次数是多少呢?发达国家现在是人均1~3次,差异在于综合交通运输结构不一样,如日本铁路运输高度发达,这个指标就低于美国。我国2019年是人均0.45次,因此以后增长空间是很大的。现在我们的长三角地区已有近2亿人次的民航运输量,已超过每年人均一次了。

需求推测法的缺陷是单个因素往往不可靠,因此需要多找几个特定要素来推测,相互印证。

2.2.2 容量策划法

容量策划法是根据基础设施的能力或基础设施所处环境的承载力对设施规模的策划方法。

例如,一个机场具备一条跑道,两条滑行道(一条平行滑行道,一条站坪滑行道),再有几条快速脱离道等相关设施,那么一年可完成 2 000 万人次的旅客吞吐量。又如一条轨道交通线路,如果采用甲型车(即大型车),那么这条线路就有断面通过能力 5 万人次的运输量。即使它运行以后实际只有 1 万人次的旅客吞吐量,它依然是有这个能力的。因此,对于规划师来说,规模策划就很简单,即如果考虑以后要达到 5 万人次断面流量,那就可以修一条轨道交通线路,超过 5 万人次以后就可以研究修第二条,这个过程即所谓的规模策划。

各交通工具的运输量分别是:公共汽车 0.8 万人次,单轨(4 节)2 万人次,轻轨(6 节)3 万~4 万人次,地铁(8 节)甲型车 5 万人次、乙型车 7 万人次(人次按单向高峰小时统计)。

但要什么时候达到策划的运输量,这个问题就比较难回答,这就需要预测了。策划反倒比预测要简单一点。策划有利于决策,有利于规划工作的开展;而预测则是为项目的可行性研究服务的。当然,此时的预测只能作为策划工作之后,即规划工作的依据,还不能作为设计工作的依据,做设计前还要有近期的准确预测。因此,策划和预测都是不可缺少的。

2.2.3 类比策划法

类比策划法是将自己策划的设施同与之相类似的设施进行比较,从而确定其设施规模的策划方法。

上海机场的远期容量 1 亿~1.2 亿人次旅客运输量就是类比出来的,因为与上海类似的城市都大约是在这个数时就成长乏力了。又例如虹桥综合交通枢纽中的铁路站的 30 股道的规模,也是类比出来的。

案例 2-2　虹桥综合交通枢纽铁路站股道数量策划

规划初期围绕虹桥铁路站需要多少股道这个问题一直争论不休,不知道到底多少好。另外,市有关部门也不愿意给太多的土地,不愿意投资太大。对于多少股道合适众说纷纭,有一大堆无法理清的问题。正在此时,市领导要到美国去,在机场他就问我:"我们原来,只答应给它10股道,底线是15股道。你觉得应该多少?"我就跟他说:"您这么看,伦敦是80多股道,有8个大的车站,巴黎是7个车站,还有东京、莫斯科,一个个排出来,都在80股道以上。正好您到美国去,您到纽约去看看,它有多少股道。仅纽约中央车站,上层25股道,下层25股道,一个站就是50股道。如果按这样算,给它30股道也不能算多。因为现在上海站13股道,南站13股道,一共只有26股道,这个地方只能给30股道,再多给也不好用了。"后来,市里就决定建设30股道,就是这么定的,不是预测出来的。

显然虹桥综合交通枢纽铁路站的股道数是通过类比策划确定的。世上有很多事情影响要素众多,说不清楚,或者说清楚要花很多的时间,项目建设的进度又不允许没完没了地讨论下去,用类比的办法常常会很有说服力。

案例 2-3　苏中机场的终端规模策划

2009年,扬州苏中机场请我替机场做一个策划。为什么要做策划呢?因为按照法规,一个新机场的建设要做需求预测,于是设计院就做了2015年、2020年和2040年三个时间点的需求预测。对2040年的预测并没给什么说明,实际上也确实说不清楚,因为要预测2040年苏中机场有多少旅客,很难说得准。但是,扬州市就难办了,他们不知道新机场到底应该怎么定位,应该规划多大,预留多少土地。所以,扬州市要我帮助做项目策划。我说其实就是一个终端问题,不要这样讲规模,就讲苏中机场是为扬州、泰州服务的。扬州、泰州加在一起1000万人,GDP已是人均10 000多元。美国是一个人每年乘3次飞机,日本人是一个人每年乘1.5次,扬州、泰州再发展,一人每年一次总是需要的。如果再多,可能要被周围的机场吸走一部分。如果是一年1000万人次,那至少要有一条比较像样的跑道,要有超过10万 m^2 的航站楼。如果有了一条像样的跑道,又有了一个超过10万 m^2 的航站楼,那实际上就是虹桥机场2009年前的规模。反过来说,有了这样一个基础的设施,它能承担的运输量就不止这个数,是可以做到2 000万人次的,虹桥机场已经是先例了。所以,我就说,做一条标准的跑道,做一栋以后能够扩建到10万 m^2 的航站楼,再加上其他配套设施,这个规划就可以定了。

可以看得出,这个绝对不是预测。在这个案例里我实际上把上述三种规模策划的方法都用到了。扬州及其周边地区主要机场如图2-5所示。

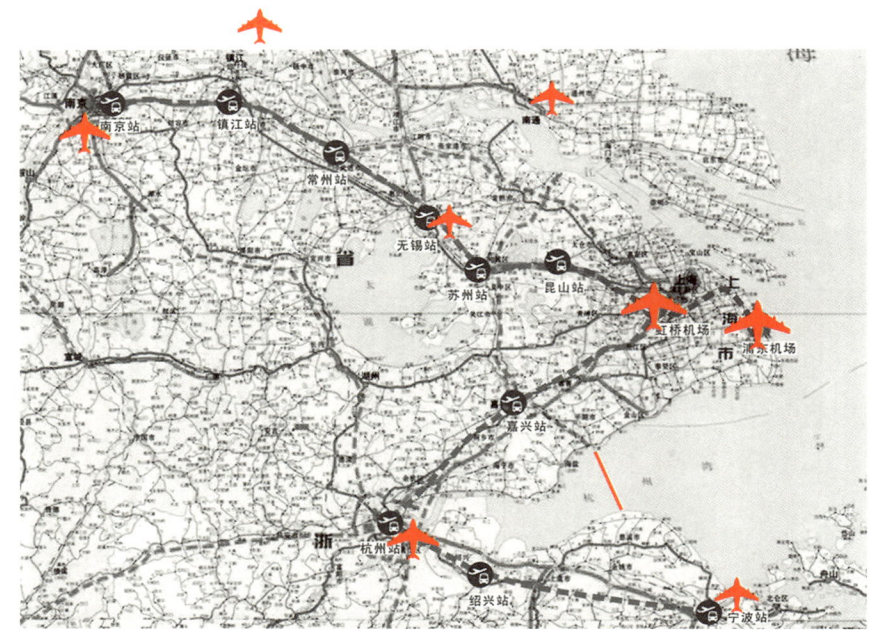

图 2-5　扬州及其周边地区主要机场

案例 2-4　深圳市轨道交通 3 号线的运量策划

2003 年,我和我的团队为深圳市龙岗区做了深圳市轨道交通 3 号线的运量策划工作。这也是一个精彩的案例。

如图 2-6 所示是深圳市 1996—2010 年法定的城市总体规划图,深圳的规划是很有名的,获得过联合国规划人居奖,做得很好。它主要有 3 个发展轴,一个是龙岗方向的发展轴,一个是宝安方向的发展轴,再一个就是中间这一个发展轴。当然还有一个就是深圳市中心一个东西向的带状发展地区(见图 2-7)。这种城市最适合建轨道交通,是典型的带状城市方案。但是,它原来的规划是大组团式的发展方案。其轨道交通 3 号线规划是往龙岗方向走的,有 3 个组团,即布吉、横港、龙岗。

请我和我的团队去做这个项目策划的时候,目的就是要把这条轨道交通的需求说清楚。因为当时某设计研究院做了一个可行性研究,认为没有运量,需求不足,认为没有做一条轨道交通的需求,一条公共汽车线路就可以满足。这一结果与龙岗区积极发展轨道交通带动区内

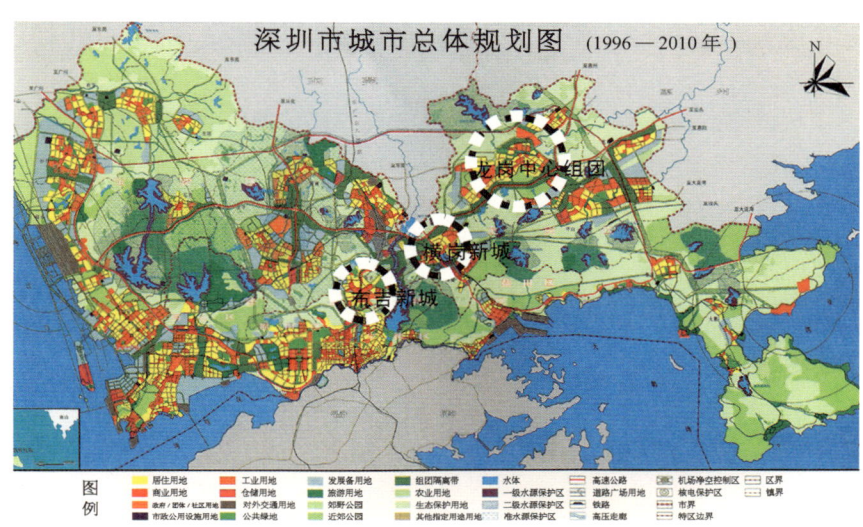

图 2-6 深圳市城市总体规划(1996—2010 年)

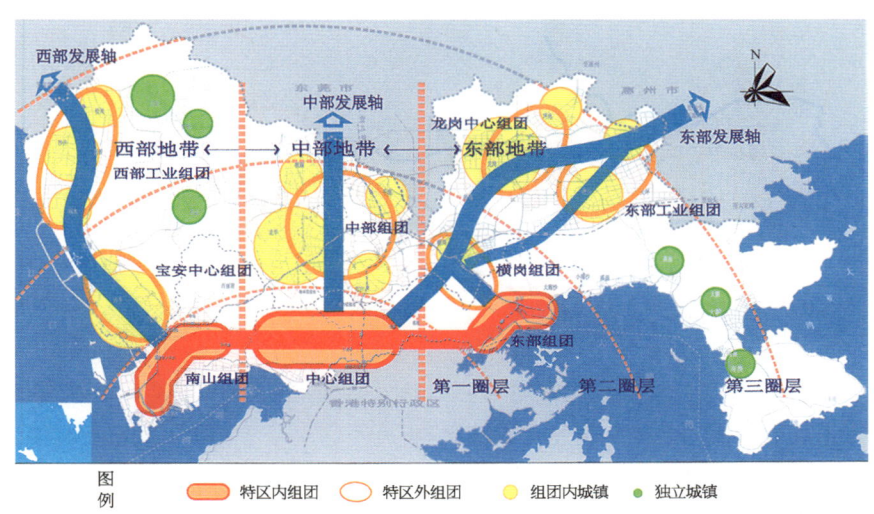

图 2-7 深圳市城市规划布局结构

经济、社会发展的愿望相矛盾。于是他们决定另寻高明。

我接到这个任务的时候,认为设计院的预测并没有做错,但这其实是个策划问题。我认为这是个策划而不是预测,所以我和我的团队可以做。

我和我的团队开始工作后,就对深圳龙岗区的城市结构做了认真的研究,发现它的结构存在问题。深圳虽然是带状城市规划,但它这个大的组团规划思路是将它的人口、就业都在组团内部平衡。它的组团是相对比较大的,可以在里面工作、学习、就医、居住。所以,这里的居民走出这个组团的出行量非常少,绝大多数事情都在组团内部解决。因此,轨道交通的运量就算不出来,自然修轨道交通就没必要了。

在城市发展中,公路会串起一个个小城;在高速公路出口的城市会高速发展起来,没出口的城市会衰退下去,或最多保持原样。而轨道交通每个车站周围都会发展起来,发展过程中,每个车站会逐渐自然分工,如这个站服装商店较集中,下一个站食品商店较集中,再下一个站电影院等娱乐设施较集中。当然,这可以通过规划进行分工,推动这种分工的发展。这个就是轨道交通发展的规律(见图2-8)。

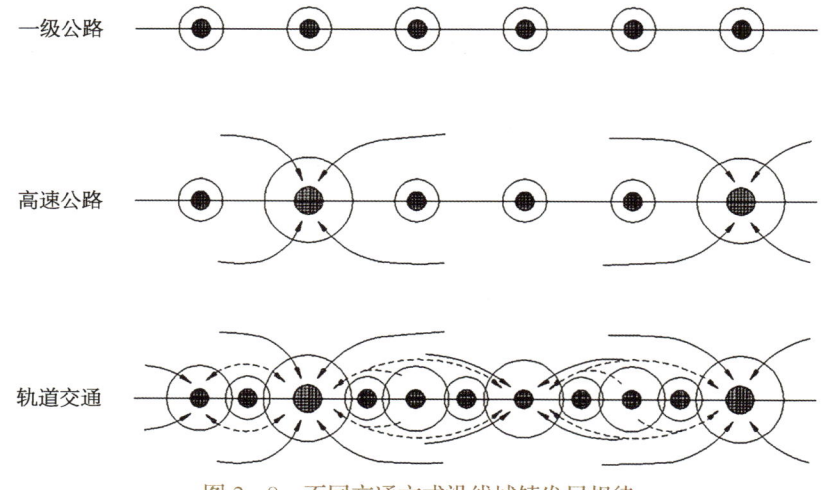

图2-8 不同交通方式沿线城镇发展规律

因此,深圳龙岗发展轴应该改成具有如图2-8所示轨道交通规划模式的城镇,否则这条轨道交通肯定没有运量。认识到这一点后,我和我的团队就策划对规划进行了调整。沿着轨道交通的车站周围用地规划,全部进行调整,使沿轨道交通线形成真正的带状发展轴。把每个车站周围都规划一块商业用地,并将原来大组团间的空地也结合那些车站附近的规划,并将车站附近用地的容积率提高。车站用地原来没有建设用地的,把它变成建设用地,最好变成商业用地(见图2-9、图2-10)。

用地规划调后,再进行交通的规划调整。龙岗的居民已适应只用一种交通方式的出行模式,这不符合轨道交通时代的要求。我和我的团队为3号线沿线的居民出行规划了一种新的组合出行方式,即从家坐公共汽车、小汽车或步行、骑自行车等到离家最近的轨道交通车站,

第 2 章 规模合理,滚动发展

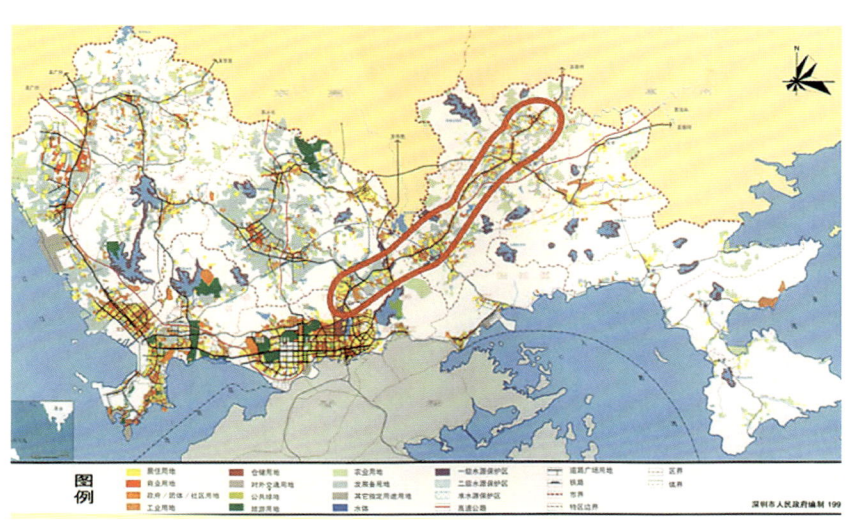

图 2-9　深圳市龙岗方向城市发展轴用地现状(1996—2010 年)

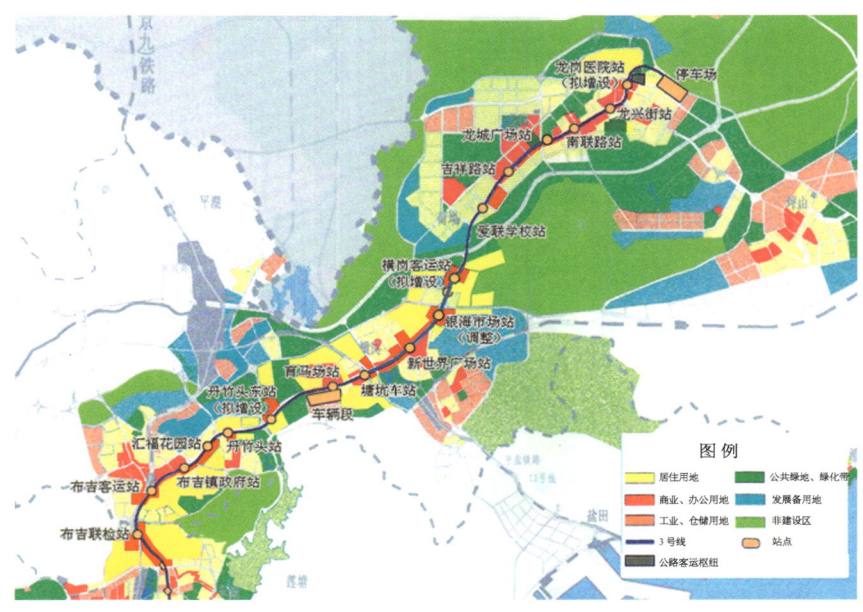

图 2-10　深圳市龙岗方向城市发展轴用地规划调整建议

从这个车站再到达下一个换乘车站,例如换到市中心的车站,从换乘车站到达终点车站,从终点车站步行或再通过其他交通工具到达目的地(见图2-11)。深圳的轨道交通,市中心是一条横向的1号线,可与3条纵向的轨道交通线换乘。出行方式变换后,轨道交通的运量就会上升。当然,这仅是从运量的角度上来说,那么作为规划,还要考虑从原来的大组团规划变成小组团规划是否合适,这个仍是要进行分析的。而公共汽车怎么跟轨道交通发生关系,怎样转乘呢?我和我的团队也提了一些建议,换乘接驳模式如图2-12所示。

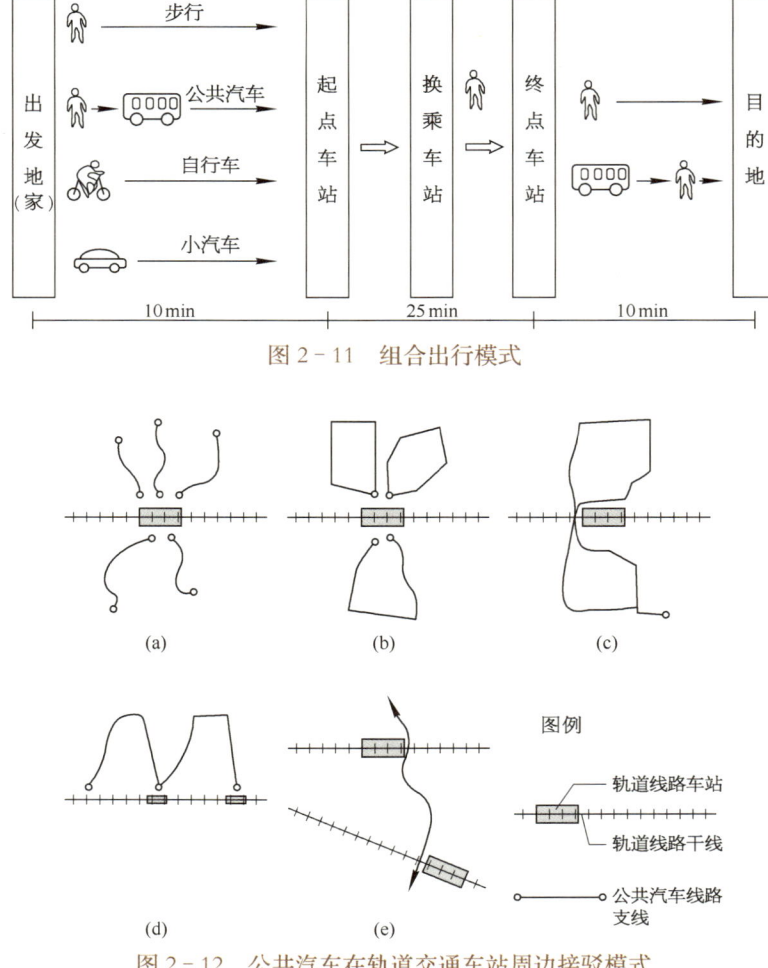

图2-11 组合出行模式

图2-12 公共汽车在轨道交通车站周边接驳模式

经过上述策划之后，运量将大大高于原来由设计院所提出的预测，原来不需马上建设的3号线也就排上了建设日程。

在这个案例中，策划工作主要做了两件事情：

一是调整城市土地利用规划，包括改变用地的功能性质、使用方式，以及开发的密度和强度。采取的措施包括：将原集中大组团式的布局调整为"点—轴式"带状布局；将商业用地和高密度居住用地与车站，即交通用地相结合；划定商住综合性用地等，以提高居民的出行量。

二是调整沿线地区的客运交通结构。采取的措施包括：调整公交线路，使其与轨道交通由竞争关系转为互补关系，方便乘客通过公交接驳换乘轨道交通；调整公路长途枢纽至龙岗北部，使深惠路上原有长途客流通过换乘3号线进入中心城；完善交通枢纽和各种方式的换乘设施，尽可能方便乘客换乘，以吸引更多客流。

通过上述调整，客流问题就可以解决了。

2.3　虹桥综合交通枢纽的规模策划

虹桥综合交通枢纽比较复杂，其中有10多种不同的交通方式（见图2-13）。虹桥综合交通枢纽的旅客吞吐量、设施规模是怎么得出来的呢？就是用前文所述三种方法策划出来的。

首先，铁路车站的股道数，前文案例中已经介绍过，是用类比法策划出来的。虹桥国际机场的旅客吞吐量是根据设施容量策划出来的。2010年上海的航空容量一共是每年1.2亿人次，虹桥国际机场两条近距离跑道，最多也只有3 000万～4 000万人次的年处理能力。

在虹桥综合交通枢纽轨道交通安排5条线，在运量上是不需要的，这么设置是因为条件可行加上考虑旅客出行舒适的结果。把轨道交通定位为虹桥综合交通枢纽最重要的疏解方式，是因为希望旅客都能来换乘轨道交通，这样对城市道路交通的影响就可以最小。所以，这就需要把轨道交通做到最舒适。只有做到旅客搭乘轨道交通很便捷，并且有5条线路供选择，到哪个方向都很方便，而且不是很挤（请注意，这一点很重要），做到旅客能够"西装革履地乘地铁"，这样轨道交通才有吸引力，才能达到公交优先的策划目的。如果按计算得出的旅客吞吐量规划轨道交通，一条线路就够了。仅上海市轨道交通2号线断面流量就可以超过每小时5万人次，但那会很拥挤。而如果太过拥挤，航空旅客可能就不选择乘坐轨道交通。如果要实现在虹桥综合交通枢纽能有50%以上的换乘旅客利用轨道交通，就要求提高搭乘轨道交通的便捷性与舒适度。因此，5条轨道交通线的规模是这么得出的，绝对不是计算出来的，也不是预测出来的。所以，计算往往只是一个参考的依据，真正解决问题的、真正能够把相关的

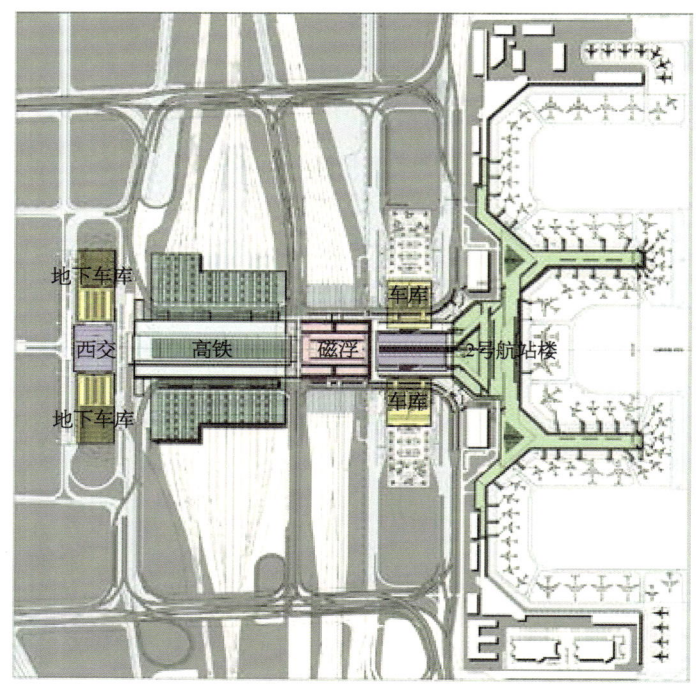

图 2-13　虹桥综合交通枢纽的规划布局

领导和专家说服的,不是计算出来的预测数据,而是利用规模策划的思路得出的结果。

轨道交通在虹桥综合交通枢纽设东、西两个车站,引进 5 条轨道交通线也都是策划的结果。铁路车站这一块的旅客吞吐量是机场的 2 倍,且与机场相距较远,已不适宜步行,所以专门设一个车站,而且形成一个有 5 条轨道交通线的枢纽站,而机场一侧的轨道交通车站只是一个有 2 条轨道交通线的车站。

虹桥综合交通枢纽的车库规模,也是根据需求推测出来的。但按预测出的数据要比现在采用的 10 000 个车位要多得多,车库需求的规模也远比实际的规模要大得多。这是因为如果停车位紧张,收费就高,收费高了一部分旅客就干脆坐轨道交通了,这就达到了策划的目的——公交优先。

虹桥综合交通枢纽有很多旅客是从外地来沪的,大多带着行李,坐公共汽车不是很方便。为了让旅客便捷舒适地乘坐公共汽车,将公共汽车布置在铁路、机场和磁浮交通等车站的门前,而且线路也很多。如果就需求本身来算,并没那么多旅客,这样设计只是为旅客提供方便,体现公交优先的原则。

综上所述,虹桥综合交通枢纽各功能设施的规模策划结果如下。

(1) 虹桥国际机场,2020 年年处理量旅客 4 000 万人次和货物 100 万 t 左右(**容量策划法**)。

(2) 铁路虹桥站,共 30 股道(**类比策划法**),其中 10 股道用于城际线,20 股道为高速铁路使用。2020 年年旅客吞吐量 6 000 万人次(**容量策划法**)。

(3) 磁浮虹桥站的站场规模为 10 线 10 台,站型为通过式。至 2020 年预计旅客年发送量为 2 000 万人次(**需求推测法**)。

(4) 轨道交通安排 5 条线路,在枢纽设施下设 2 个车站(**条件可行+舒适需求**)。

(5) 考虑换乘中心和商业开发部分规模(**容量策划法+类比策划法**)。

(6) 西交通中心设轨道交通西站,有 2 号线、10 号线、5 号线、17 号线、青浦线共 5 条线路进入,服务于高速铁路(**需求推测法+五线换乘**)。

(7) 各类公共汽车线路共 40 条(**公交优先**)。

(8) 考虑社会车辆、出租车、社会客运汽车等(**需求推测法**)。

(9) 各种停车位在 10 000 个以上(**需求推测法+容量策划+公交优先**)。

第 3 章

流程便捷，易于识别

前两章是枢纽规划的前期准备工作，本章将要介绍的则是枢纽的设施布局。设施布局的基本要求是流程便捷，设施布局的水平高低体现在使用了多少资源。所有的交通设施都必须满足旅客流程需求，否则就不好用，就会落得一个被拆改的命运。因此，规划设计方案便捷、完整、细致地满足旅客流程要求是必需的基本要求，且只是及格水平。规划设计方案水平的高低并不表现在是否满足旅客流程要求上，而是在于使用最少的资源（人、财、物），提供最便捷（方便、快捷）的旅客流程。

对于综合交通枢纽来说，所谓旅客流程就是指枢纽设施中旅客在各种交通方式间的换乘关系。这种换乘关系也就是各种交通设施之间的布局需求，是旅客流程规划的第一要素。也就是说，旅客流程决定交通设施的规划布局。但是，仅仅考虑旅客流程是不够的，枢纽设施中的旅客换乘量与旅客流程同样重要。在众多旅客流程中，不抓住旅客吞吐量较大的那些流程，设施的规划布局其实是没法落地的，更不可能最大限度地节约资源、方便旅客。因此，综合交通枢纽中的设施布局一定要综合旅客换乘的流程与流量这两大要素，要从流程和流量出发开始规划设计工作。

3.1 综合交通枢纽的设施一体化

当前，大交通部的体制正在形成中，可以设想将来会有一个比较好的环境，可以实施各种交通方式的基础设施一体化。但是现在，要实现综合交通枢纽的设施一体化还是一件非常困难的事情。长期分属于不同的行政管理部门，已经形成了比较完备的法规体系，加上不同交通方式各自的特殊性等，使人们甚至都不敢想象将它们整合在一起的可能性。2006年，征集虹桥综合交通枢纽方案的时候，得到的六个方案基本可以分为两大类：一类就是充分考虑了现行体制和客观环境的困难，将相对独立的设施尽可能靠近地布置在一起，所谓"拼盘"方案

（见图3-1）；另一类就是将各种交通方式的基础设施尽可能地整合在一起，将设施群整体作为一个建筑物来设计，即所谓"一体化"方案（见图3-2）。

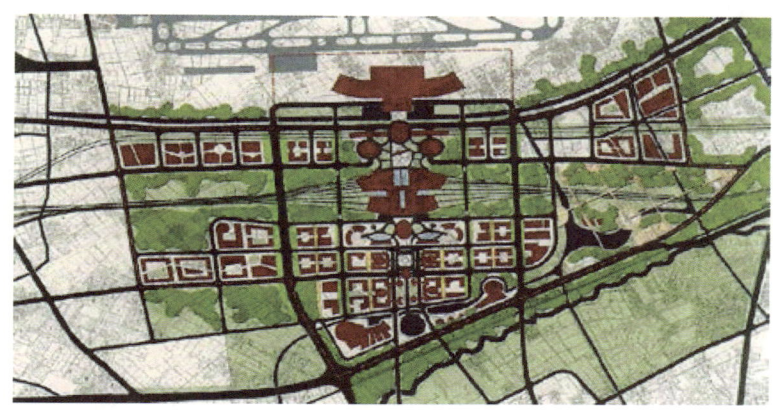

图3-1　各种交通设施相对独立的投标方案

图3-2　将各种交通设施整合为一体的投标方案

显然，将各种交通方式整合为一体不仅需要技术能力和管理水平，更需要勇气、魄力和远见卓识。

中标方案将所有交通方式的运行设施和到达设施都布置在地面上，铁路、机场和磁浮交通的出发设施都放在地上三层，在二层规划用一条步行商业街将所有交通设施连为一体。在这条商业街之上是一个屋顶花园，花园以上是多层商业服务设施和商务办公设施群。整个枢纽设施的地下层只有一个联络通道和相关的市政基础设施（见图3-3）。

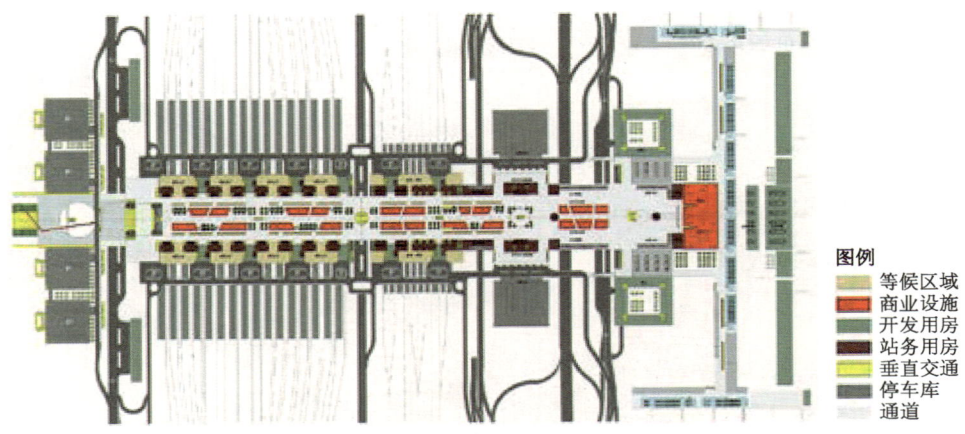

图 3-3 将各种交通设施整合为一体的投标方案平面

图例：等候区域、商业设施、开发用房、站务用房、垂直交通、停车库、通道

  这条商业街不仅整合了各种交通方式，为换乘旅客提供了必需的商业服务功能，而且还能够在旅客吞吐量高峰时起到削峰填谷的作用，并为旅客提供另一种候车（机）空间环境。其屋顶花园同时为来虹桥综合交通枢纽的旅客和楼上的商务办公人员提供了一个舒适恬静的中转等待的环境空间，为高速旅行和高效工作的人们提供了一处"停顿""休息""静心""放下"的场所！

  该方案规划了两套独立的集疏运道路系统，一套供机场和磁浮交通用，另一套供高铁和城际铁路用。各主要对外交通方式的设施和运营均可具备相对独立性，但旅客均可以通过步行换乘。虽然步行距离较远，还不尽如人意，但基本达到了设施一体化的目的。

  在虹桥综合交通枢纽工程建设指挥部的领导下，通过对十几个投资、运营主体的协调协商，经过众多规划设计单位的共同努力，最终方案修改为如图 3-4 所示的样子。方案中虹桥综合交通枢纽设施由两大部分组成，东部由机场和磁浮交通车站围绕东广场组成，西部由高铁、城际铁路和西广场组成，两大部分由多条廊桥连接，整个枢纽设施构成一个完美的整体（见图 3-4）。

  构成综合交通枢纽的各种交通设施间由三个楼层的六条通道连接，这六条通道就成为旅客的换乘通道（见图 3-5）。上面的通道位于出发层，与商业服务设施融为一体（图中黄色流线）。下面的通道位于地下（图中蓝色流线），是磁浮交通和铁路的到达层，磁浮和铁路的到达旅客可以直接去换乘目标交通方式的候车空间；地下通道还是城市轨道交通的站厅层，是旅客换乘量最大的通道层。中间的通道（图中紫色流线）正好位于机场和磁浮交通旅客的到达层，因此它是机场和磁浮到达旅客的最佳换乘通道。

第 3 章 流程便捷,易于识别

图 3-4 一体化后的虹桥综合交通枢纽设计模型

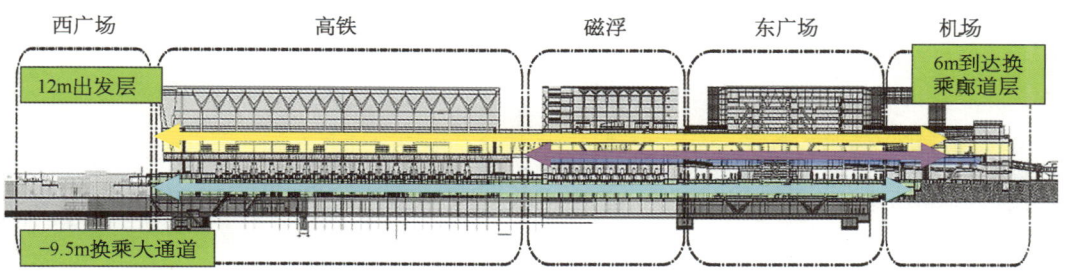

图 3-5 一体化后的虹桥综合交通枢纽设计方案剖面

由于虹桥综合交通枢纽的旅客换乘量很大、步行距离较长,在设施规划布局时将城市对外交通与城市交通网络的换乘设施集中地布置在东、西两个广场。东广场负责机场、磁浮交通与城市交通的换乘,西广场负责高速铁路、城际铁路与城市交通的换乘。因此,东、西两个广场均由公交车站、轨道交通车站与社会车辆的南北两组停车库构成(见图 3-6)。

虹桥综合交通枢纽各种交通设施的一体化程度还是不够的,设施整合过程中的最大遗憾是铁路和磁浮的轨道数较多,都平铺在地面上,未能实现立体化,这直接造成了旅客换乘步行距离还是太长。如果能像纽约中央车站那样,将轨道按上下双层布置,旅客的步行距离就有望再减少一半。要做到这一点,虹桥综合交通枢纽还有许多条件不具备,如上海的地价还不够高,轨道平铺在地上还是比用钢筋混凝土架起来便宜。

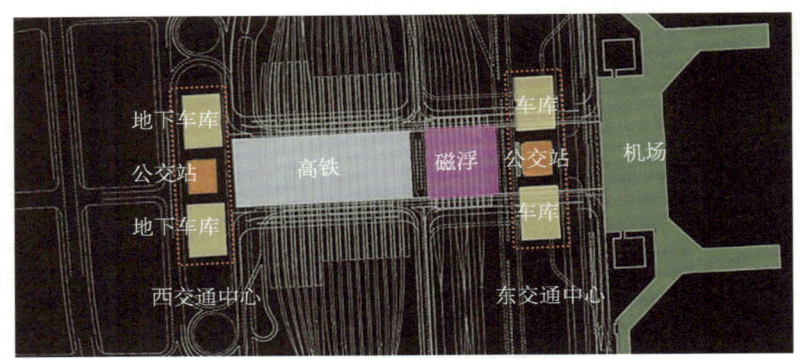

图 3-6　一体化后的虹桥综合交通枢纽平面方案

由此可以看出,高地价是有利于提高综合交通枢纽一体化程度的,也是有利于提高土地利用效率的。

3.2　方便换乘的设施布局

交通设施的规划布局其实只有一个原则:旅客步行距离最短。当然不是某一种换乘流线最短,而是所有旅客换乘步行距离的总和最小。这就需要在规划设计之前要有一个相对可靠的"综合交通枢纽内客流换乘量预测表"。无论什么样的交通枢纽,在规划设计前都一定要有这样一个预测表。否则,其后的规划设计就只能是靠"长官意志"或者是"建筑师的直觉",而这些都是不科学、不可靠的。

表 3-1 就是虹桥综合交通枢纽在规划设计前委托上海综合交通研究所所做的枢纽内客流换乘量预测。虽然这个预测本身也经过了反复修改,征求了无数专家、学者的意见,但与目前的实际情况比仍然还有差距。但是,即便是从目前来看,表中的数量级是不变的。也就是说,用它来指导虹桥综合交通枢纽的规划设计是足够的,也是正确的。

表 3-1 中的城市交通中轨道交通占 60% 以上。轨道交通 2 号线和 10 号线又占轨道交通总量的 70% 左右。从表 3-1 中可以看出,虹桥综合交通枢纽内部换乘量最大的前四位依次是高速铁路、城际铁路和轨道交通,机场和轨道交通,磁浮交通和轨道交通,磁浮交通和高速铁路、城际铁路。除此之外,其他旅客换乘量与这四种换乘量相比差了一个数量级。

第3章 流程便捷,易于识别

表3-1 虹桥综合交通枢纽内客流换乘量预测 （人次/d）

项　　目	高速铁路	城际铁路	虹桥机场	机场磁浮	沪杭磁浮	高速巴士	高速公路	城市交通（地铁为主）
高速铁路	—	1 000～2 000	2 000～3 000	7 000～8 000	1 000～2 000	500～1 000	6 000～7 000	65 000～66 000
城际铁路	1 000～2 000	—	3 000～4 000	7 000～8 000	400～1 000	500～1 000	1 000～2 000	68 000～69 000
虹桥机场	2 000～3 000	3 000～4 000	—	2 000～3 000	400～1 000	3 000～4 000	7 000～8 000	34 000～35 000
机场磁浮	7 000～8 000	7 000～8 000	2 000～3 000	—	0	1 000～2 000	0	—
磁浮沪杭	1 000～2 000	400～1 000	400～1 000	0		1 000～2 000	1 000～2 000	24 000～25 000
高速巴士	500～1 000	500～1 000	3 000～4 000	1 000～2 000	1 000～2 000			3 000～4 000
高速公路	6 000～7 000	1 000～2 000	7 000～8 000	0	1 000～2 000	0	—	0
城市交通（地铁为主）	65 000～66 000	68 000～69 000	34 000～35 000		24 000～25 000	3 000～4 000	0	

　　根据表3-1中的这种换乘关系,首先要考虑的就是铁路与轨道交通的换乘一定要便捷。因此,将轨道交通车站布置在铁路车站的地下,使铁路的到达旅客在地下一层可以同层进入轨道交通的站厅。轨道交通车站的另一端布置在站前商务区内,方便商务区的工作人员使用轨道交通(见图3-7)。机场与轨道交通的换乘量第二多,磁浮交通与轨道交通的换乘量第三多。于是,将轨道交通车站布置在机场航站楼与磁浮交通车站之间,车站的一端的出入口在航站楼里,另一端的出入口在磁浮交通车站里。两个轨道交通车站的上方都布置其他公共交通的车站和社会车辆的车道边。旅客换乘量排名第四的是磁浮交通与铁路,因此让磁浮交通车站与铁路车站紧靠在一起,以减少换乘步行距离(见图3-7)。

　　商务办公、商业服务设施集中布置在磁浮交通车站、东广场、机场航站楼的上方,从主要旅客流程上可以方便地看见和前往,但不干扰旅客流程的顺畅。

　　为了方便开展空铁联运,将机场航站楼向铁路车站方向做了延伸,以缩短空铁联运旅客的步行距离(见图3-7)。

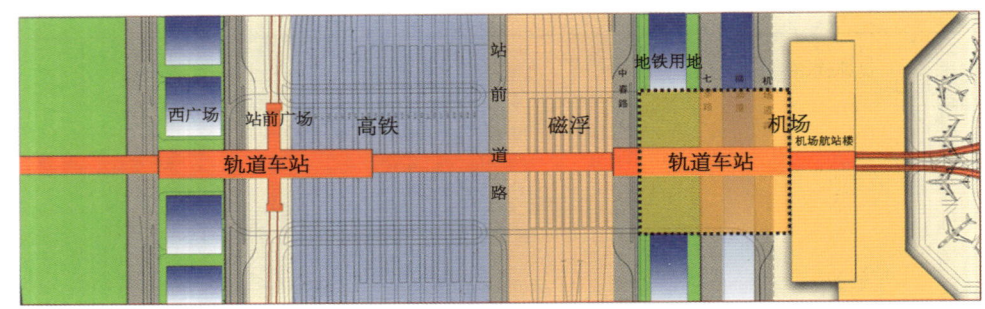

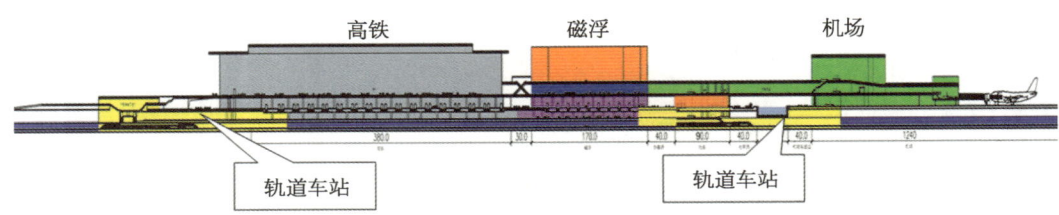

图 3-7　由换乘量决定的设施布局规划

在设施布局中特别关照轨道交通是因为它是运量最大的公共交通方式,换乘轨道交通的距离短了,所有旅客换乘的步行距离就一定是最短的。在虹桥综合交通枢纽的规划设计中,轨道交通方面就花了很多的精力。在最初的方案中,轨道交通只设置了一个车站,后来因为发现旅客需要步行很长的距离,于是就增加了一个车站。但是在一个枢纽里设置两个车站又太近了,最终虹桥综合交通枢纽采用的是一个车站内停两次的方案。

从轨道交通网络的角度研究什么样的线路进到枢纽里来也花费了规划团队不少的精力。进虹桥综合交通枢纽的轨道交通有 5 条线(见图 3-8),每条都有它进入的道理,都与其他替代方案做过比较,但经过反复论证,这 5 条线对上海市域内不换乘到达旅客的覆盖率是最高的,特别是对航空旅客、高铁旅客的覆盖率是最高的。

另一个常常被问及的问题是:"需要 5 条轨道交通吗?"的确,单从旅客集疏运能力的角度计算的话,一条线路就够了。但是,从航空旅客、高铁旅客的特殊需求出发,为了达到尽可能多的旅客使用轨道交通的目的,就必须要保证舒适乘车的环境。也就是说,必须要让旅客"西装革履地乘地铁",这样才能够实现 60% 以上旅客使用轨道交通的目的。在规划虹桥综合交通枢纽时,为相当比例的旅客提供了一个舒适、便捷,且不用再次换乘就能到达目的地的轨道交通集散条件。

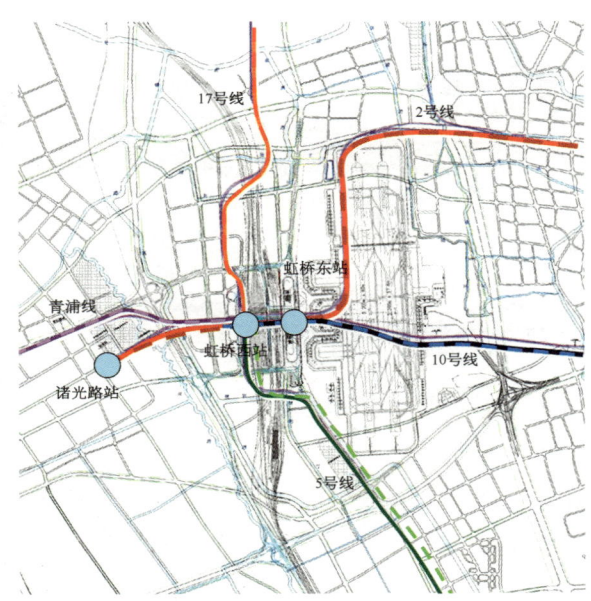

图 3-8　虹桥综合交通枢纽中的轨道交通规划

3.3　简洁顺畅、容易识别的流程设计

任何综合交通枢纽的旅客流程都不会简单,使这些流程简洁顺畅、集约使用资源,且易于识别是规划设计的首要任务。

虹桥综合交通枢纽集轨陆空各种交通方式于一体,加上各种商业服务设施,是相当复杂的城市综合体。它主要包括城市对外交通的高速铁路、磁浮交通、民用航空和城际高速巴士,以及城市内接驳的轨道交通、出租车、各种公共汽车和各种社会车辆(见图 3-9)。从功能定位的角度来说,铁路、磁浮和航空是三大主体运输方式,市内的交通网络都是为三大对外交通的配套。

要做到旅客流程简洁顺畅,首先就是要抓住枢纽内的主要旅客换乘流程。所谓主要旅客流程,就是指那些旅客吞吐量大、集中率高的旅客流程。规划设计必须要为它们保证必要的通道数和足够的通过能力,设置必要的代步工具、相关服务设施和工作岗位。虹桥综合交通枢纽的主要旅客流程是:铁路与轨道交通的换乘、机场航站楼与轨道交通的换乘、磁浮交通与轨道交通的换乘、铁路与磁浮交通的换乘、机场航站楼与磁浮交通的换乘、机场航站楼与铁路的换乘(见图 3-10~图 3-15,图中红色箭线是出发流线、蓝色箭线是到达流线)。

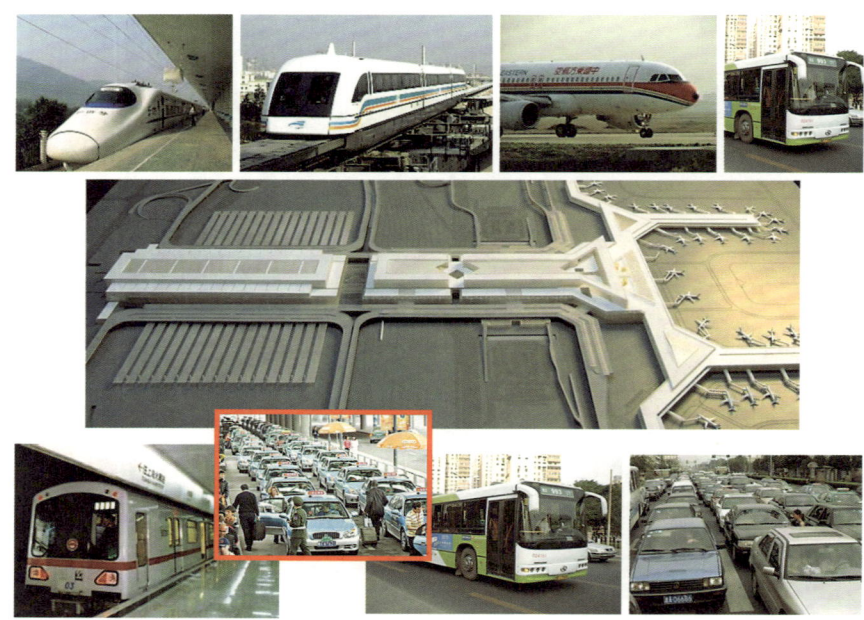

图 3-9　虹桥综合交通枢纽中的各种交通方式

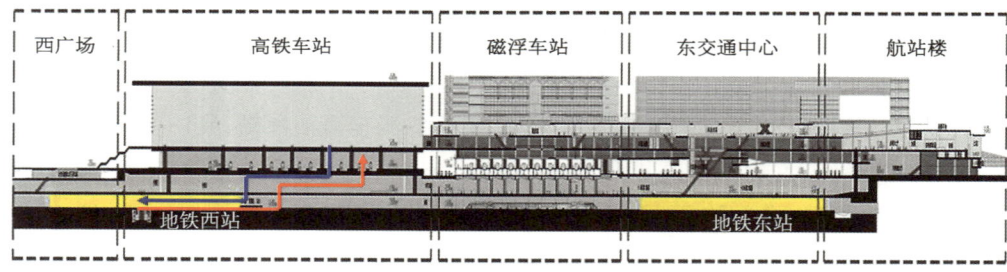

图 3-10　铁路与轨道交通的换乘

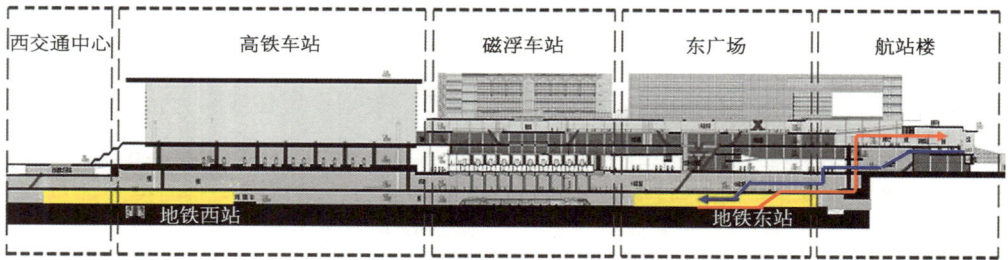

图 3-11　机场航站楼与轨道交通的换乘

第3章 流程便捷,易于识别

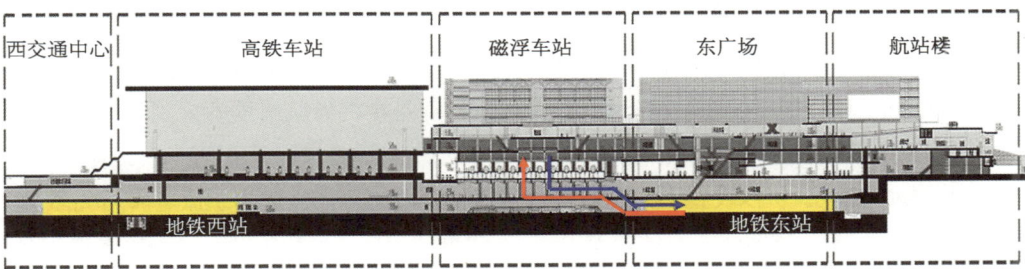

图3-12 磁浮交通与轨道交通的换乘

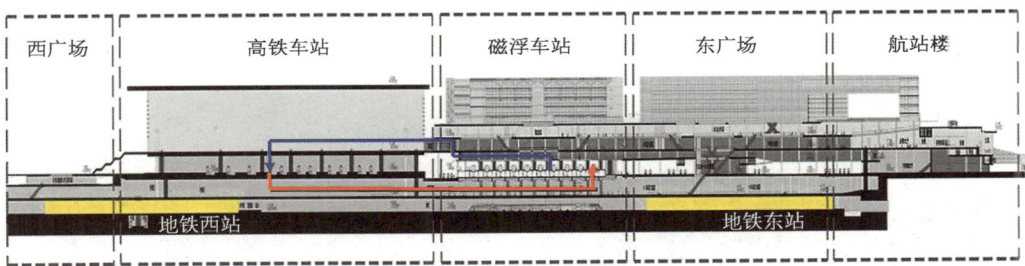

图3-13 铁路与磁浮交通的换乘

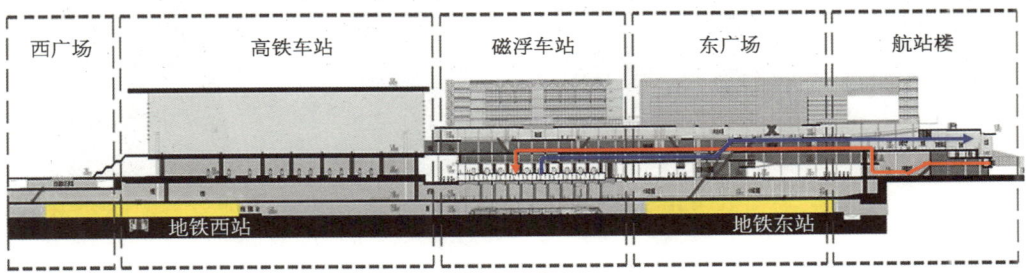

图3-14 机场航站楼与磁浮交通的换乘

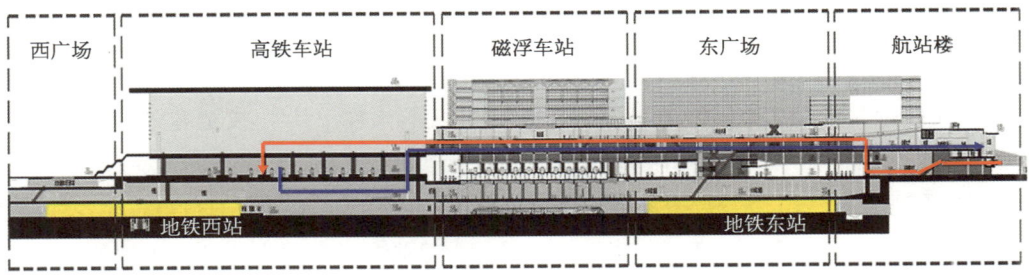

图3-15 铁路与机场航站楼的换乘

要做到旅客流程的简洁顺畅,还必须注意避免"旅客流程走回头路"和"旅客流程上的自动扶梯来回折返"。不让旅客流程走回头路还是比较容易做到的,旅客流程上的自动扶梯不要来回折返就不被重视了。在虹桥综合交通枢纽,特别是在机场航站楼的规划设计中就做到了这一点(见图3-16)。机场航站楼地下的轨道交通站厅层的旅客只有两个目标层,即航站楼的出发层和到达层,所以设置了两部自动扶梯分别到达这两层,免去了旅客带着行李来回换乘自动扶梯的麻烦。20 m左右的高差,通常需要自动扶梯来回折返3~4次,旅客换乘自动扶梯时会"险象环生"。为此,往往会安排一位工作人员在那里疏导旅客。采用了一部自动扶梯到达目标层这种模式后,大大提高了旅客流程的顺畅度,受到了旅客和运行管理人员的广泛好评。

图3-16　旅客流程上直达目标层的自动扶梯

集约使用资源就是通过适当整合各种旅客换乘流程,以达到节约流程上的资源配置的目的。在虹桥综合交通枢纽,就将各种小众的换乘旅客流程集中在位于二层的中间旅客通道,利用最少的资源配置,使旅客在机场航站楼和磁浮交通车站门前实现了换乘。

旅客流程的容易识别关键是要流程简洁、直截了当。建筑师就像文学家,往往会人为地制造一些"曲折"和"收放",喜欢"曲线"和"折腾"者也大有人在。其实,交通建筑功能性强,空间可视易达、不需要标识系统的引导也不会走错的规划设计方案才是最好的。

在换乘通道上,标识系统要容易识别,"走过路过、不会错过"(见图3-17)。在各种交通方式集中换乘的地方,采用适度的共享空间可以大大提高各种交通设施的可识别性,使换乘旅客的目的地一目了然。

图 3-17　容易识别、不会错过的标识系统

3.4　若即若离的旅客流程与商业服务设施

综合交通枢纽总是需要配备一定数量的商务办公设施和商业服务设施的(见图 3-18),这不仅是枢纽功能的重要部分,也是枢纽设施可持续发展的前提和保障。这些商业服务设施包括商品零售、餐饮、娱乐、休闲、会展、办公、住宿等。

图 3-18　综合交通枢纽的商业服务功能

这些商务商业设施的规划布局,应该充分考虑旅客的流程和流量,处理好与旅客流程的关系,做到若即若离。所谓若即若离,就是指从功能布局上适合与旅客流程结合的商业服务设施,就必须整合好;不适合接近的就应该相互分离,互不干扰。

集中的商务办公和商业服务设施与旅客流程通道应该可望可及,也就是既可以看到也可以非常方便地到达,但流程上相对独立、不混合在一起(见图 3-19)。而需要与旅客流程整合在一起的商业服务设施,就是那些以旅行服务为目标、集客度低的设施,如旅行用品商店、土特产店、礼品店、快餐店、咖啡馆、茶馆等,就必须与旅客流程通道融合在一起(见图3-20)。

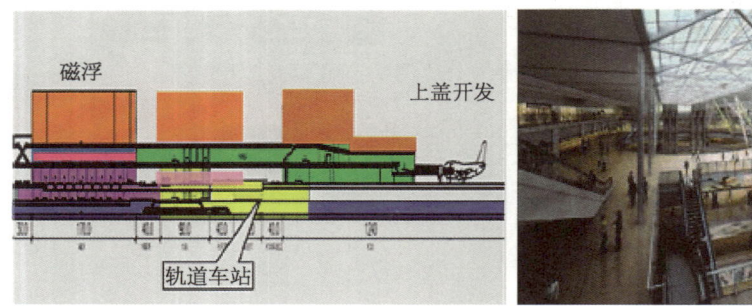

图3-19 与流程通道可望可及的集中商业服务设施

图3-20 与旅客流程通道融合的商业服务设施

第 4 章

人车分流，动静分离

交通枢纽规划需要遵循的第一条原则就是"人车分流"。如果一个交通枢纽不能在过道人车分离，或者人车分流做得不彻底，一定不是一个好的交通枢纽。这一点，无论交通枢纽的规模大小、复杂程度高低都一样。通常，规模越大、复杂程度越高的综合交通枢纽，越需要高水平的人车分流。

提到人车分流，首先想到的就是人车的竖向分离，这往往也是最有效的，通常适用于旅客吞吐量比较大的交通枢纽。还有一种方法就是人车的水平分离，其建设成本相对较低，运用的范围更广，案例更多。

从人车分流的要求出发，将高效运营的动态交通设施与停车楼、停车场、车道边等静态交通设施相对分离，也是在综合交通枢纽规划设计中要特别注意的问题（所谓"车道边"是指交通枢纽出入口附近供旅客停车、上下车的空间和设施群，本书中会频繁地使用这个概念）。

总之，人车分流、动静分离是在做综合交通枢纽规划设计时首先要考虑的，也是衡量交通枢纽质量的首要指标之一。

4.1　人车竖向分离

人车竖向分离是大型综合交通枢纽、轨道交通枢纽规划设计中最常见的手法之一。以浦东国际机场1、2号航站楼前的"一体化交通中心"为例（见图4-1），在航站楼的旅客到达层（6 m层）设置了三个连接两个航站楼的旅客步行通道，这三个步行通道与地面（0 m层）的各种交通方式的车道边垂直，于是在各个交叉点上就可以实现旅客的竖向换乘。

如图4-1所示，从左至右，首先是2号航站楼，与其他机场一样在旅客出发层（12 m层）有两条平行的车道边。靠近航站楼的车道边提供给各种公共交通车辆所用，靠外的车道边供出租车和各种社会车辆使用。2号航站楼0 m层的车道边供出租车接客用，分为国际、国内两个区域。紧靠 2 号航站楼的是各种社会车辆的 P2 停车库,车库的每一层都规划了车道边,旅客通过各层车道边的自动扶梯和电梯上到旅客到达层的步行通道。两个航站楼之间的中部是磁浮和轨道交通车站,其左侧是各种公共汽车车站及其车道边,右侧是长途汽车车站及其车道边。图 4-1 的最右边是 1 号航站楼,楼前的车道边与 2 号航站楼前一样,其门前的 P1 停车库的规划布局经过改造之后,也与 2 号航站楼的 P2 停车库一样。

图 4-1　浦东国际机场一体化交通中心

位于一体化交通中心 6 m 层的三个人行通道是这个交通枢纽规划中人车分离的关键性设施(见图 4-2)。这三个通道不仅串联了两个航站楼和所有交通方式的车道边、车站,同时还与其垂直的五条联络走廊一起形成了一个四通八达的步行网络,使该楼层成为一个很好的商业服务设施集中的设施群(见图 4-3)。

在地面(0 m)层,规划时将各种交通方式布置在不同的车道边,使浦东国际机场具备了 13 个、总共约 6 km 长的车道边。如图 4-4 所示,自上而下的车道边依次提供给出租车、社会车辆、公共汽车、磁浮与轨道交通、长途客车、社会车辆、出租车使用。有好几位领导都曾问

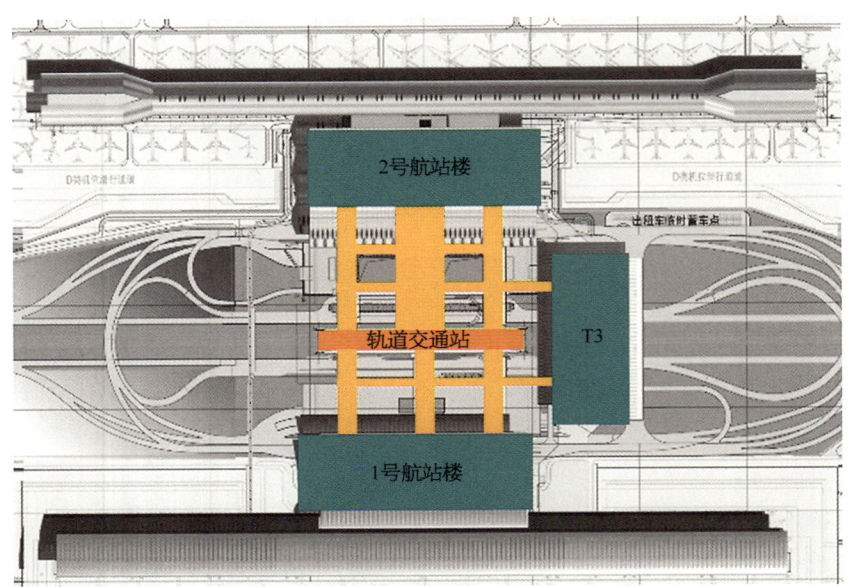

图 4-2　浦东国际机场一体化交通中心的人行通道

图 4-3　交通中心人行通道两侧的商业服务设施

"浦东机场真有那么多旅客吞吐量吗？怎么门前一点都看不出来呢？"某业内的知名专家替我们回答了这个问题。"那是因为浦东机场的交通中心规划得好嘛！"浦东国际机场有如此多的车道边，就是航站楼前不混乱、不拥挤的原因。

这种将各种交通方式分别规划布置在不同车道边的方案，不仅方便旅客识别，能够为旅客提供比较舒适的候车环境，而且有利于运营管理，可以满足不同交通方式各自的特殊需求。此外，由于这种方案使不同的运营设施具备了相对的独立性，还有利于吸收社会投资和引入专业化的运营管理。

两个航站楼之间的三个连廊和横向连廊等相交，形成了许多交叉点（见图4-5）。这是一

第4章 人车分流,动静分离

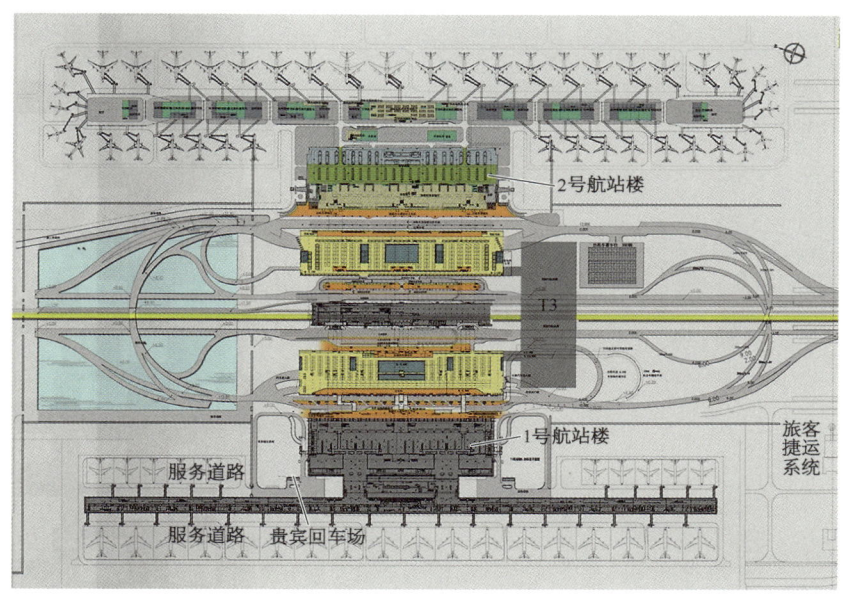

图4-4 交通中心地面层不同交通方式的车道边

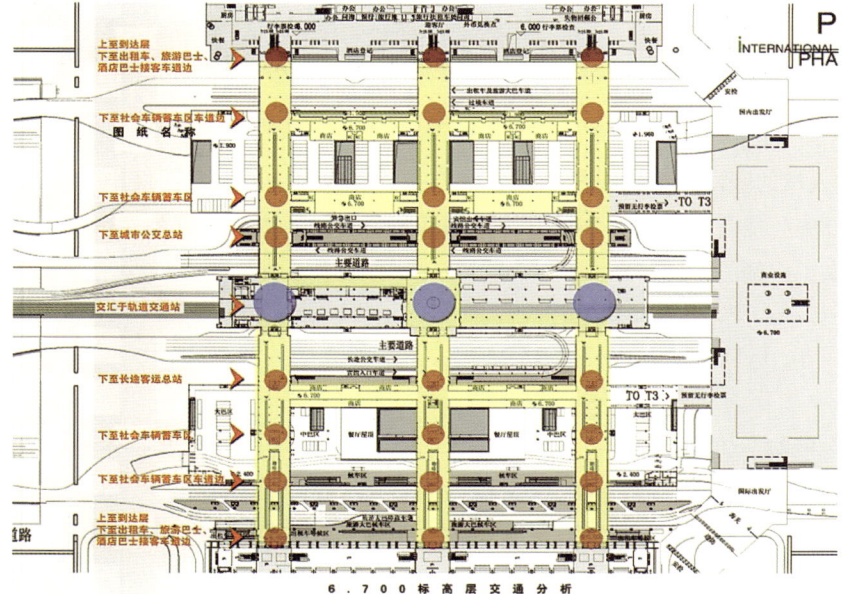

图4-5 交通中心人行通道的竖向交通节点

图 4-6　浦东国际机场交通中心内的会合点

些特殊的场所,处理好了是旅客流程上的重要标识点,处理不好就会变成"迷魂阵"。在浦东国际机场的一体化交通中心内,规划时设计了一系列的会合点(见图 4-6)。通常,在这些会合点附近会聚集一些竖向交通设施,如电梯、楼梯、自动扶梯、自动步道等(见图 4-7)。在这些会合点上还应该设置极具特征的建筑小品、雕塑等设施,使这些会合点各具特色,且一语即可传递明了。

图 4-7　交通中心人行通道的竖向运输工具

显然,人车的竖向分离为旅客提供了一个安全舒适的步行环境和候车环境,这同时也为商业服务设施的经营搭就了一个舞台。源源不断的旅客人流为交通枢纽的高效运营和可持续发展提供了广阔的空间。

4.2　人车水平分离

在同一平面上的人车分离也是非常重要的。通常,要做到人车水平分离并不困难,如图 4-8 所示的港珠澳大桥珠海口岸与交通枢纽在这方面就做得很好。

虹桥综合交通枢纽人车水平分离是比较复杂的。虹桥综合交通枢纽的核心建筑在各个层面都是被道路包围的(见图 4-9),但规划方案做到了比较彻底的人车分流,使所有在平面上的人车相遇都是上下车的地方。以旅客出发层(地上一层)为例,高铁与城际铁路共用两套

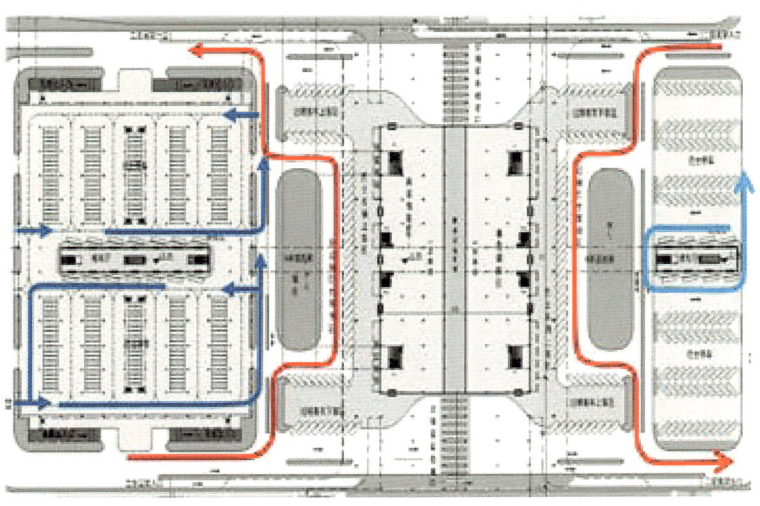

图4-8 港珠澳大桥珠海口岸与交通枢纽规划

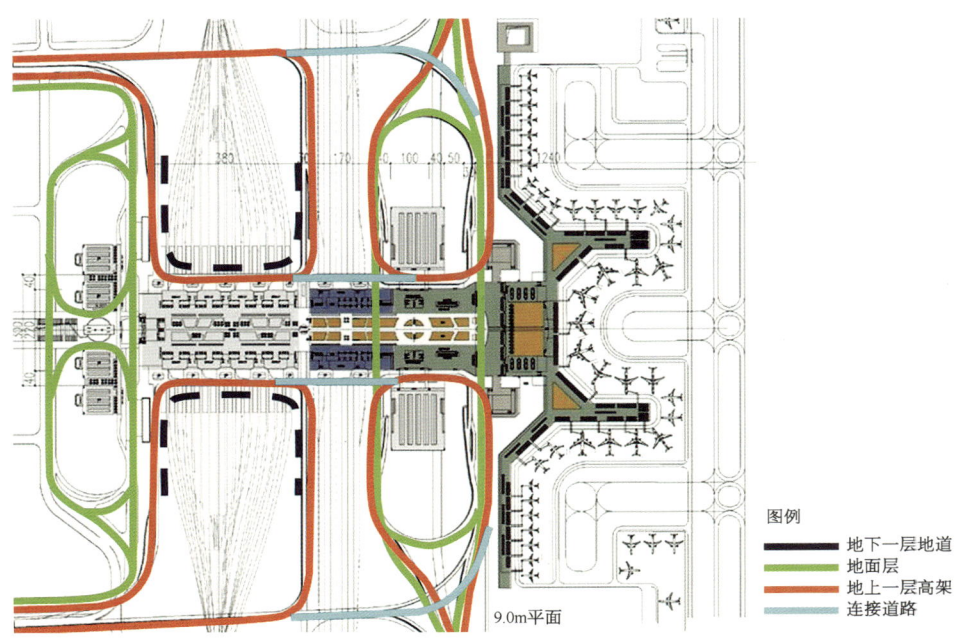

图4-9 虹桥综合交通枢纽的道路围绕建筑

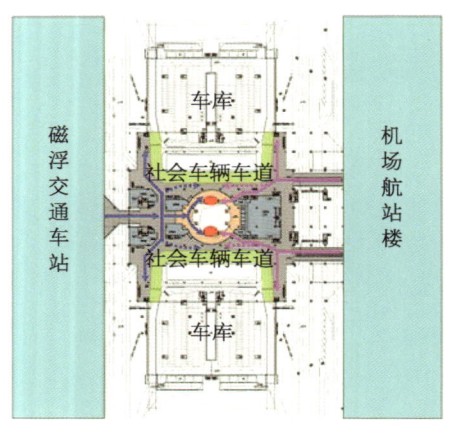

图4-10 东广场的人行通道与车道边水平分离

道路系统,互为备用;机场和磁浮也共用南北两套道路系统,互为备用;同时机场和磁浮还在地面与地上一层间的夹层规划了南北各一套道路系统,作为备用与冗余;它们都达到了人车分流的规划目标。

如图4-10所示,可以清楚地看到,无论是磁浮交通车站进出的客流,还是机场航站楼进出的客流,都不会与社会车辆的车道边交叉,旅客们进入中间的公共汽车候车室也都是在完全步行环境中完成的。

人车的水平分离还不仅仅在行车空间与步行空间的分离,还可以在静态交通空间,即停车库内实施。图4-11中的深蓝色线表示的就是停车库中的步行通道,它位于两列停车位的车尾,是车辆不会进入的空间(见图4-12)。旅客可以在停好车后从后备厢中取出行李,沿着这些人行流线汇聚到停车库中央的竖向交通集聚点,旅客可以利用这里的竖向交通设施直接进入航站楼的出发大厅或磁浮车站的出发大厅。

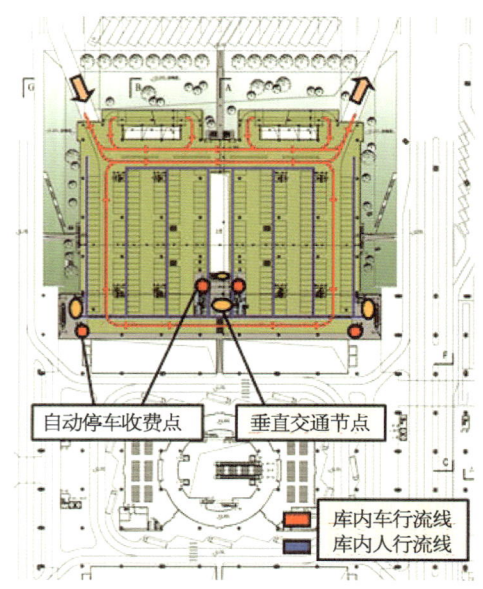

图4-11 东广场停车库内的人、车流线水平分离

图4-12 交通中心停车库内的人行通道

4.3 动静分离与车道边规划

动静分离是指静态交通的停车场、停车库、车道边要与高流量的道路设施适当分离,以减少相互之间的干扰,最大限度地提高各设施的效率。

停车设施与道路设施相对分离是交通规划的常识,即使是常识也还是有人犯错。在虹桥综合交通枢纽的规划设计中,为了让旅客最大限度地接近机场航站楼和磁浮交通车站,规划时把车道和停车库都挤进了出发大厅楼下(见图4-13)。设施规划布局非常紧凑,但依然动静分离,旅客使用方便高效。

车道边的规划设计应该特别注意车停靠后才能下车,因此车道边的里侧车道(即旅客下车的那一侧)是静态的,而外侧车道是车辆通过用的,所以是动态的。为此车道边应该规划成两个或三个车道,如果规划成两个车道,要考虑适当加宽车道,且最好加宽里侧车道。

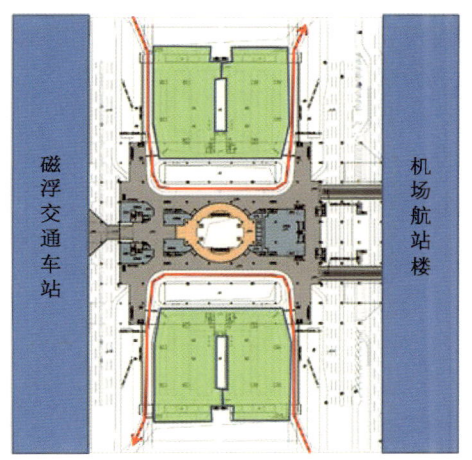

图4-13 静态交通的停车库与繁忙的车道边

需要注意,平行车道边的数量尽量不要超过两个,当车道边的长度较短时最多也不要超过三个。因为如果一个车道边的效率设定为1.0,两个平行车道边的效率一般就只有1.5,而当有三个平行车道边时其效率也只有1.5而已,甚至还低于1.5。其主要原因就是上下车旅客在车道边之间的穿行干扰了车辆的通过,造成拥堵和混乱,从而大大降低了效率。另外,车道边过长也会影响车道边的使用效率,一般情况下,应该每100 m左右将外侧的车道边断开,为里侧车道边的车辆留出快速离开车道边进入行车道的通道。

最后,车道边最好是直线,曲线或折线的使用效率都会是打折扣的。

第5章

公交优先，站场分离

公交优先应该是我国的一项国策,更是综合交通枢纽规划设计的指导方针。公交优先,说说容易,真要做到那可不是一件简单的事情。

要真正做到公交优先,必须做到公交立法优先、公交规划优先、公交路权优先、公交财务优先、公交运营优先、公交服务优先。在综合交通枢纽的规划设计中最关键的就是对"旅客换乘的组织"和"公交站点的布局"。

对于综合交通枢纽的设施规划来说,所谓公交优先,就是要把公共交通设施布置在最方便的地方,并提供最为安全、舒适的乘车环境。公交优先就是以人为本、以方便大多数旅客为本。综合交通枢纽的规划就应该以旅客换乘最便捷为最高目标,因此在规划时提出公交设施应该站场分离。因为公交的"场"总是需要集中停车、维修、清洁、管理等许多设施,如果将"场"与枢纽换乘设施集中在一起,势必造成枢纽设施的分散和庞大,最终导致旅客换乘距离的延长。因此,在做虹桥综合交通枢纽规划之前的项目策划阶段,规划团队就在市委、市政府的最高层面上确认了"公交优先、站场分离"这一原则。

要特别注意的是:公交优先是"乘公交的旅客优先",而不是"公交设施优先",更不是"公交管理人员优先"。

5.1 公交优先

虹桥综合交通枢纽的规划始终坚持公交优先原则。首先,规划时将所有的公共交通都布置在铁路、机场和磁浮交通等三大对外交通车站的门前,占据了最好的位置,地下是城市轨道交通,地上是各种公交汽车(见图 5-1)。其次,为了吸引更多的旅客利用公共交通,规划时尽可能地提高了旅客使用公共交通的舒适度,提出了"体面地乘公交""让旅客西装革履地乘公交"的目标。最后,在以虹桥综合交通枢纽为中心的公共交通网络规划方面,尽可能地提高了

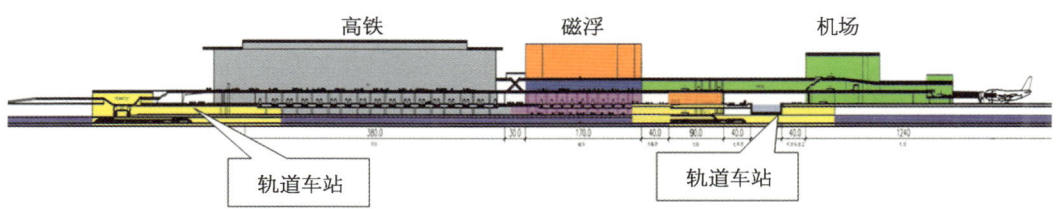

图 5-1 虹桥综合交通枢纽的轨道交通车站与公交接客站

不换乘公共交通网络的覆盖率。例如,超出枢纽集疏运的需求,引入了 5 条城市轨道交通线路,其目的就是为了提高轨道交通的覆盖率和舒适度(见图 5-2)。

通过采取这一系列措施,希望能达到虹桥综合交通枢纽的旅客集散中公共交通所占比例超过 50% 的目标。这个 50% 的目标恐怕也是所有的综合交通枢纽在规划设计阶段追求的目标!

图 5-2 宽敞舒适的轨道交通站厅

为了让乘地面公共交通来虹桥综合交通枢纽的旅客享受到最便捷的服务,在虹桥综合交通枢纽的规划中,让所有的地面公共交通都将出发旅客送到铁路、磁浮、机场出发层的门口,且使用最靠里侧的车道边(见图 5-3、图 5-4)。

对于离开虹桥综合交通枢纽的旅客,除了能够很方便地换乘轨道交通以外,规划团队也细心地为换乘各种地面公共交通的旅客提供了非常便捷的流程。

将地面公共交通分为两部分。一部分是需要提高候车设施的,如长途客车、专线巴士等,它们的特点是发车间距比较大,旅客需要候车设施。另一部分是发车频率比较高,如城市线路巴士、穿梭巴士等,它们只要有一个简单的候车棚就可以了。因此,虹桥综合交通枢纽在铁路车站门口、磁浮车站和机场航站楼旅客到达层的门口分别设置了两个地面公共交通用的候车室和三个专用的车道边(见图 5-5、图 5-6)。

出租车是否属于公共交通是有争议的。但出租车最大的两个使用人群是外地旅客和随身携带行李较多的旅客,因此在综合交通枢纽的规划设计中应给予足够的重视,在设施布置方面,特别是对出租车的接客设施,也应该给予公共交通一样的待遇。在虹桥综合交通枢纽的规划中,出租车送客能够送到旅客出发层门口的外侧车道边,送完客人的出租车既可以离

图 5-3　位于枢纽出发门前的各种公共汽车下客站　　图 5-4　位于机场航站楼门前的各种公共汽车下客站

开枢纽,也可以进入出租车蓄车场排队等待接客。

虹桥综合交通枢纽中的机场航站楼门前的出租车接客系统分为三个组成部分(见图5-7)。

第一部分是出租车蓄车场。规划布置在航站楼南面的道路立交之下,蓄车场采用分车道熄火停车、分时逐个车道放行的方式蓄车,称之为"梳形蓄车"(见图5-8)。这种蓄车方式与"串联循环式"蓄车方式相比有利于节能环保,使出租车驾驶员有一定时间休息,也有利于行车安全。另外,当蓄车量较大时,还应在蓄车场内设置适当规模的快餐设施、休息娱乐设施、卫生设施等。

第二部分是从蓄车场到接客处之间的通道。根据多年对出租车运营管理的经验教训,将该通道设计为封闭式双车道专用系统(见图5-9)。采用封闭式车道就大大减少了该通道运营管理的工作量,而双通道则避免了单通道中一辆车故障就影响整个系统运行的问题。

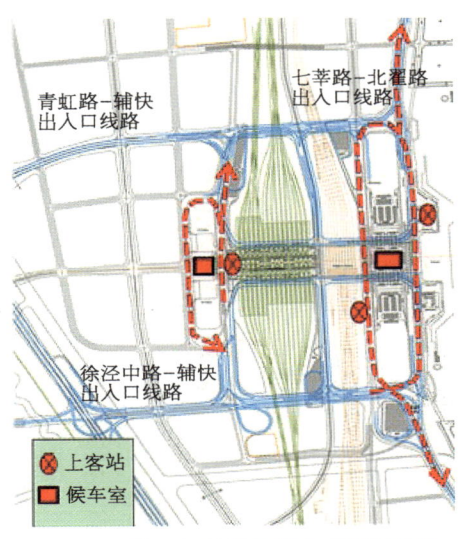

图 5-5 位于机场航站楼和磁浮门前的公共汽车上客站

图 5-6 位于磁浮车站门前的公共汽车上客站

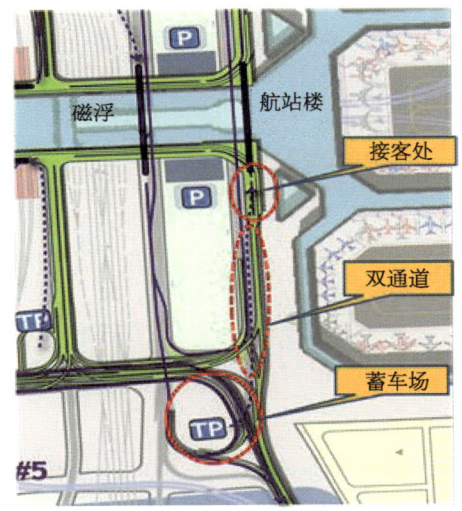

图 5-7 虹桥机场 2 号航站楼前的出租车接客系统

图 5-8 虹桥机场 2 号航站楼的出租车蓄车场

图 5-9　虹桥机场 2 号航站楼前的出租车通道

第三部分是出租车接客系统中最重要的部分,即接客处。在比较了多年来对多种接客方式的探索实践后,在虹桥机场 2 号航站楼门前,采用了"车辆分组斜停、旅客蛇形排队"的出租车接客方式(见图 5-10、图 5-11),并取得了巨大成功。

除了规划"系统封闭"的上述出租车接客系统之外,还对全系统运营实施了"全程监控",同时系统还保证了"适度冗余"和高度的"信息化",支撑了指挥、调度、管理、服务、统计等工作。

公交优先的工作做好以后,还要安排好各种社会车辆的集散和停留。在我做过的交通枢

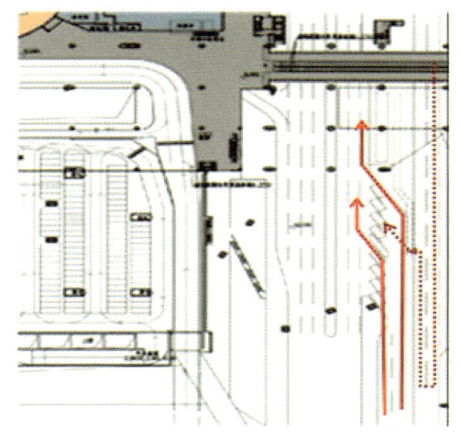

图 5-10　虹桥机场 2 号航站楼前的出租车候车与上车　　　图 5-11　虹桥机场 2 号航站楼前的出租车候车与上车实景

纽中,我总是尽量将社会车辆的问题与停车库一起解决。在虹桥综合交通枢纽的规划设计中,将社会车辆的送客、接客都规划在停车库同一通道内解决(见图 5-12、图 5-13)。但当旅

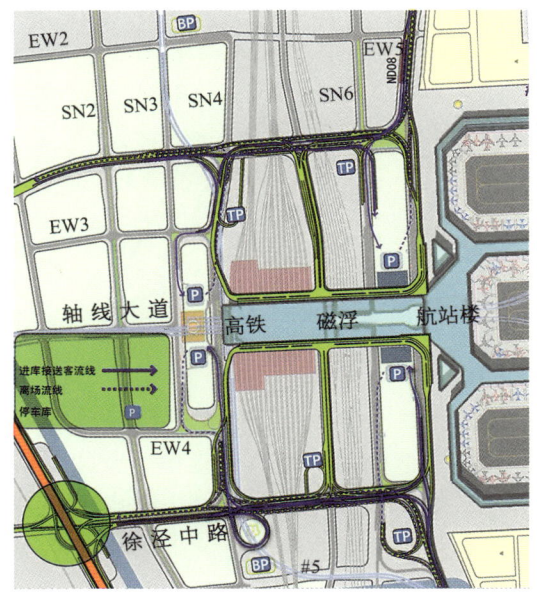
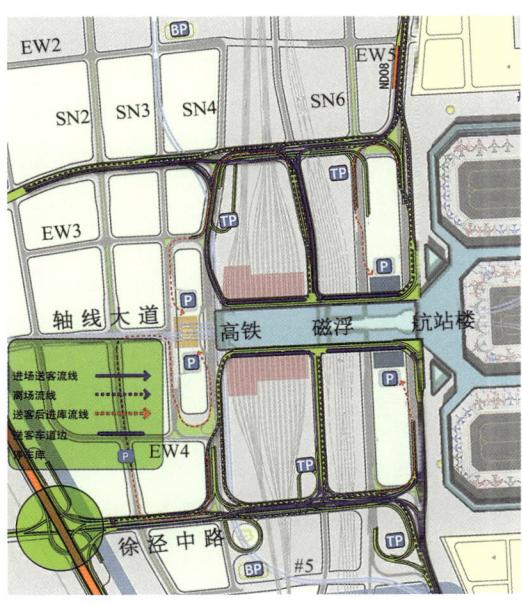

图 5-12　社会车辆进库接客及送客再出库流线　　　图 5-13　社会车辆送客及进库流线

图 5-14 社会车辆进库接客及送客实景

客出发层的外侧车道边还能够承担的时候,依然允许社会车辆使用(见图 5-14)。

显然,使用私家车、社会车辆进出虹桥综合交通枢纽是不如公共交通方便的。同时,规划的停车位也是小于需求的。规划团队希望通过这样的设施布局与规模控制,达到公交优先的目的,实现虹桥综合交通枢纽 50% 以上的旅客集散利用公共交通的目标。

5.2 站场分离

站场分离是综合交通枢纽集约化、一体化的前提和保障。"场"又称车辆场,是交通运输车辆和设施的维修基地。通常都包含车辆、电力、控制、相关基础设施的维修、保养设施,以及清洁、运营管理、服务保障等设施。一般情况下,车辆场的占地规模都较大,都有一些特殊的保障要求。铁路、磁浮和城市轨道交通的车辆场的这些问题尤其突出。因此,在虹桥综合交通枢纽的规划中,铁路、磁浮和城市轨道交通的车辆场都布置在枢纽核心区以外的周边地区(见图 5-15),与枢纽都只有一站的距离。

图 5-15 铁路、磁浮和轨道交通的车辆段规划布局

各种地面公共交通的车辆场也一样需要站场分离。在虹桥综合交通枢纽的规划中,所有的地面公共交通车辆场集中布置在枢纽核心区的西北角和西南角。公共汽车和长途客车车辆从西北车辆场或从西南车辆场出来后都可以到两个或一个候车室去接客(见图 5-16、图 5-17)。这样一来,车辆在枢纽候车室门口接好客人以后就马上离开了,占用枢纽门前车位的时间就会大大缩短,也就大幅度地提高了枢纽设施的效率。

图 5-16　从西北车辆场出来到两个或一个候车室接客的车辆流线

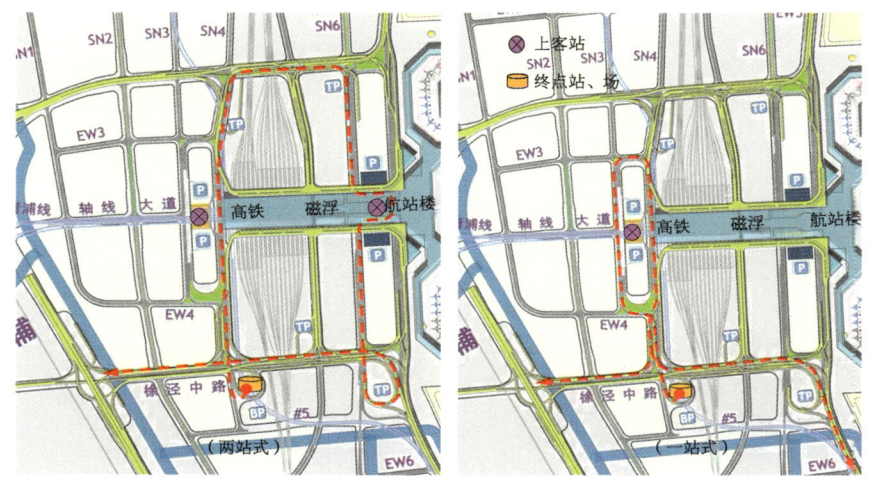

图 5-17　从西南车辆场出来到两个或一个候车室接客的车辆流线

5.3　舒适候车

如上所述,为了吸引更多的旅客使用地面公共交通,规划时将公交候车室规划布置在了最好的位置上(见图 5-18),使铁路、机场和磁浮的到达旅客能够非常便捷地步行至此。

此外,还将候车室分隔成几个不同的空间,设计成不同的环境风格,配备空调和自动售货机等,以期待能够最大限度地提高公共汽车、长途客车对航空旅客、高铁旅客的吸引力(见图5-19~图5-21)。

舒适候车也是公交优先规划必须做到的。

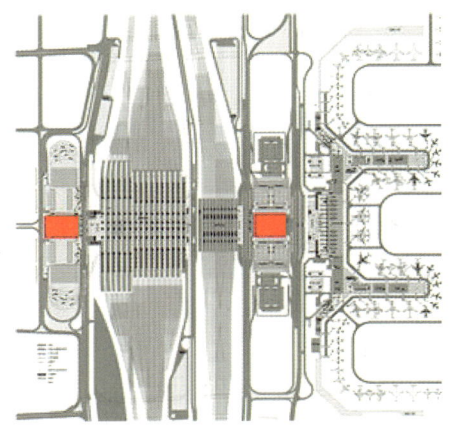

图 5-18　长途客车和公共汽车候车室的设置

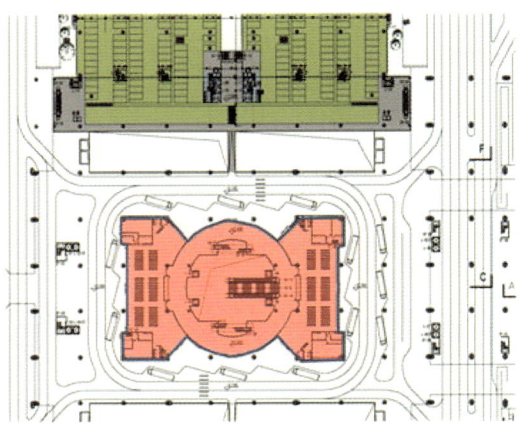

图 5-19　地面公交的候车室和车道边

图 5-20　候车室外的公共汽车

图 5-21　公交候车室内景

第6章

快慢分离，互通冗余

本章将介绍综合交通枢纽的道路交通系统。交通枢纽根据其规模的大小，及其服务范围可以分为小、中、大、特大等多个等级。除了服务半径非常小的交通枢纽，规模越大其道路交通的快慢两套体系就越明显。对于本书的重点，即综合交通枢纽和城市的对外交通枢纽来说，服务于枢纽周围地区的"慢系统"和服务于大区域的、枢纽旅客集疏运的"快系统"，在规划设计中就应该非常清晰地分开来。只有这样才能够保证综合交通枢纽旅客集疏运的便捷和顺畅，从而也就保障了综合交通枢纽的正常运营。

对于综合交通枢纽周围的地区交通，以及保障枢纽正常运营的货运交通、特殊旅客等各种交通需求，也都是综合交通枢纽的道路集疏运系统必须解决的课题。

总之，保证道路系统的高效、可靠是规划设计工作的核心，而实现这一目标的最常见方法就是"快慢分离、客货分离、互通冗余"。

6.1 快捷、自成系统的旅客通道

为了保证综合交通枢纽的集疏运道路系统快速便捷，规划时为虹桥综合交通枢纽制定了三条规划原则。第一就是规划建设枢纽专用的高架快速道路系统，将枢纽周围的地区交通与综合交通枢纽的旅客集散交通分离开来。第二是对于枢纽旅客的集散交通，按"西进西出、北进北出、南进南出"的原则，引导高架道路的交通流向；同时，负责旅客集散的高架道路系统与承担地区交通的地面道路系统，必须保持良好的互通性，使旅客有多种选择。第三就是快速路系统采用封闭、单向大循环的模式。

虹桥综合交通枢纽位于上海市的西部地区，旅客分别从东、西两个方向集散（见图 6-1）。根据预测，虹桥综合交通枢纽的规划旅客处理能力为日均 110 万人次，13 万～22 万 PCU[①]/d。

---

① 标准车当量数，passenger car unit。

其中的 60 万人次来自上海西部和长三角地区,为 3 万～4 万 PCU/d;日均 50 万人次来自其东侧的上海市区,为 10 万～18 万 PCU/d。

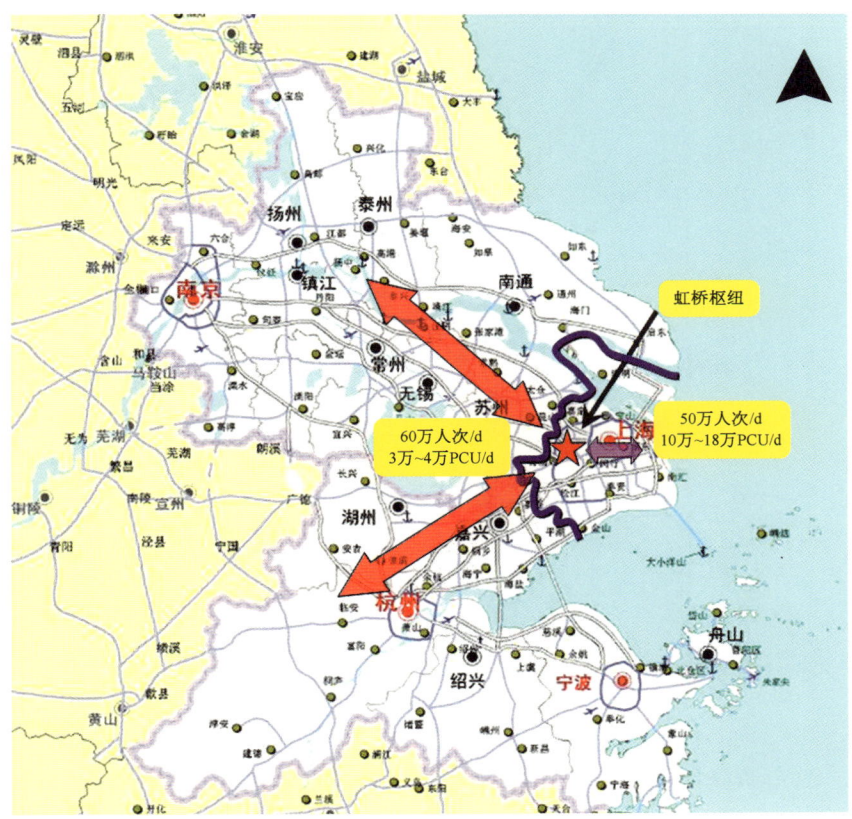

图 6-1　虹桥综合交通枢纽的交通量预测

如此巨大的旅客集散量,怎样组织其进出虹桥综合交通枢纽,必须从上海市的总体规划层面上考虑。经过反复研究和多方案比较,虹桥综合交通枢纽的西侧规划建设了一条高架道路(嘉闵高架);并通过枢纽北面的北翟路高架和南面的漕宝路高架,跨过已经比较拥挤的外环西路,直接与没有货运车辆的中环路接通;再加上已有的延安高架,这为市内的旅客提供了三个无红绿灯快速通道。同时在西边规划建设了崧泽高架连接已经建成的嘉金高速公路。所有从嘉金高速西侧,也就是来自长三角地区的旅客都可转入嘉金高速,通过崧泽高架快速进出虹桥综合交通枢纽(见图 6-2)。

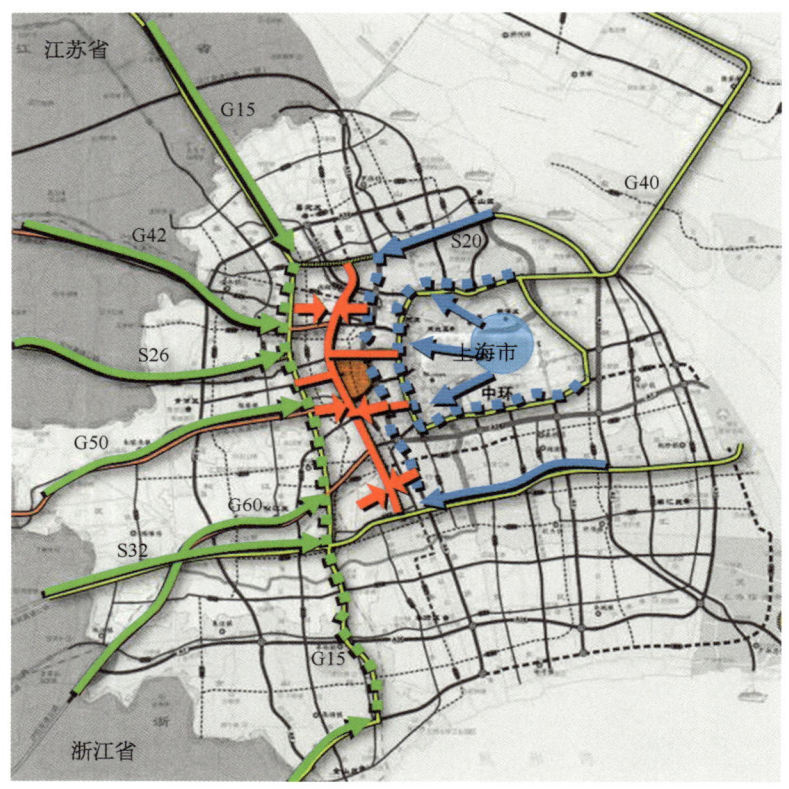

图 6-2 虹桥综合交通枢纽外围道路系统规划

综上所述,虹桥综合交通枢纽向西,沟通了长三角高速公路网;向东连接了上海城市快速路系统,这是一个封闭的可控系统。这不仅为虹桥综合交通枢纽的旅客集散提供了一个快速便捷的道路系统,同时也对枢纽的道路集疏运系统与区域对接提出了快速便捷、自成体系的要求。

上述外围集疏运道路系统是通过四个节点与虹桥综合交通枢纽相连接的(见图 6-3)。由于虹桥机场跑道位于枢纽设施的东侧,使得东面没有了进出口,而西面为两个。实际上,南面的节点是为东面的旅客服务的,而西南的那个节点是为南面的旅客服务的(见图 6-4)。根据预测,通过这四个节点进出枢纽的旅客吞吐量分别为:北翟路高架 3.9 万 PCU/d(占 19%)、崧泽高架 6.1 万 PCU/d(占 30%)、延安高架 4.8 万 PCU/d(占 22%),从南部来,通过徐泾中路进出的车辆为 3.9 万 PCU/d(占 19%)。

图6-3 虹桥综合交通枢纽对外道路交通节点

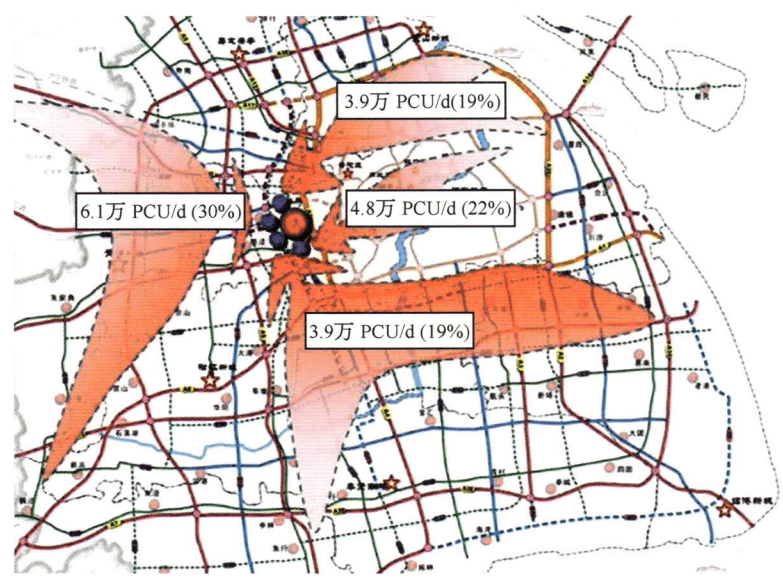

图6-4 虹桥综合交通枢纽对外节点交通量预测

按机动车流量高的方案考虑,进出虹桥综合交通枢纽的车流量将达到 21 万～22 万 PCU/d,共需要 18 条快速出入车道。按上述衔接路网规划可设置 4 个不同方向的出入口。再考虑一定的安全因素保留一定的冗余量,4 个出入口均按双向 6 车道布置,共计规划建设 24 个车道。这样,虹桥综合交通枢纽的四个出入口中的一个完全瘫痪时,即使不借用地面道路系统,枢纽的正常运营也是不受影响的。

如果所有机动车从上述四个节点,都汇聚到虹桥综合交通枢纽建筑物面前,那将是一个无法承受的庞大流量,所以规划时将它们也分成了四个部分。结合枢纽设施各自承担的交通量,将机场航站楼与磁浮车站分为一组,将高铁与城际铁路分为一组,每组都规划布置南、北两套集散系统。根据预测,这四套系统各自承担的交通量为:机场磁浮南 2.9 万 PCU/d、机场磁浮北 3.5 万 PCU/d、铁路南 5.5 万 PCU/d、铁路北 6.5 万 PCU/d(见图 6-5)。

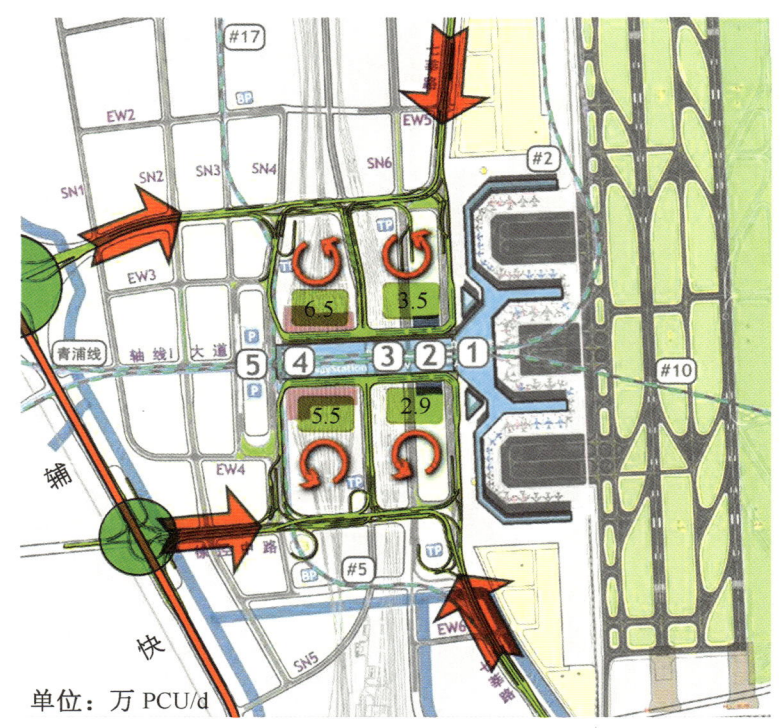

图 6-5　虹桥综合交通枢纽门前交通量预测

上述四套系统两两之间是可以互备的。很显然,这四套系统中的任何一套瘫痪都不会影响虹桥综合交通枢纽的正常运营。

同时,这四套系统的规划方案,很好地满足了客流"西进西出、北进北出、南进南出"的特点,并保证了充分的互联互通。

6.2 多车道边、多出入口的人车转换模式

旅客在交通枢纽门前上下车的地方,即车道边,总是最拥挤、最混乱的地方。特别是到达车道边,即旅客上车的地方,由于总是车等人,无论多长都是不够用的。在虹桥综合交通枢纽的规划建设中,从一开始就特别重视选用了"多车道边、多出入口"的方案,使尽可能多的车辆能够靠近枢纽建筑的出入口。

虹桥综合交通枢纽建筑采用上进下出的方案,所有出发旅客都可从12 m层进入枢纽建筑,分别从地面层或地下层出来乘车离开枢纽,只有6 m层的车道边是出发、到达旅客都可以使用的(见图6-6)。除此之外,停车楼内的各楼层也设置了车道边,供社会车辆使用;在运营管理上还采用了进车库车辆20 min内不收费的措施,鼓励社会车辆使用车库内的车道边。同时,虹桥综合交通枢纽的所有车道边都能让上下车的旅客能够很便捷地到达自己的目的地。

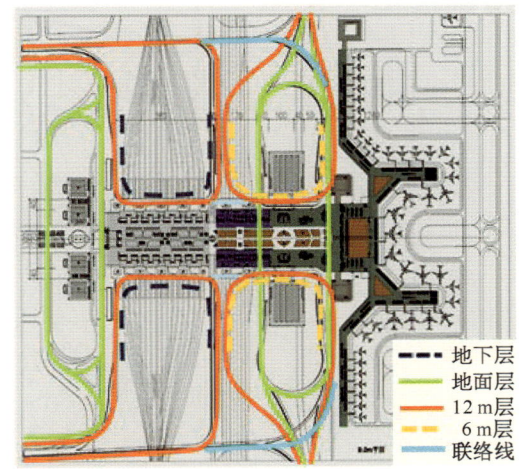

图6-6 多车道边、多出入口的枢纽集疏运系统

多车道边、多出入口的规划设计方案,不仅解决了交通设施门前总是拥挤、混乱的顽症,还为旅客避难疏散提供了最大的便利,大大提高了枢纽设施的安全保障水平,并为枢纽设施的节能减排创造了条件。

最后还要说明的是,所有枢纽设施周围的快速道路都是单向大循环的。这是因为单向大循环这种交通组织方式具备最高的效率,且最为有序。

6.3 分散均匀的地区交通

随着综合交通枢纽的运营和发展,枢纽设施的周围地区会集聚大量的服务业,周围地区的就业岗位和居住密度都会大幅度地提高,因此周围地区的交通需求也必须纳入规划一并考

虑。问题是这些交通量与前述的枢纽本身的交通量具有完全不一样的特征,最好能够相对分离。在虹桥综合交通枢纽地区的规划中,枢纽交通完全高架,实现了彻底地快慢分离、互不影响。

根据预测,周围地区将产生的客货车流量为16万~20万PCU/d,需要地面道路出入车道28~34条,在已有天山西路、仙霞路、沪青平公路的基础上,规划时增设了9个地面出入口,共计38条出入车道(不包括仙霞路和迎宾三路两个地下通道)(见图6-7)。

图6-7 虹桥综合交通枢纽地区交通量预测

6.4 便捷安全的专用通道

贵宾通道的规划也是综合交通枢纽规划的一个重要组成部分。大运量的交通方式,如航空、磁浮、铁路、地铁等,都必须考虑贵宾需求。当年,在虹桥综合交通枢纽的规划建设中没有为地铁考虑贵宾设施,现在遇到贵宾们乘地铁进出时就非常不方便。

贵宾也分各种不同的种类,各自都有不同的需求。通常,机场航站楼就分有政务外务贵

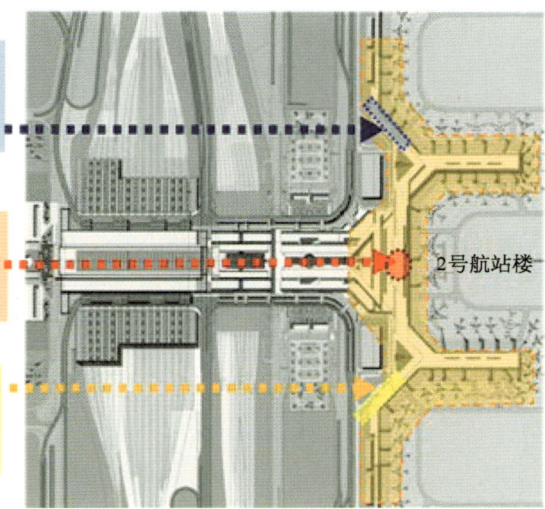

图 6-8 虹桥机场 2 号航站楼的贵宾设施

宾、商务贵宾、头等舱贵宾、商务舱贵宾等,铁路车站也分贵宾、一等座、二等座、普通旅客等,根据分类不同设置不同的流程通道和服务设施。

以虹桥综合交通枢纽的虹桥机场 2 号航站楼为例,不仅设有航空公司运营的头等舱、公务舱旅客设施。机场还在旅客航站楼的 12 m、21 m 层上设置了贵宾约会点,为持卡贵宾提供接待服务;在北区地面层设置了以接待贵宾及商务人士为主,兼顾新闻发布和团队活动的贵宾设施和专用通道;在南区地面层设置了以接待政要贵宾为主,兼顾商务人士及团队活动的贵宾设施和专用通道(见图 6-8)。

贵宾设施,特别是政务贵宾设施,通常需要专用的通道,以方便安全警卫工作,且专用通道最好有两个出入口,专用通道甚至最好是两个不同的路径(见图 6-9、图 6-10)。虹桥综合交通枢纽规划了四处专用的贵宾设施,机场航站楼南、北各一处(如前所述),磁浮车站和铁路车站各一处,共用两个车站之间的专用道路,南北两个方向均可进出。

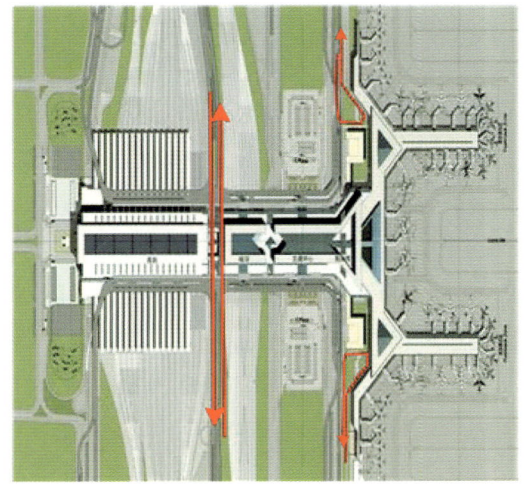

图 6-9 虹桥综合交通枢纽的贵宾通道

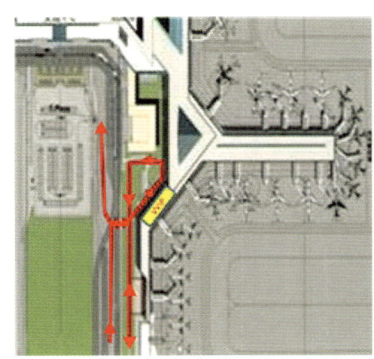

图 6-10　虹桥机场贵宾通道的双出入口保障

6.5　客货分离

交通枢纽,特别是大型综合交通枢纽每天仅设施内消耗的物资就非常惊人,因此需要进出的货运量也相当惊人。枢纽建筑内的货物主要包括:各种商品(首饰、化妆品、服装、日用百货等)、各种消耗品(饮料食品、卫生用品、办公用品、其他服务用品等)、各种设备(机电设备、电子设备、房屋设备、备品备件等)、各种垃圾(生鲜垃圾、可再生垃圾、可燃垃圾、不可燃垃圾等)。

客货总是要分离的,垃圾就更应该与旅客流程分离了。但是,一般情况下,货物、垃圾的运输都安排在晚上或客流低谷时进行,所以有可能回避规划建设专用货运道路。因此,应该研究错时使用道路的可能性,以达到共用道路资源、节省投资和运营费用的目的。虹桥综合交通枢纽由于交通方式众多、规模巨大,远期是按 24 小时运营的,只有前述的贵宾通道使用率最低,经过反复研究和一些细节处理后,最后决定让货运、垃圾运输共用部分贵宾通道(见图 6-11)。这是一个比较大胆的决策,需要运营管理部门提高精细管理能力,加强计划性和部门间的协调沟通。铁路和磁浮可以利用站台两个端头的通道,解决运输列车上的货物进出和垃圾运出的问题。经过这几年的运行管理实践,基本证实这一模式是成功的。

大型综合交通枢纽的日常物流需求不仅很大,而且要求比较高。例如,商店里的商品不能断货,消耗品也会随着旅客吞吐量的变化而产生很大的波动。而枢纽设施由于投资单价高和设施规划的紧凑性要求,不可能在枢纽设施内布置大量的仓储设施。为保障枢纽运营的物流设施就像枢纽的能源中心一样,不能布置在离枢纽太远的地方。

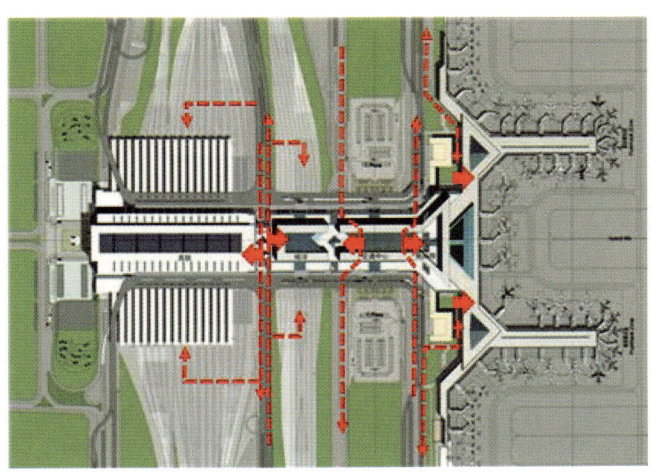

图6-11 虹桥综合交通枢纽的货运、垃圾通道

虹桥综合交通枢纽就在枢纽设施的东北方向(见图6-12),结合虹桥机场的货运区规划了一个综合物流园区。除了承担机场货运物流功能之外,还承担为虹桥枢纽地区提供货运物流保障的功能。虹桥综合交通枢纽加上虹桥商务区,每天的货物搬运、储存、分拆、包装、加工、派送,以及物业支撑、设施维修、备品备件等,足够建设一个特色物流园区了。

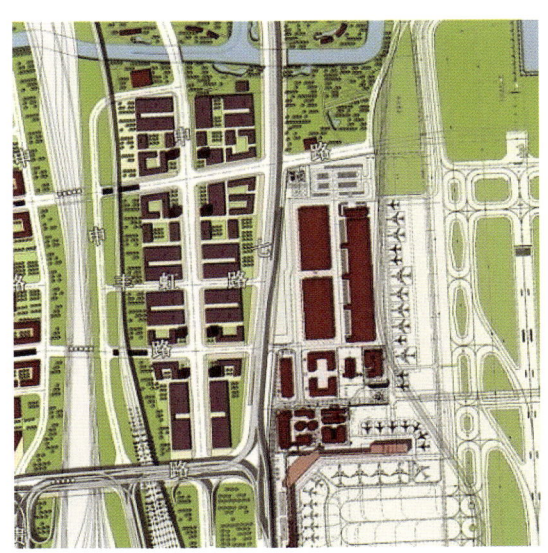

图6-12 虹桥机场西货运区及枢纽物流园区

第 7 章

各成体系,便于运营

综合交通枢纽的规划布局必须要充分考虑各种交通方式的内在运营特征和历史现实条件。首先，各种交通方式在建设、运行、维护等方面都有其经济、技术上的特殊性，且随着技术的进步其系统耦合度越来越高。因此，各种交通方式在运营上都自成体系，都要求有比较高的独立性和系统性。

其次，由于历史的原因，我国交通管理体制长期处于各自为营、分散管理的状态。公路、铁路、民航、内河运输、远洋航运、管道运输等，各自都形成了一套相对封闭、体系完整的政策法规、体制机制、行政后勤，甚至是"公检法"系统。各种交通方式内部几乎就是一个"小王国"。

经过几十年的发展，这种各自为政的综合交通体系的问题逐步暴露出来，不统一、不协调、不公平，以及重复浪费、恶性竞争、服务水平低下、社会效率差等弊端成为众矢之的。今天，整合各种交通方式、建设一个覆盖全国的综合交通体系就成为时代赋予的责任。因此，在综合交通枢纽的规划中应该尊重科学、尊重历史、尊重现实，保证各种交通方式安全运营的环境条件，最大限度地提高各自系统的运行效率。

7.1 多元投资，产权明晰

综合交通枢纽的规划布局首先要充分考虑好各种设施的产权关系，或者说要对设施的边界进行明确的区分，以利于吸引各种投资，达到投资多元化的目的。

以虹桥综合交通枢纽为例，规划团队在规划布局之前就做了一个项目策划。综合考虑了所有设施的技术要求、管理体制等方面的问题之后，将所有设施按两个不同的经纬度进行了区分。首先，按设施所具备的可经营性将其区分为"可经营设施"和"不可经营设施"；然后，按设施所具备的可拆分性将其区分为"可拆分设施"和"不可拆分设施"（见图7-1）。这样一来，

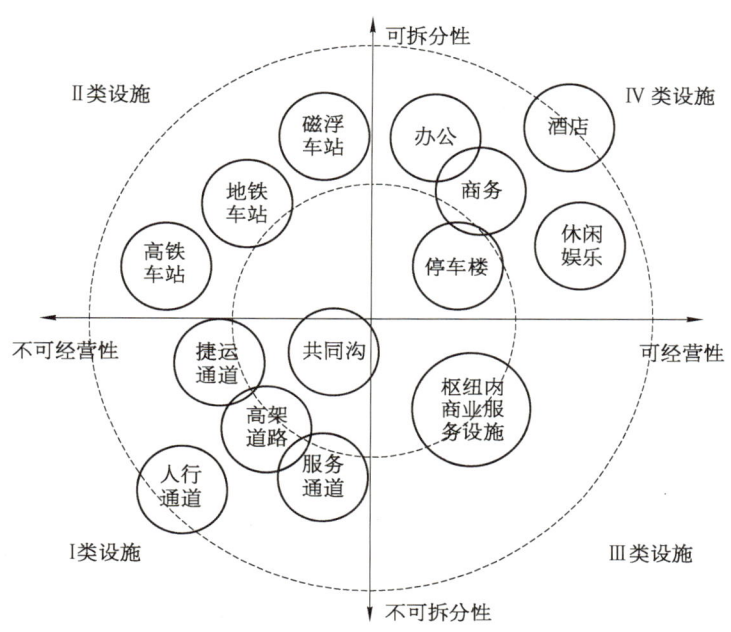

图 7-1 虹桥综合交通枢纽的设施分类

虹桥综合交通枢纽的所有设施就被区分成了四类设施。Ⅰ类设施为不可经营也不可拆分的设施,如高架道路、捷运系统、共同沟、人行通道等;Ⅱ类设施为不可经营、可拆分的设施,如高铁车站、地铁车站、磁浮车站、公交总站等;Ⅲ类设施为可经营但不可拆分的设施,即在各主要旅客流线上的各种商业服务设施;Ⅳ类设施为可经营也可拆分的设施,如停车场(楼)、写字楼、宾馆、商务会展、休闲娱乐等(见图 7-2)。

在对所有设施进行了上述区分之后,规划团队对虹桥综合交通枢纽的设施进行了初步布局(见图 7-3)。图 7-3 中的所有设施被分为上述四大类,Ⅰ类为黄色,是不可经营也不可拆分的设施,通过黄色的设施在建筑物内将所有设施连为一体,在建筑物外为所有设施提供道路交通服务;Ⅱ类为绿色,是不可经营、可拆分的设施,即机场航站楼、高铁、磁浮、地铁车站,它们分属不同的所有者;Ⅲ类为红色,是可经营但不可拆分的设施,即串联所有设施中旅客出发流程的商业街;Ⅳ类为灰色,是可经营也可拆分的设施,即分散在交通枢纽设施周围地区和这些综合交通枢纽设施屋顶上的各种经营性设施。

此处所用的就是当初虹桥综合交通枢纽的策划方案图,可以看到,这个方案与后来反复推敲后实施的方案还是非常相似的,大的布局基本没有改变。这也说明了在项目策划时

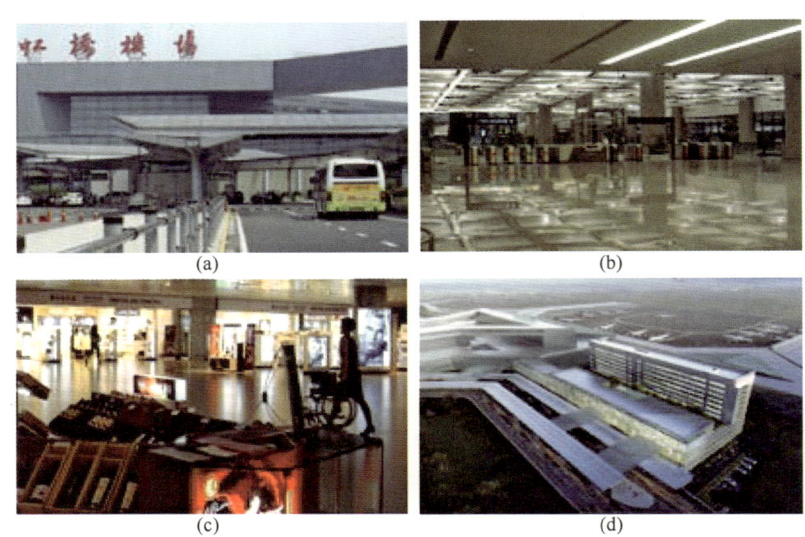

图 7-2 虹桥综合交通枢纽的设施分类案例

(a) Ⅰ类设施；(b) Ⅱ类设施；(c) Ⅲ类设施；(d) Ⅳ类设施

提出的"各成体系、方便运营、多元投资、产权明晰"的原则是正确、合理的，是具备可操作性的。

按照上述思路对四类设施进行区分和规划布局之后，就很容易找到各个设施的投资者和运营管理者，也就有了各个设施运营的目标(见表 7-1)。Ⅰ类设施为不可经营也不可拆分的设施，应该由公共投资者(或政府)投资、建设、运营，当然也可以与其他设施捆绑在一起投资开发。该类设施的运营目标就是提供一流的服务，不为盈利。Ⅱ类设施为不可经营、可拆分的设施，可由公共投资者(或政府)投资、建设、运营；也可先由公共投资者(或政府)投资、建设，建成后再委托社会化、专业化的公司进行管理；也可通过补贴方式，交由社会投资者开发。该类设施的运营目标是提供一流的专业服务。Ⅲ类设施为可经营但不可拆分的设施，可先由公共投资者(或政府)投资建设，再出售经营权；或捆绑到其他可经营性设施中一起进行投资开发。该类设施的运营目标是提供枢纽运营费用。Ⅳ类设施为可经营也可拆分的设施，应该全部交由社会投资者开发。该类设施的运营目标是提供枢纽日常运营的费用。最后是Ⅴ类，即可供开发的土地，应该把"生地"做成"熟地"，然后交由社会投资者开发。该类设施的运营目标是提供枢纽设施的建设投资，即要收回部分交通枢纽建设运营带来的周围土地的升值利益，用于综合交通枢纽本身的建设。

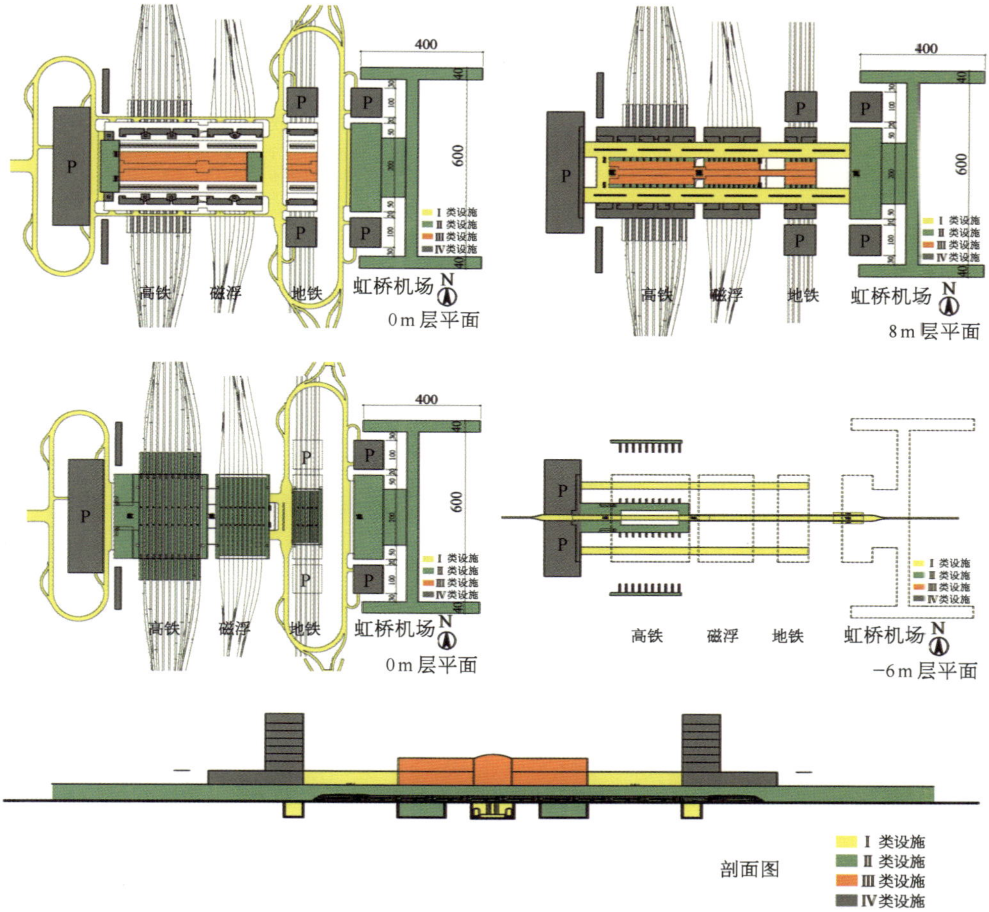

图7-3 虹桥综合交通枢纽的设施区分布局

表7-1 虹桥综合交通枢纽设施的融资模式与运营目标

	设施类型	设 施	融资模式与运营目标
Ⅰ类	不可经营、不可拆分的设施	人行通道、服务通道、共同沟、捷运通道、高架	公共投资者(或政府)投资、建设、运行管理；或捆绑到其他设施中进行投资开发 提供一流服务
Ⅱ类	不可经营、可拆分的设施	地铁车站、磁浮车站、铁路车站	先由公共投资者(或政府)投资建设，再委托社会化、专业化管理；或通过补贴方式，交由社会投资者开发 提供一流的专业服务

(续表)

设施类型		设施	融资模式与运营目标
Ⅲ类	可经营、不可拆分的设施	枢纽设施内的商业服务设施及部分物业	先由公共投资者(或政府)投资建设,再出售经营权;或捆绑到其他可经营性设施中一起进行投资开发 提供枢纽运营费用
Ⅳ类	可经营、可拆分的设施	停车楼、酒店、办公、商务、休闲娱乐等设施	全部交由社会投资者开发 提供枢纽运营费用
Ⅴ类	可供开发的土地	土地	把"生地"做成"熟地",然后交由社会投资者开发 提供枢纽设施的投资

所有综合交通枢纽的规划建设都需要政府的主导和推动,其中最主要的工作就是政府要牵头成立一个项目公司,并让这个项目公司作为公共投资者出面承担政府应该承担的义务。在虹桥综合交通枢纽的规划建设之初,就成立了"虹桥综合交通枢纽发展有限公司"(后定名为"申虹投资发展有限公司",简称"申虹公司"),它作为公共投资者承担了"兜底"的职责。也就是说,把能找到投资者、运营者的轨道交通车站、磁浮车站、公交设施、铁路车站等设施交给投资者、运营者来建设、运营后,其他找不到投资者、运营者的设施就由申虹公司来负责。在虹桥综合交通枢纽中申虹公司承担了所有公共通道、商业服务设施、市政配套和征地动迁、招商引资等工作(见图7-4)。

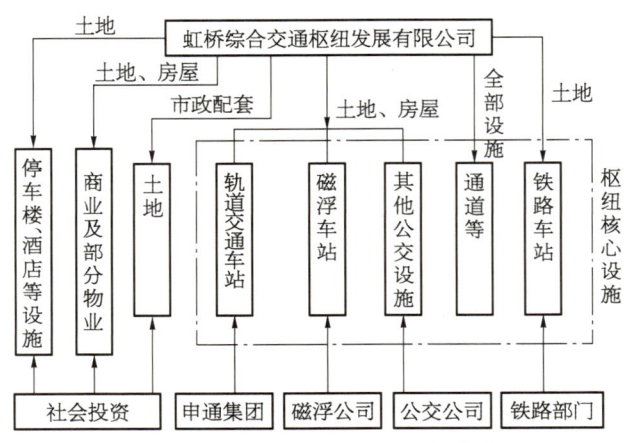

图7-4 虹桥综合交通枢纽的投资分工

案例 7-1　北京大兴国际机场综合交通枢纽开发策划

"北京大兴国际机场综合交通枢纽开发策划"是为了解决航站楼陆侧综合交通枢纽的规划设计和土地的综合开发而做的项目前期策划。2013年,我们受民航局之托开展了该项目的功能定位策划、设施布局策划、开发策划、融资策划、组织策划、建设策划、运营策划等工作。

本项目策划工作的最大特点和目标是通过对航站楼前综合交通枢纽的策划和规划,将航站楼前的这块土地的开发与综合交通枢纽、航站楼等连为一体,形成一个功能相互融合的、巨大的航站楼综合体(见图7-5)。由此也同时彻底地解决了北京大兴国际机场航站楼前地区开发所面临的资金问题。

图7-5　北京大兴国际机场综合交通枢纽意向图

北京大兴国际机场周围交通系统的规划与该机场综合交通枢纽项目策划密切相关。机场集疏运系统的现状和规划直接影响北京大兴国际机场航站楼前土地开发的功能定位、规模设定和规划设计,决定综合交通枢纽运营需求。

北京大兴国际机场周边的现状道路情况是非常复杂的,对于这些非常复杂的道路,我们要进行必要的规划调整,并将这些相关的联系通道最后都汇集到规划的机场联络环线上(见图7-6)。实际上,该机场环线相当于在北京大兴国际机场的外围建了一个交通"保护壳",旅客集疏运交通通过这条环线主要由两条进出场道路进出机场航站楼。不管旅客从哪个方向来,都能汇集到这个环上,因此,外围的道路情况如何就与北京大兴国际机场的规划布局没有太大关系了,北京大兴国际机场的主要进出口和外围道路只要接上环线就可以了。采用环线的办法简化了综合交通枢纽的外围交通,研究建成道路系统的时候其实可以不管外面的交通情况,因为机场在里面,旅客通过该环线进到机场来。有了这个"保护壳",机场道路交通问题的研究范围就可以以环线里面为主了。

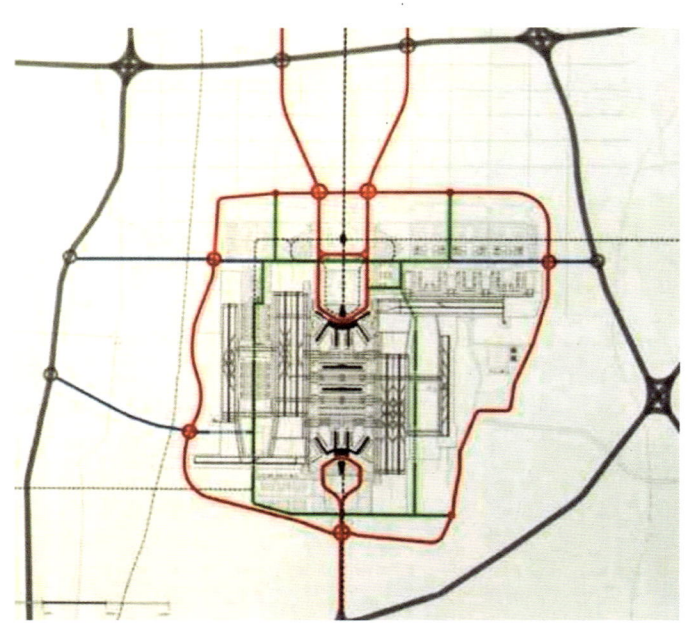

图7-6　北京大兴国际机场规划的外围环线

铁路有两大块,一块是普通铁路,一块是高铁。我们建议铁路和高铁进北京大兴国际机场的方案是"廊涿城际+京九+京广+京沪客专"。机场快线就应该有两条,而且必须进机场航站楼。我们建议航空城内规划一条从北京大兴国际机场到廊坊的轨道交通。当然不一定是地铁,轻轨、独轨、有轨电车等也都可以,但一定要是轨道交通。虽然廊坊这种规模的城市,可能现在还没有建轨道交通的能力，但是其人口规模大，今后一定是需要的。因此，对航空城的规划而言，无论如何都要考虑有这么一条轨道交通线进来的。在航空城的西部还需要一条联系北京大兴国际机场航站区与黄村等航空城西部开发区的轨道交通。这条轨道交通可以将4号线延伸至北京大兴国际机场。运行上采用分交路运行的方案。在航站楼前北京大兴国际机场规划了一块开发用地，且在这个区域里规划了地面有轨电车。综上所述，北京大兴国际机场的铁路和相关轨道交通规划如图7-7所示。

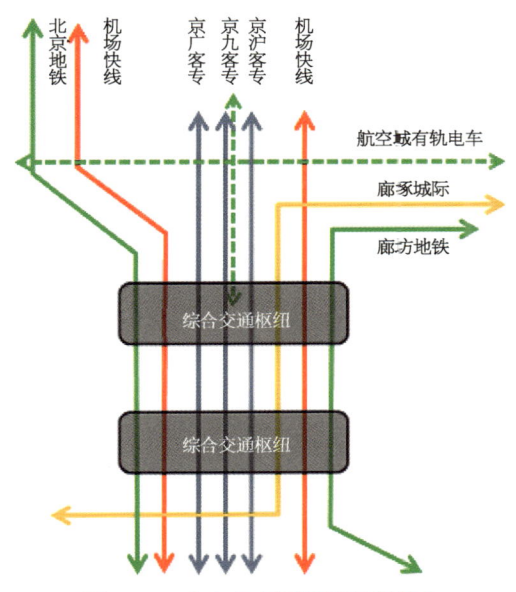

图7-7 北京大兴国际机场铁路与轨道系统线位布置

根据轨道交通进出北京大兴国际机场综合交通枢纽的情况，有四种可能的方案，如表7-2所示。可以看出，从方案一到方案四轨道交通承担的比例逐步减少，因而巴士承担的比例略微有所上升，综合来看当然是进的轨道交通线路数越多，公共交通所占的比例就越大。对于北京大兴国际机场这样的超大型机场而言，轨道交通承担比例达不到50%，整个集疏运系统是非常困难的，因此只有方案一和方案二是可以接受的。需要着重说明的一点是，虽然巴士提高了公共交通量，但巴士实际上会增加道路负担，而且巴士还会受地面交通拥堵等因素的影响。只有采用轨道交通是最可靠的，轨道交通才能比较好地解决交通问题。

表7-2 四种可能的方案中公共交通承担比例

	方案一	方案二	方案三	方案四
方案特征	• 所有的轨道系统都进综合交通枢纽	• 高铁只有京九线进综合交通枢纽； • 其他轨道系统都进综合交通枢纽	• 机场快线（东线）没有建设； • 其他轨道系统都进综合交通枢纽	• 高铁只有京九线进综合交通枢纽； • 机场快线（东线）没有建设； • 其他轨道系统都进综合交通枢纽
轨道	45.5%	39.3%	37.3%	31.1%
巴士	11.9%	13.3%	13.9%	15.3%
合计	57.4%	52.6%	51.2%	46.4%

从设施规模上看,京沪、京广线不进机场,全部轨道规模需要12股道;京沪、京广线进机场,全部轨道规模需要16股道。航站楼前的车道边需求为2 439 m,到达车道边需求为3 015 m。短期停车按小于3 h考虑,则短期停车需求为6 168个车位。我们的概念方案的停车规模为:短期停车7 000个车位;中期停车4 000个车位;旅客长期及员工停车10 000个车位;摩托车、助动车、自行车的停车2 000个车位;出租车蓄车场大于5 000个车位。公共线路巴士20条,5~10站位;机场专线巴士20条,5~10站位;长途巴士20条,5~10站位;旅游巴士5~10站位;社会巴士5~10站位。

北京大兴国际机场的总体规划采用南北两个航站主楼的方案,我们建议北京大兴国际机场航站楼前的土地开发方案如图7-8所示。

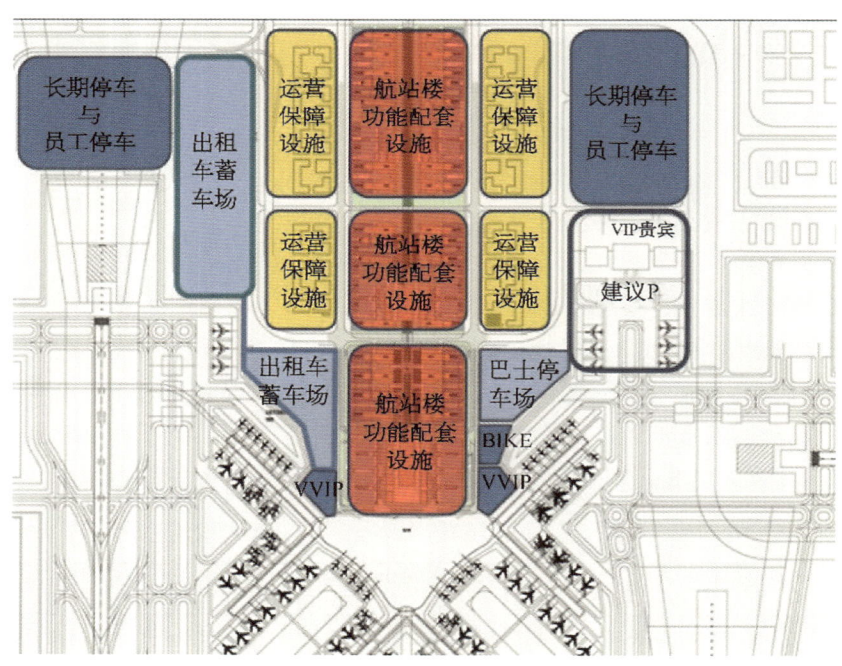

图7-8 航站楼前土地利用总体布局示意图

本次策划的范围只是图7-8中紧靠航站楼的一部分。由于北京大兴国际机场将各种公共交通的车站全部集中在航站楼前的正中间,使得所有的轨道、巴士,以及社会车辆的旅客上下车、进出站都在中间的综合交通枢纽里进行。车站两侧是8个单元式停车库。同时,按照融资策划中对商业开发规模的初步测算,如果把一部分商务区与航站楼的服务设施打包在一起,作为一个项目整体开发,首都机场集团就不用额外付一分钱了(见图7-9)。

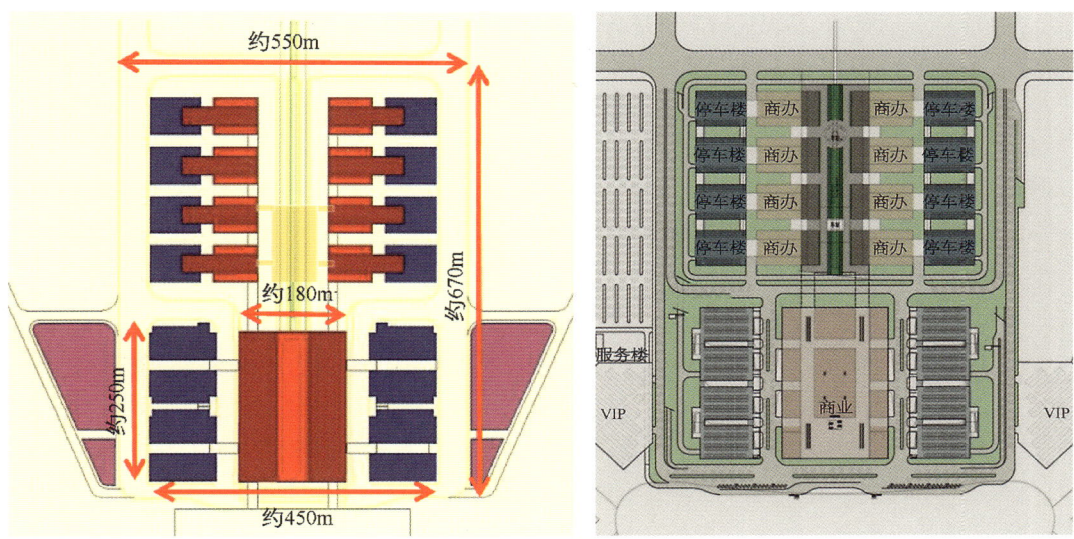

图7-9 本次项目策划的对象范围

商业规划很重要的就是客流分析,要明确设施里的客流组成、客流量大小。根据交通预测,进出综合交通枢纽的客流为日均 40 万人次、一般高峰日 50 万人次、极端高峰日 60 万人次。分别据此三种客流模式进行了测算,并综合分析了测算结果,最后得出北京大兴国际机场综合交通枢纽的商业设施需求,见表 7-3。加上停车楼 160 000×2 m^2,以及车站面积,整体开发规模约 90 万 m^2。

表7-3 北京大兴国际机场综合交通枢纽商业设施规模预测

设 施 区 分		需求推算值(m^2)	概念方案值(m^2)
商业服务设施	车站店铺	35 317	80 000
	其他	—	
租赁式商务设施(供驻场运营单位用)		40 000	60 000×4
航空旅客过夜设施		80 000×2	70 000×4
综合交通枢纽运营用房及管理办公用房	地铁、公交	2 000	2 000
	高铁、铁路	3 250	3 000
合计		240 567	605 000

开发融资策划首先要明确的是设施建设成本,即投资额。北京大兴国际机场综合交通枢纽总体的设计能力按 60 万人次/d 考虑。如果在机场新城开发大量的商务、产业设施,可能还

不止 60 万人次。60 万人次里面真正进入我们商业设施里的肯定不少于 10 万人次。对于一般商业设施而言,日客流量能达到 10 万人次是非常好的了。

我们把大兴国际机场航站楼前区域内的各种设施按照可拆分性和可经营性拆分开来,进行分类,就可以得到不可拆分不可经营的设施、不可经营可拆分的设施、可拆分可经营的设施和可经营不可拆分的设施等四类。我们的规划设计就是要在充分认识到这些目标和运作模式的基础上,在保证功能的前提下,将不可经营设施的规模做到最小;在合理的前提下,将可经营设施的规模做到最大。

对资金平衡的策划,我们主要建议将航站楼前的不可拆分设施和楼前的开发区内的可拆分设施,交由一个项目公司统一开发,如此便可比较简单地实现该地块的投资平衡和运营费用平衡,其自身要是可持续发展的。所以投资平衡的基本思路就是利用交通枢纽前的综合性开发用地,将其与交通枢纽整合,用开发用地的收益来平衡交通枢纽的投资。运营费用平衡的思路是利用交通中心内一部分商业设施的收益,再加上停车楼的收费,以这两大块为主来平衡未来综合交通枢纽运营的费用。那么,这块土地上需要多大的开发规模呢?据初步匡算,大约需要 50 万 m^2 的容积(见表 7-4)。

表 7-4 投资平衡和运营费用平衡的测算

投资平衡			运行费用平衡	
总投资		土地开发收益	设施年运行费用	经营性设施年收益
枢纽设施	30 亿元	(0.5 万元/m^2) 计 40 亿元	4.0 亿元	4.5 亿元
土地与配套	10 亿元			
40 亿元				
结论		建筑高度控制在 45 m; 需开发容积约 50 万 m^2;	年收益>年运行费用	

7.2 设施运行,相对独立

很显然,各种交通方式的基础设施在规划布局上都需要有一定的独立性,而作为综合交通枢纽又必须为旅客提供最大的换乘便捷,这就需要在规划时找到那个平衡点、掌握好这个度、拿捏好那个分寸。

虹桥综合交通枢纽平面上是将各种交通方式围绕着城市公共交通设施规划布局的(见图 7-10)。由于设施种类多、规模巨大,规划布置了东、西两个城市公交站,即由机场航站楼、磁浮车站、社会车库围绕的东边公交站,以及由高铁、西面商务区的商务设施、停车库围绕的西面公交站,公交站里包括了所有城市公共交通方式,包括轨道交通、各种公共汽车、各种车道边、候车室等。

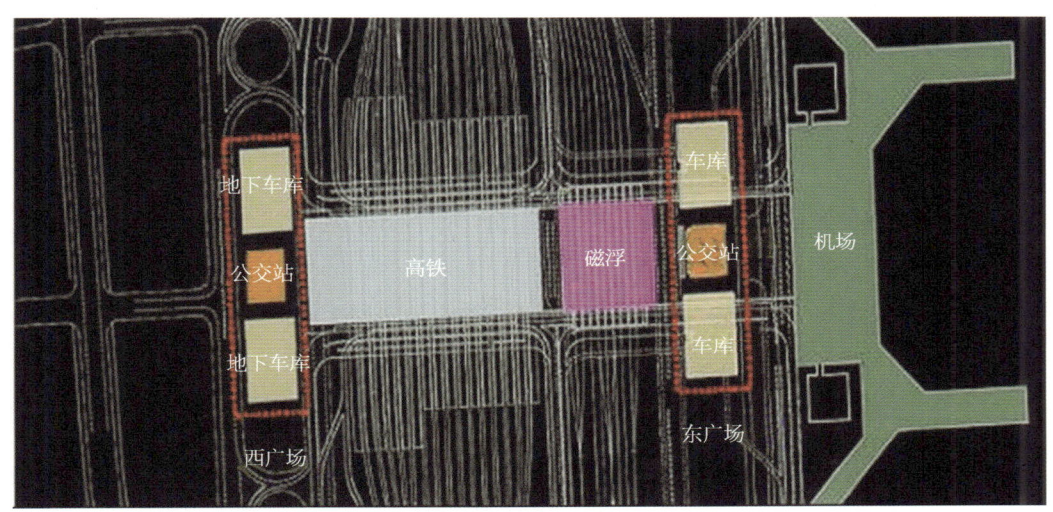

图 7-10　虹桥综合交通枢纽的设施布局(平面)

在虹桥综合交通枢纽的竖向规划布局中,所有交通设施都布置在了地下一层和地上一、二层中,而所有商业服务设施均布置在交通设施的上方(见图 7-11)。平面、剖面结合,这种布局让所有交通设施在运行方面都相对独立,保证了它们在自身运行组织上的可行性和便利性,从而也大大提高了方案的可实施性。

同时,也应该看到,整个虹桥综合交通枢纽的规划布局在空间紧凑方面还存在较大的优

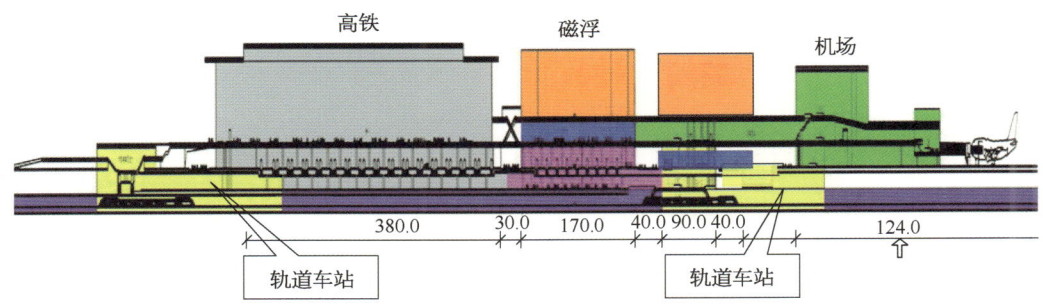

图 7-11　虹桥综合交通枢纽的设施布局(剖面)

化空间。交通设施在竖向空间利用方面还可以进一步提高,现在平铺在地面上的30股铁道和10股磁浮轨道,如果能分成两层竖向布置将大大缩短旅客行走的距离。

    工程规划有两种办法,或者说两种理念。第一种是将未来的事情、子孙后代的事情,都想清楚,一次做到位。比如北京大兴国际机场的航站楼与综合交通枢纽规划(把航站楼与铁路和轨道交通垂直布置在一起)。第二种则是为后人留足发展空间,由后人去规划设计。如上海浦东国际机场的航站楼与综合交通枢纽规划。第一种方法在技术上存在很大的不确定性、不可靠性,在经济上存在很大风险,在政治上也有很大的难度。因此,在多数情况下,我们都应该采用第二种方案,为未来、为子孙后代多留些可能性。

7.3 运行系统,完整高效

    各种交通方式的每一条线路都是一个完整的运行系统。在综合交通枢纽的规划设计中必须尽量保障这些大大小小系统的完整性和它们的运行效率。这不是一件简单的事情。首先,在规划时要建立起各种交通方式之间的运行指挥关系,使它们在有矛盾和冲突时有一个协调机制。

    在虹桥综合交通枢纽规划设计时,规划团队就事先研究确认了一个如图7-12所示的运行系统,即以虹桥综合交通枢纽运行指挥中心(hub operation center,HOC)为最高运行指挥机构,下面有铁路运行中心(railway operation center,ROC)、机场航站楼运行中心(terminal operation center,TOC)和城市交通管理中心(traffic management center,TMC)等三个运行管理机构。其中TOC同时又接受机场运行中心(airport operation center,AOC)的指挥,AOC另外还下辖飞行区运行中心(airfield operation center,AOC)和外场管理中心(outer management center,OMC)等几个运行管理机构。

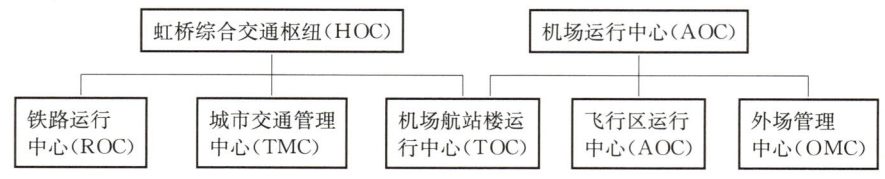

图7-12 虹桥综合交通枢纽的运行系统和虹桥机场的运行系统

    虹桥综合交通枢纽运行指挥中心(HOC)向上还与上海市应急救援指挥中心联网,并接受其指挥。机场运行中心(AOC)向上又与中国民用航空局联网并接受其指挥。

在城市交通管理中心(TMC)主要收集各种城市集疏运系统的班次信息,协调轨道交通车站运行控制室(subway operation center, SOC)、巴士运行中心(bus operation center, BOC)、磁浮车站运行控制室(maglev operation center, MOC)的生产运营和应急救援。而巴士运行中心(BOC)又需收集和协调长途巴士运行中心(long distance bus operation center, LOC)、空港巴士运行中心(airport bus operation center, AOC)和城市线路巴士运行中心(city bus operation center, COC)来的班次信息和生产运营(见图7-13)。

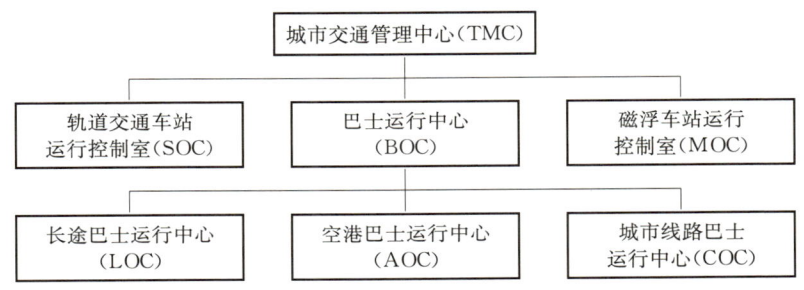

图7-13 虹桥综合交通枢纽东交通中心运行管理系统

由于大型综合交通枢纽往往同时又是各路交通运输线路的终点站,于是"运行系统、完整高效"还体现在设施的齐全和规划布置的恰当、高效上。在第5章中已经讨论过站场分离的问题,在保证综合交通枢纽设施高效运行的同时,还必须保障各条交通线路的基础设施尽可能地接近布置,以保障各条线路的完整性和运行高效。在虹桥综合交通枢纽核心设施的周围,规划布置了四个公交总站(停车场),四个出租车蓄车场,四个铁路、磁浮和轨道交通车辆段,如果没有这些设施的保障,系统的高效运行是很难保证的!所以,规划设计好综合交通枢纽及其周围的每一寸土地对于枢纽的高效运行非常重要。

7.4 标识规范,易于识别

规范且易于识别的标识系统是综合交通枢纽高效运营最基本的保障。在30年前,信息通信技术还没有高速发展,交通基础设施几乎是完全依赖静态或动态的标识系统。这也说明标识系统是最基础的信息系统,同时也是最后的底线和保障。

然而,要建立一套标准规范的标识系统,对于综合交通枢纽来说并非一件容易的事情。现在,交通部、中国铁路总公司、民航都有自己的标识系统规划设计规范和标准,其中的差异巨大,相互之间也没有替代关系。而在综合交通枢纽内各做各的又是绝对不行的,因此急需国家尽快编制出台"综合交通枢纽的标识系统规划设计规范"来规范正在各地规划建设中的大量综合交通枢纽的标识系统。

在虹桥综合交通枢纽规划设计时,规划团队在设计开始的最初阶段就结合民航、铁路和磁浮、轨道交通的标识系统设计规范,编制了约束虹桥综合交通枢纽所有标识设施的"虹桥综合交通枢纽标识系统设计技术要求",对标识的符号、文字、颜色、尺寸、亮度等都做了详细规定,并发给了所有设计单位,在所有初步设计中得到了实施。同时,在初步设计审查中,请各行业的专家研究讨论,就事论事地审批这些初步设计。在初步设计获得通过后,又请各相关审批、验收部门批准竣工验收时以批准的初步设计为依据验收。就这样,在虹桥综合交通枢纽实现了标识系统的基本统一(见图7-14)。

图7-14 虹桥综合交通枢纽中的引导标识

为了实现标识系统的统一,在"虹桥综合交通枢纽标识系统设计技术要求"中,不仅对标识系统本身的规划设计做了详细规定,而且对不同标示牌在不同环境、不同条件下的设置也做了具体的规定(见图7-15)。

虽然在综合交通枢纽中必须要设置大量的标识设施,但是需要说明的是,最好的建筑设计方案应该是需要标识设施最少,或根本就不需要标识设施的方案。例如,在虹桥综合交通

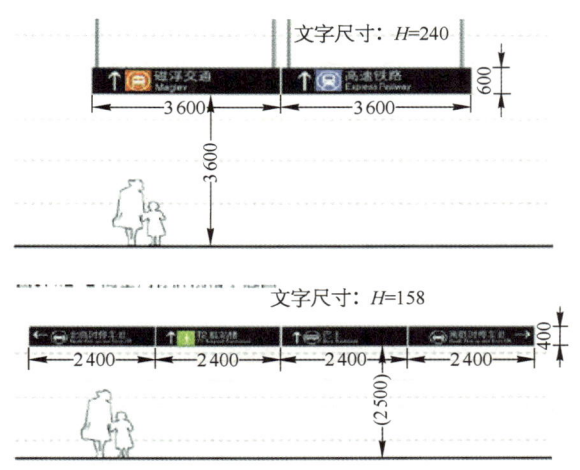

图 7-15　虹桥综合交通枢纽标识系统的设置规范(单位：mm)

枢纽的东交通换乘中心(见图 7-16)，规划团队设计了一个比较大的共享空间，当旅客来到这里时，不需要标识，一眼就能够看清上上下下各个层面的所有设施的功能。自上而下依次是旅客出发层、社会车辆车道边、公共汽车车道边、轨道交通车站，一目了然。

图 7-16　虹桥机场 2 号航站楼前交通换乘中心的共享空间

因此我认为，那种不知不觉、自然顺畅的建筑方案是最上品的，而有了标识便一目了然的建筑方案是中品，而那些设计了大量标识后方才可用的建筑方案最多也就是一个及格而已。

标识系统最主要的功能目标就是引导旅客流程,要尽量简洁明了。但在一些特殊的情况下,标识系统的规划设计可能还需要更加人性化的设计,才能达到目的。如在虹桥综合交通枢纽东换乘中心的南北两个停车楼,就采用了比较特殊的设计方案。由于停车楼的设计完全采用标准单元方案,空间上是完全一样的,其识别性极差。于是,设计时在南停车楼各层采用了不同的水果标识、字母标识和颜色标识等来区别不同的楼层;在北停车楼则采用不同的动物标识、字母标识和颜色标识等来区别不同的楼层。由此,大大地提高了它们的可识别性,基本上解决了"停车后,回头找不着车"的老大难问题,获得了广泛的好评(见图7-17、图7-18)。

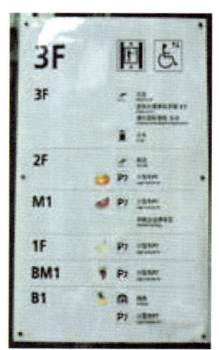 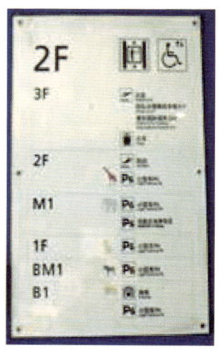   

图7-17　虹桥综合交通枢纽停车楼内的识别标识系统　　　图7-18　虹桥综合交通枢纽停车楼内的识别标识实景

在虹桥综合交通枢纽的停车楼内,每一层都有一个"交通核",旅客可以在这里乘电梯或利用楼梯、自动扶梯到达想去的楼层。同时,在交通核设置了自动停车收费机,标明了该楼层的编号、颜色和标识物(见图7-19),并摆放了记录有该楼层的编号、颜色和标识物的"指示卡",供旅客自由拿取(免费),以备查询(见图7-20)。

   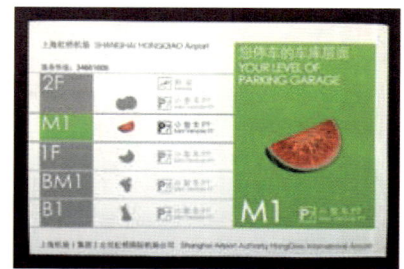

图7-19　虹桥综合交通枢纽停车楼内的交通核　　　图7-20　虹桥综合交通枢纽停车楼内的"(西瓜层)标识卡"

第 8 章

统一平台，运营指挥

虹桥综合交通枢纽建成投运后接待了全国各个省市的考察交流团队，许多城市之后也都相继建设了各种各样的综合交通枢纽，各有利弊、各有千秋，甚至在某些方面超越虹桥综合交通枢纽者也已经有之。但是，唯有虹桥综合交通枢纽的所有交通信息已经实现了一体化，能够做到在一块屏幕上显示所有交通信息，这一点至今无人比肩、无人超越。

综合交通枢纽信息系统的一体化就像是枢纽神经系统的完整和完善。要做到一个综合交通枢纽信息系统的一体化，首先要在规划设计之前，在项目策划阶段就制定好综合信息平台的接口标准，按照枢纽运营指挥的体制生成该综合交通枢纽的信息平台。其次是要通过事先缜密的商务谈判，或者通过行政命令在所有参与者之间达成信息共享互联互通的具体协议，并作为综合交通枢纽信息系统规划设计的前提，保证最终能够实现交通信息共享、统一发布的目的。随着信息技术的不断发展，手段会越来越丰富多样，综合交通枢纽的服务水平也就具备了随信息技术不断进步而不断提高的可能性。最后是由于综合交通枢纽的交通信息系统互联互通的实现，使得综合交通枢纽的日常运营与应急救援具备了统一指挥的信息化基础，具备了统一指挥的技术条件。

8.1 信息平台，有机生成

任何一个综合交通信息平台的规划建设，首先都需要弄清楚它的功能定位和它与综合交通枢纽运营指挥体系的关系。在浦东国际机场一体化交通中心的规划建设中，规划团队经过反复研究讨论、并结合浦东国际机场体制改革的推进计划，首先确立了如图8-1所示的浦东国际机场运营指挥体系，这样也就确立了交通信息中心（traffic information center，TIC）的定位，以及它与其他运行指挥中心的关系。

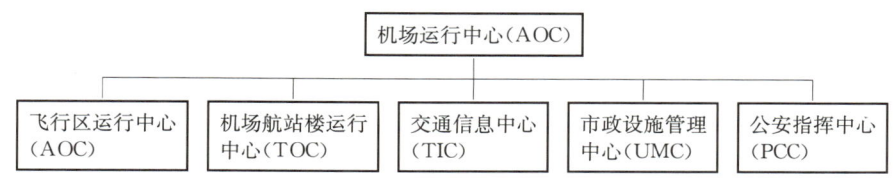

图 8-1　浦东国际机场运营指挥体系

随着浦东国际机场第二跑道、第三跑道、2 号航站楼和一体化交通中心的建成,浦东国际机场进入了多跑道、多航站楼运营的时代。为了多跑道、多航站楼运营的要求,提出了"区域化管理、专业化支撑"的转型目标。于是,以运营指挥平台(所谓"OC 平台")为代表的、新的运营指挥体系就应运而生了。在这个体系中,交通信息中心(TIC)也就确立了自己的功能定位以及它所要做的事情和应该起到的作用。

交通信息中心(TIC)就是要适时收集在浦东国际机场运营的所有交通方式的运营信息,以及上海市域内的相关交通信息,并在一个平台上处理后,根据不同需求统一发布和引导。

浦东国际机场的交通信息中心(TIC)位于 1、2 号航站楼之间的一体化交通中心的二楼(见图 8-2)。该处位于一体化交通中心中比较适中的位置,有利于各种陆侧交通信息系统的介入,也有利于相关管理人员的进出。

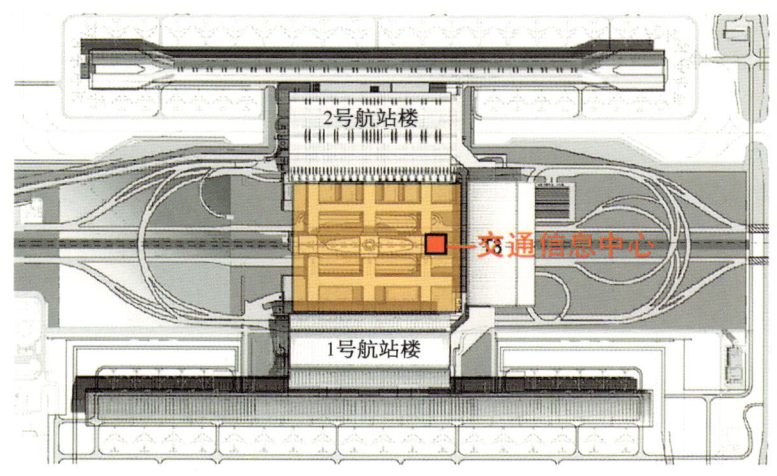

图 8-2　浦东国际机场交通信息中心位置

交通信息中心(TIC)内为上海市客管处、执法大队、公安局交警支队、机场停车楼管理部门、交通监控运管部门,以及轨道交通、磁浮、出租车、空港巴士、公共汽车、长途客车等各交通运营单位分配了席位(见图8-3)。大家在一起从事日常的运营管理和应急指挥工作,不仅共用了信息平台,而且还共用了指挥中心,这样是最有利于信息沟通、提高效率的。

图8-3 浦东国际机场交通信息中心

交通信息中心(TIC)是浦东国际机场交通信息化的核心、枢纽工程。浦东国际机场交通信息工程还包括一些系统的规划建设,如快速道路交通监控系统、地面道路路口控制系统、客流综合交通信息服务系统、停车库空位引导系统、CCTV系统、广播系统、枢纽公共交通调度系统、出租车调度系统、智能交通系统(intelligent transportation system,ITS)、货运交通组织引导系统、枢纽旅客服务系统等(见图8-4)。

浦东国际机场交通信息中心(TIC)还与虹桥综合交通枢纽运营中心和上海市交通信息中心联网,互通信息,并在必要时互相调度资源。2014年1月,春节假期的头几日,浦东国际机场大雾,就是利用这一渠道在全市范围内调集大型客车资源将旅客运至虹桥机场,从而才保障完成了运输任务的。

在浦东国际机场交通信息中心(TIC)的信息平台上,除了各种陆侧交通信息之外,还集成了机场地面道路路口控制系统、机场快速道路监控系统、停车库管理系统、机场电话问询系统、机场航班信息系统、气象信息系统等,并通过与上海市交通信息平台的联网,得到了上海市高速公路信息、高架道路信息、地面道路信息、城市公共交通信息、长途客运信息等(见图8-5)。

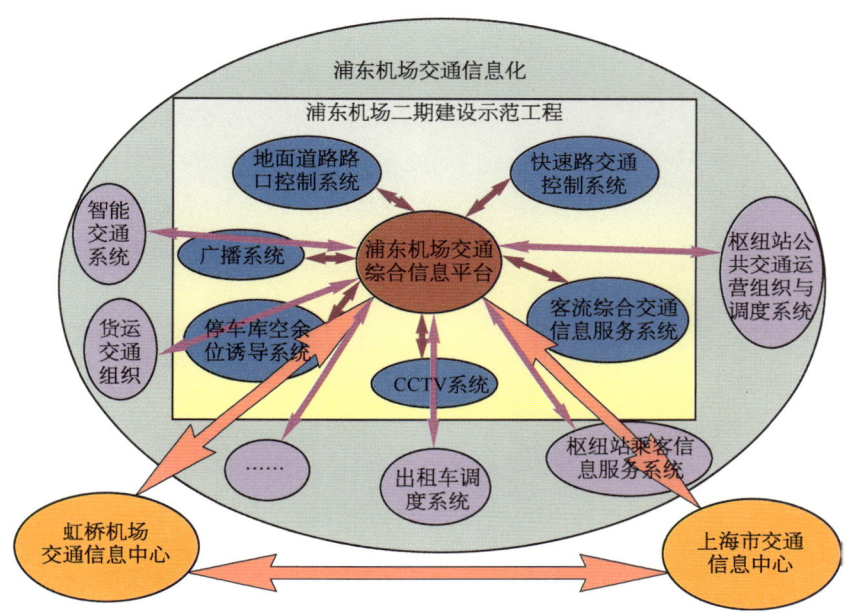

图 8-4　浦东国际机场交通信息系统构造

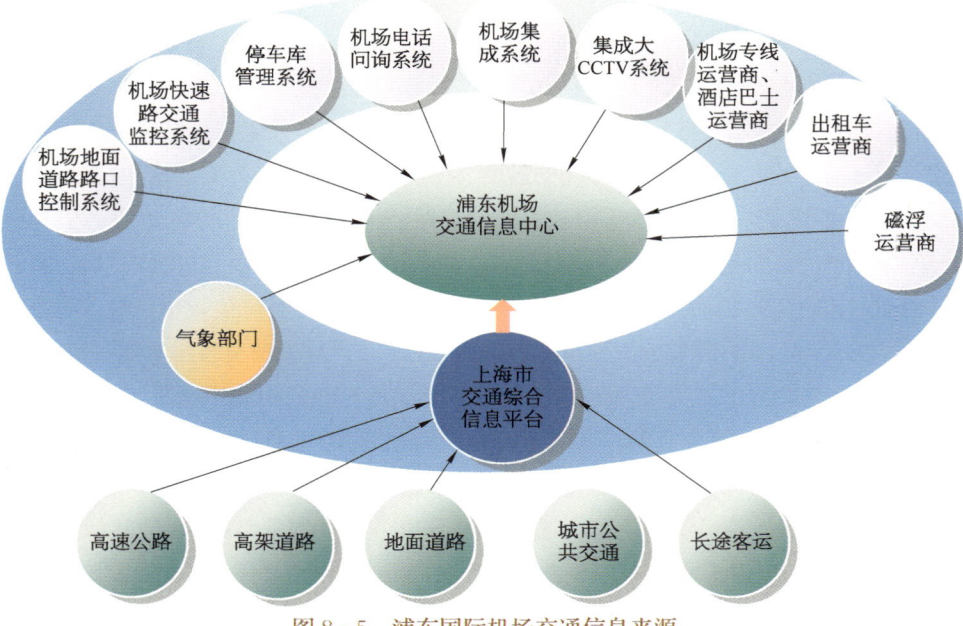

图 8-5　浦东国际机场交通信息来源

通过交通信息中心（TIC），就可以将旅客需要的信息在旅客需要的时间和地点传送给他们。如图 8-6 所示就是浦东国际机场 1 号航站楼到达厅内的旅客乘车引导信息屏，该引导信息屏不仅提供了各种交通方式的运营时刻、线路，而且还提供了城市快速道路的运营实况（拥堵情况）供旅客参考。

图 8-6　浦东国际机场交通信息显示屏

8.2　信息共享，统一发布

综合交通枢纽信息系统规划建设的目标就是"信息互联、信息共享、统一发布、统一指挥"。实现这一目标的基础是信息系统的互联，其关键是共享信息资源。

首先，要保证各种交通方式的运营商都愿意使用综合交通枢纽的信息平台。这就要求建设方（业主）要事先与各种交通方式的运营商谈妥详细的信息提供协议，确立合理的商务模式。要做到这一点，政府的介入往往是不可缺少的。

其次，要保证各种交通方式的运营信息系统都能够与综合交通枢纽的信息平台良好对接。这就要求建设方（业主）要有一个完善的策划，在规划设计工作展开之前就能够提出完整的"接口方案"。由于有了浦东国际机场一体化交通中心的实践，在虹桥综合交通枢纽规划设计展开之前，就已经准备了完整的"虹桥综合交通枢纽信息系统集成之接口标准协议"。并且，在各规划设计单位开展工作之前就挨家挨户谈妥了接口方案。这一点很重要！因为一旦各单位已经开展了规划设计工作，再去谈接口方案，就意味着要返工，这就容易产生抗拒情绪。当然，这也意味着很大的工作量，在虹桥综合交通枢纽，就是要将图 8-7 中的所有接口都逐一谈妥。

完成了上述两件工作之后，就可以着手搭建综合交通枢纽的信息平台了。与上述两件工作比起来，这一工作相对较为简单。在虹桥综合交通枢纽中，信息平台对外连接了上海市交通信息中心和浦东国际机场一体化交通中心，对内连接了交通监控系统、高铁城铁、磁浮、轨道交通、机场、公共区域等板块。枢纽交通信息平台由公共数据网络系统、公共信息系统、视频监控系统、旅客信息发布系统、枢纽应急指挥系统、枢纽运营指挥系统，以及设备监控屏、应急监控屏、交通信息监控屏等构成（见图 8-8）。

第8章 统一平台，运营指挥

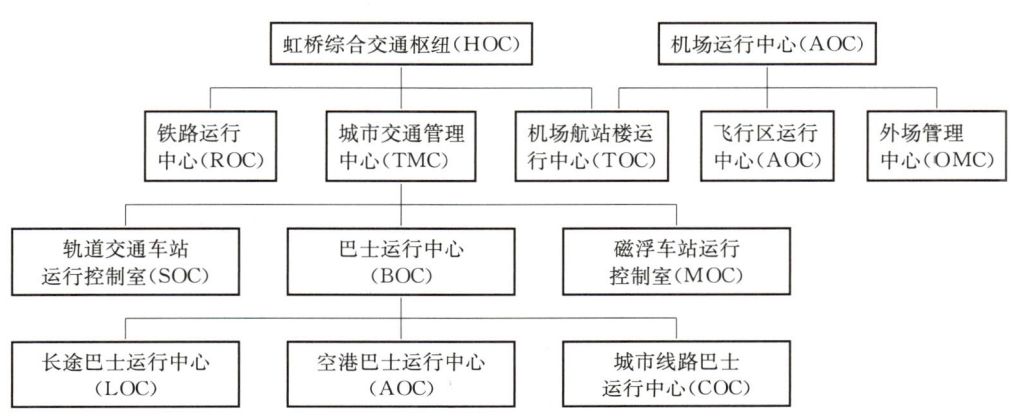

图8-7 虹桥综合交通枢纽交通信息体系

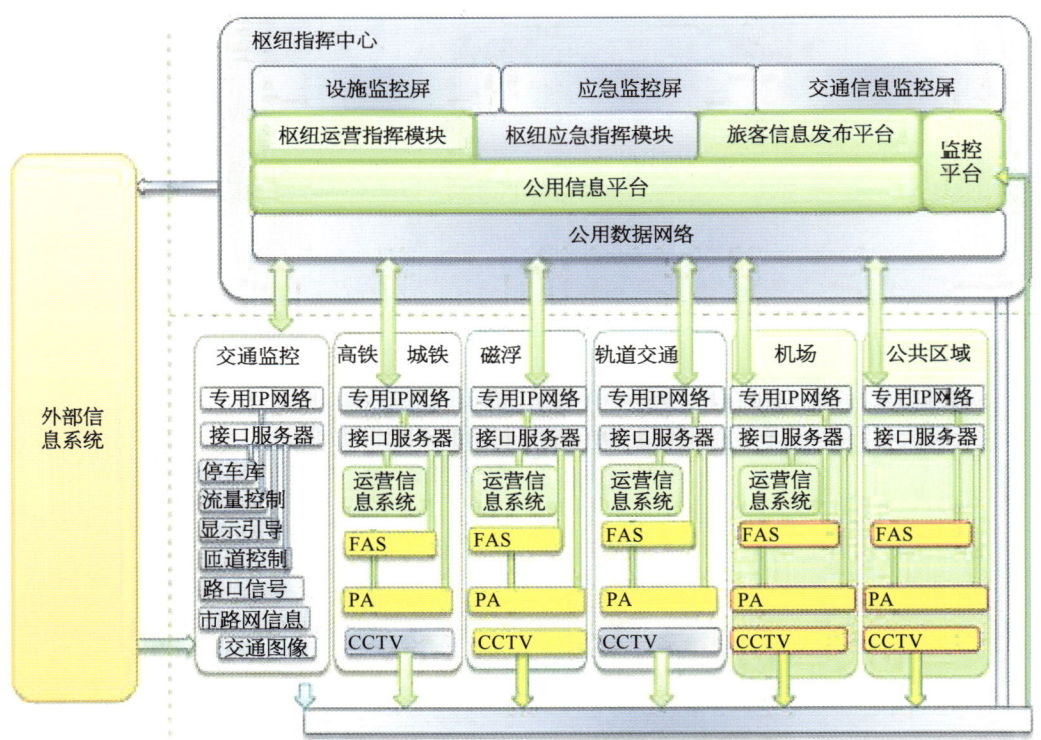

图8-8 虹桥综合交通枢纽交通信息平台结构

有了综合交通枢纽信息平台后,就能够在一块显示屏上为旅客统一提供综合的交通信息(见图8-9)。当然,除此之外,信息平台还可以为不同的旅客提供不同的交通信息,可以在天气等影响正常运营时为旅客提供延误信息,可以提供提醒服务、导引服务、问讯服务、预订服务,可以为各种交通方式的旅客联运提供信息保障等其他服务。

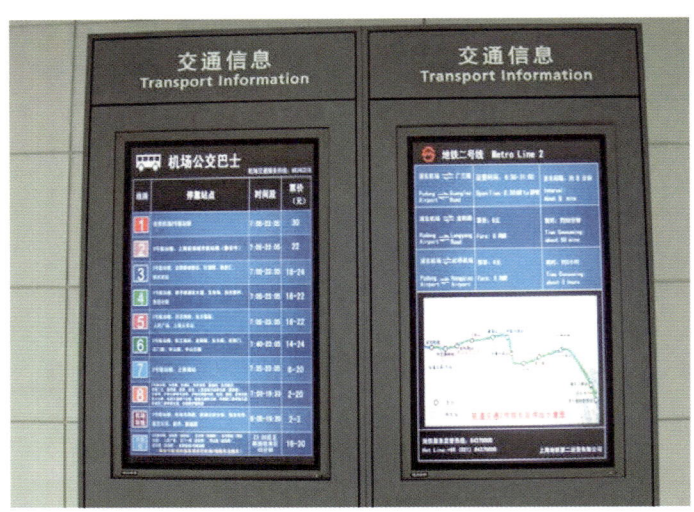

图8-9 虹桥综合交通枢纽交通信息显示屏

如今,固定电话、手机、广播电台、电视、因特网,以及各种信息显示屏、触摸屏等各种"神器"辈出(见图8-10),信息技术的发展已经为人们提供了众多的手段来传播综合交通枢纽信

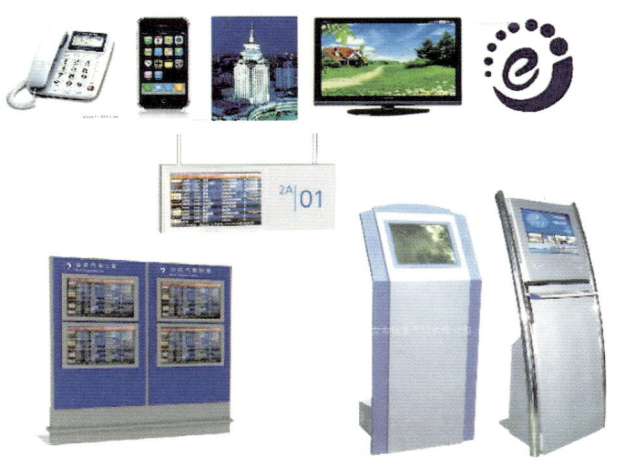

图8-10 综合交通枢纽传播交通信息的媒体

息平台上的各种交通信息和由此衍生出来的各种服务信息。因此,信息平台建成后,并不缺少信息传播的工具,缺少的是服务。

8.3 信息互联,统一指挥

被称作综合交通枢纽,仅仅只是将多种交通设施布置在一起是不够的,不能一体化运营就不能称之为综合交通枢纽,而一体化运营的标志就是信息互联、统一指挥。综合交通枢纽信息平台带来的第一个好处就是综合交通枢纽的日常运营管理和应急救援从此就具备了统一指挥的基础和平台。

一般情况下,一个指挥系统的形成是需要若干应用系统支撑的,而大量应用系统的运行又总是基于通信和网络的存在,在其下层一定还有一大批基础设施和机房(见图8-11)。无论在哪个综合交通枢纽,由于多种交通方式同时存在,往往都会同时存在多个如图8-11所示的应用架构。在虹桥综合交通枢纽,就存在多个如图8-12所示的运行指挥中心,其最上层的是虹桥综合交通枢纽运行指挥中心,其下设有高铁城铁运行指

图8-11 虹桥综合交通枢纽交通信息系统应用架构

挥中心、虹桥机场航站楼运行指挥中心和东交通换乘中心运行指挥中心等三个指挥中心,除此之外还有地铁运行指挥中心、虹桥机场运行指挥中心等多个不同区域和系统的指挥中心。

综合交通枢纽的运营管理一定要有一个如上所述、明确上下级关系的指挥系统,这是保证枢纽正常运营的关键,特别是在发生各种紧急情况、发生各种灾害,以及需要应急救援时,这种上下级关系明确、责任明确的指挥体系就会显得非常重要。

各运行指挥中心的规划设计都各不相同,席位的布置是关键,一定要结合运营管理的需求,这非常重要。除此之外,工作人员的休息室、设备机房,以及相应的安保措施也都是必须认真考虑的。虹桥机场的机场运行指挥中心(AOC)和航站楼运行指挥中心(TOC,见图8-13)位于航站楼顶层八楼,其相关机房布置在它们各自的楼下,即七楼。这是比较有特色的,具有布线方便、线路短等诸多优点。

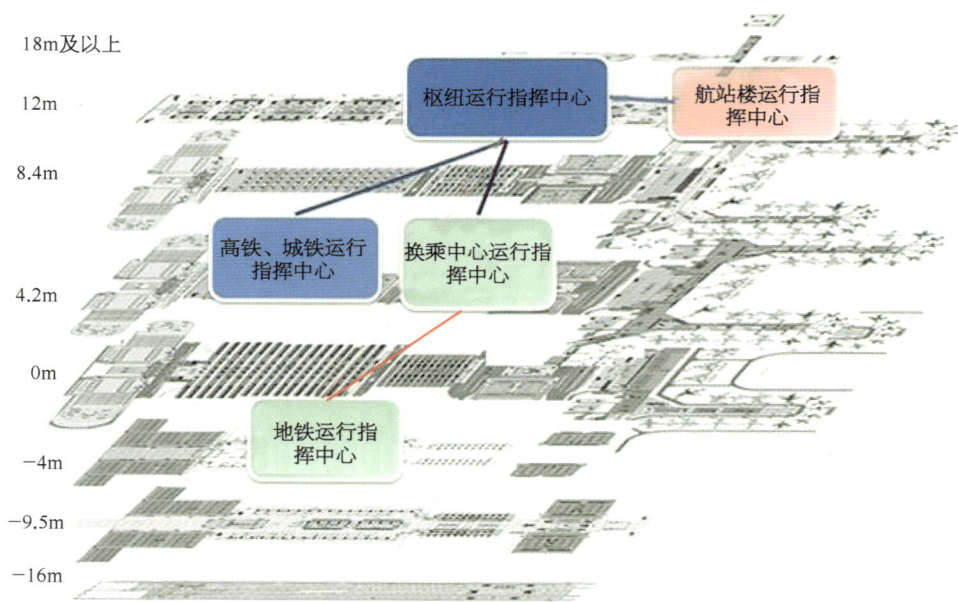

图8-12 虹桥综合交通枢纽交通信息中心与运行指挥中心架构

图8-13 虹桥机场航站楼运行指挥中心(TOC)实景

虹桥综合交通枢纽的运行指挥中心位于磁浮车站上方办公楼的顶层，集中布置了枢纽运行指挥中心大厅、枢纽应急救援指挥室、设备机房，以及工作人员更衣室、工作人员休息室、VIP休息室、操作室等全套设施（见图8-14）。其中，枢纽运行指挥中心大厅内的席位分成设施监控、应急监控和交通监控三组，后方设有值班经理席（见图8-15）。指挥中心大厅的一侧

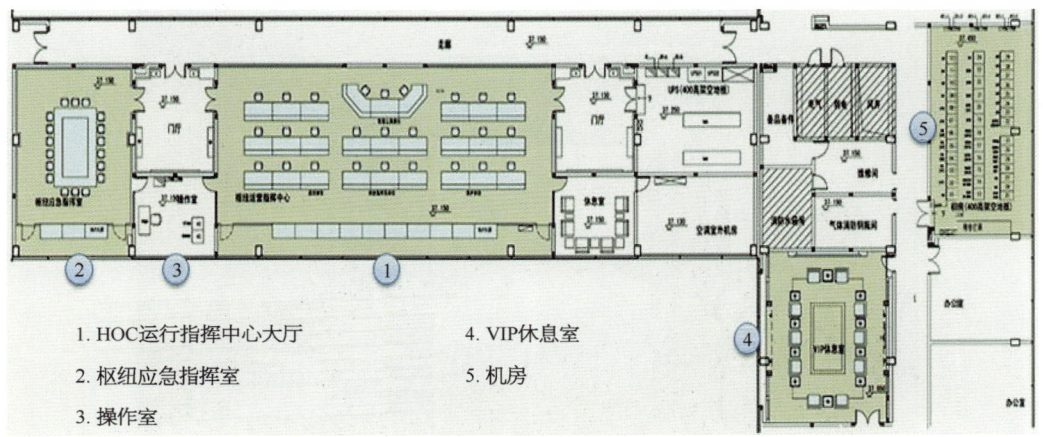

1. HOC运行指挥中心大厅
2. 枢纽应急指挥室
3. 操作室
4. VIP休息室
5. 机房

图8-14　虹桥综合交通枢纽运行指挥中心平面图

图8-15　虹桥综合交通枢纽运行指挥中心

是枢纽应急指挥室,供出现紧急情况后应急小组使用(见图 8-16)。之所以没有将运行指挥中心大厅与应急指挥室整合在一起,是因为发生紧急事件时往往枢纽的正常运营还必须进行下去,所以各自分设比较方便。

图 8-16 虹桥综合交通枢纽应急救援指挥中心

第9章

多式联运，方便旅客

在上一章中,提到了枢纽信息平台的第一个好处是使综合交通枢纽能够统一指挥,从而使枢纽运营能够真正实现一体化的目标。那么,本章将讨论枢纽信息平台的第二大好处,即它对多式联运的支持和保障。

一般来说,大型综合交通枢纽都是其所在区域的核心设施,以它为核心开展多式联运是枢纽运营的必然趋势。虹桥综合交通枢纽投运以来,多式联运的发展也是非常好的。位于长三角综合交通网络关键节点上的虹桥综合交通枢纽,轨、陆、空运输都很发达、便捷,为20多个城市间的多式联运,特别是空铁联运、空路联运创造了难得的机会(见图9-1)。

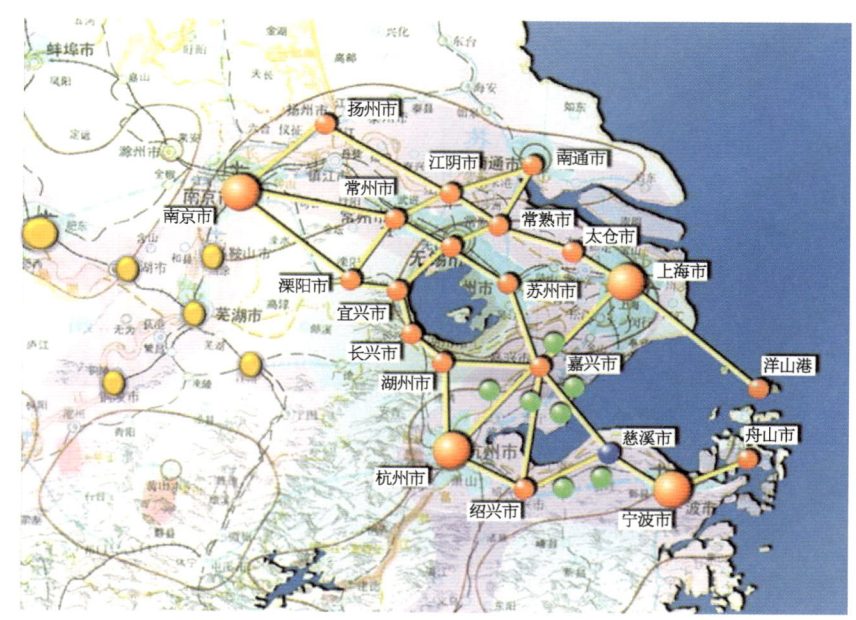

图9-1 虹桥综合交通枢纽旅客联运服务范围

旅客的多式联运在综合交通枢纽规划课题中，主要是两个方面的问题。一个是轨陆空水运输的网络问题，也就是一小时交通圈和一日交通圈的问题；另一个就是综合交通枢纽中的基础设施的支撑问题，主要有：换乘便捷性问题、换乘服务问题、信息系统问题、行李转运问题等。

9.1 远程值机，多式联运

任何一个综合交通枢纽建设完成、投入运营以后，仅仅是完成了一些最基本的运输功能和已有类似设施已做的事情，那是不够的。在综合交通枢纽，各种交通方式的设施已经整合在了一起，那么就会希望利用旅客换乘方便这一特点开展旅客联运。在虹桥综合交通枢纽，就开展了以航空为核心的长三角空铁联运、空路联运。

要在长三角实现以航空为核心的旅客联运需要解决两个关键问题。一是联运的票务问题，最好能做到一票联程，当然多票联程也是可以考虑的，但多张票必须能在一个地方买，这样就能够真正方便旅客。二是行李运输问题，理想的情况是实现远程值机和远程交运行李。如果远程值机不接受行李托运，旅客可以拿着行李在车站的远程值机点办票，然后到虹桥机场交运行李、登机；如果是去浦东国际机场乘机的旅客，也可以拿着行李到车站远程值机点办票后，到虹桥枢纽托运行李。时间允许的话，旅客还可以轻便地到市内观光购物，然后再去浦东国际机场。当然，如果设在车站的远程值机点接受旅客托运行李，旅客就更便利了，可以在车站同时完成办票和托运行李，然后旅客就可以很轻松地支配去虹桥机场或浦东国际机场登机之前的空余时间，托运的行李由第三方承运人运到机场来。

要实现旅客联运，就必须在开展旅客联运的地点开展远程值机，如果要实现远程值机，还必须做一些基础设施。远程值机所需的基础设施主要应包括四块功能设施：旅客购票和信息查询功能设施、人工值机功能设施、行李托运及后台交接功能设施、自助值机功能设施（见图9-2）。

如图9-2所示的远程基础设施只是一个8 m×10 m的小房子，在任何一个车站和其他公共建筑中都能够找到这样一个空间来提供远程值机服务（见图9-3）。在完成远程值机后，必须为旅客提供全程的航空信息服务。就是必须要让旅客感到在远程值机点办票以后的信息服务同在机场航站楼里是一样的服务水平。例如，我在苏州买了一张从虹桥机场起飞的机票，我希望一进铁路车站就能知道我要乘坐航班的情况，如"现在机场开始办票了吗""航班是不是晚点了""登机口变更了吗"等。

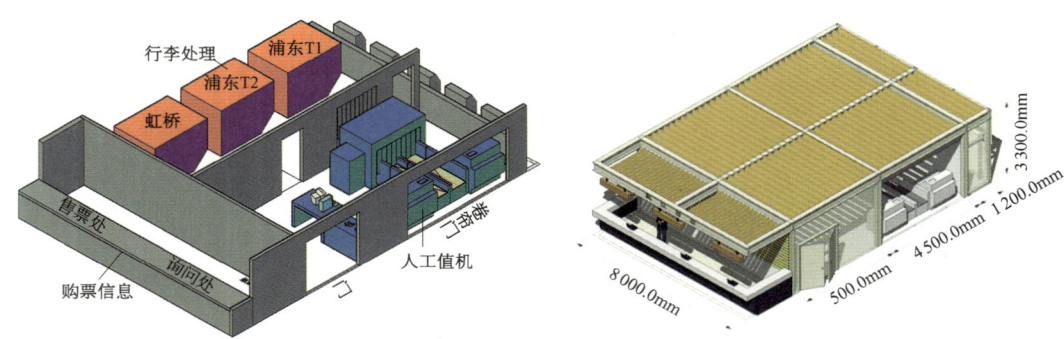

图9-2 远程值机模块示意

图9-3 某高铁车站内设置远程值机模块示意

上述远程值机服务还可以有不同的模式。一是在异地提供部分值机服务功能,如只办票不接受行李;二是在异地提供有限制的值机服务,所谓有限制的值机服务就是可以办票和交运行李,但必须提前一定的时间交运行李,如在苏州站需要提前4小时交运行李;三是在异地提供24小时的、完整的值机服务。

为了推进旅客联运,虹桥综合交通枢纽东换乘中心布置了两组浦东国际机场的远程值机柜台(见图9-4),这些柜台既可以办浦东国际机场的票,也可以办虹桥机场的票,为远程值机的实施奠定了设施基础。在虹桥综合交通枢纽的建设的过程中就把相应的设施配套实施了,后来借上海世博会的东风,在2010年5月开通了浦东国际机场在虹桥综合交通枢纽的远程值机,为在长三角开展远程值机服务积累了一定经验(见图9-5)。这是一个很好的项目,既

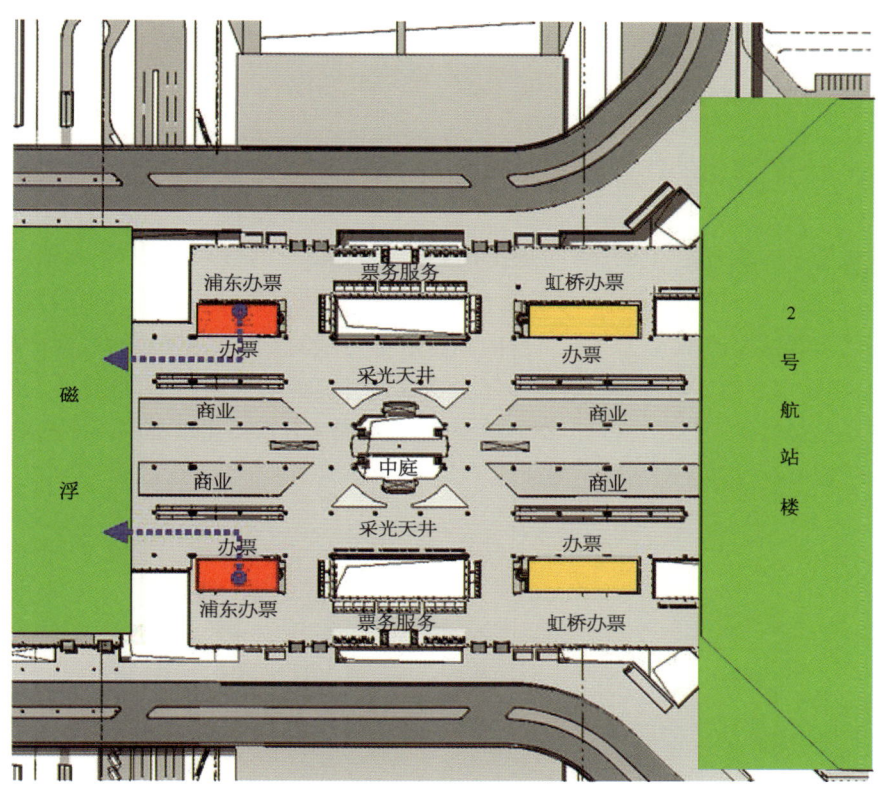

图9-4 位于虹桥枢纽内的浦东机场远程值机设施

图9-5 位于虹桥枢纽内的浦东机场远程值机设施实景

有很好的社会效益,有利于上海的形象,同时也会产生比较好的经济效益,特别在世博会期间,是一个很好的亮点。

9.2 城市航站楼与空轨联运

上海机场城市航站楼(见图9-6)是我国除港澳台地区外的第一个城市航站楼,它开通运营比较早,在它下方的轨道交通2号线没有开进浦东国际机场之前,在此办理远程值机的旅客乘机场巴士直接去机场,还是比较方便的。但是,2号线直接进入虹桥、浦东两个机场航站楼前以后,在这里办远程值机的旅客就少了。造成这种局面的原因很多,但我个人认为最大的原因还是机场值机服务没有做好,不能接受行李、不能区分市场需求提供不同的服务等,才是这里的远程值机业务衰弱的最主要原因。

图9-6 上海机场城市航站楼

尽管如此,利用远程值机,结合城市轨道交通车站规划建设城市航站楼依然是机场集疏运系统建设和综合交通枢纽建设的重要课题,大家都在积极地探索实践中,乐此不疲。

城市航站楼对于远离城市中心的机场来说还是很有意义的。首先,它提高了机场和航空公司的服务水平,使旅客能够提前交运行李,在城市中心就能够享受到机场的服务,减轻机场过远之苦。其次,在城市航站楼远程值机的旅客大多数会乘机场巴士,这就有利于公交优先政策的实施,从而减少机场集疏运设施的建设需求,有利于投资优化。第三是城市航站楼有利于临空产业链的延伸和发展。

上海的城市轨道交通网络已经形成,其中的轨道交通2号线和10号线已经进入了机场,因此理论上来说这两条线上的所有车站都是有可能规划建设城市航站楼的。比较而言,由于东西向的2号线和机场快线连接虹桥、浦东两个机场,在2号线的车站建设城市航站楼就更为优越。再考虑2号线沿线与其他轨道交通线路的换乘关系,以及各车站所在地区的产业条件和就业人口、居住人口的构成等因素,比较好的选址方案是中山公园、静安寺、人民广场、陆家嘴、东方路、龙阳路、世博园、上海南站等车站附近的地区(见图9-7)。事实上,这些车站所在地区也是上海航空旅客非常集中的地区。上海已经在静安寺和虹桥综合交通枢纽开设了城市航站设施,接着应该马上着手研究东方路、世博园、龙阳路、浦东国际机场等地新设城市航站楼的可行性。

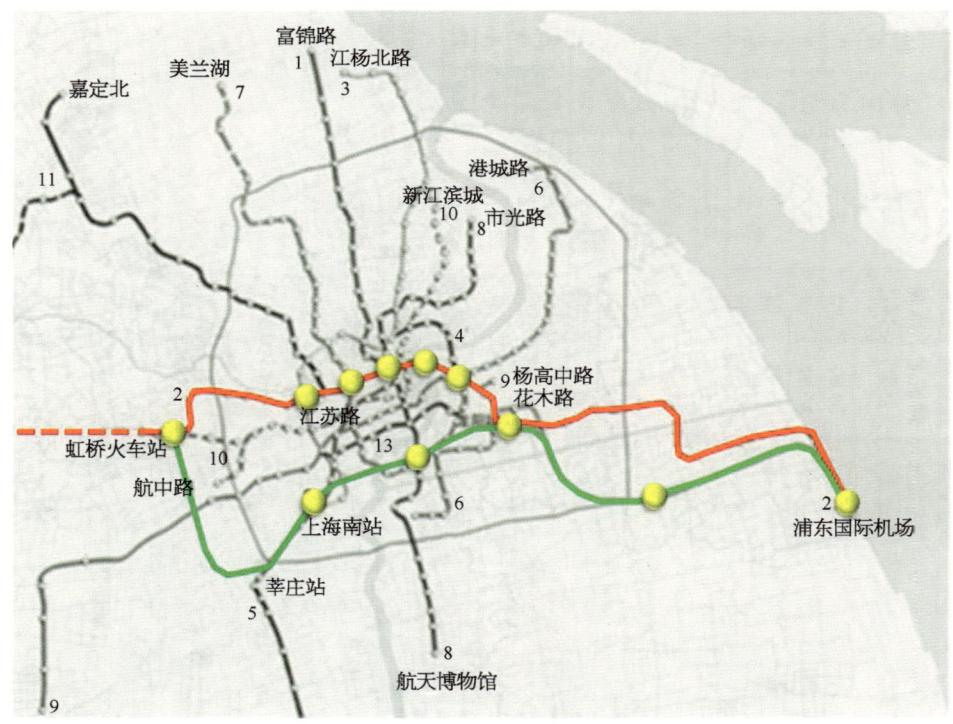

图9-7　上海适合建设城市航站楼的地点

综上所述,城市航站楼总是会选址于有轨道交通连接机场的综合交通枢纽地区,或者说城市航站楼总是会带来一个连接机场的综合交通枢纽。因此,可以认为综合交通枢纽与城市航站楼是一对孪生子。所以,城市航站楼的选址就一定是机场集疏运系统规划的核心课题之一,也是城市规划,特别是城市综合交通体系规划的关键节点。

案例 9-1 北京的城市航站楼选址

北京大兴国际机场距北京市中心超过 50 km(见图 9-8),结合机场快线选址建设好城市航站楼也是一件大事。根据规划设计单位的调查,约 85% 的航空旅客集中在东、西、北三面的二环与四环之间,即在图 9-9 中的倒"U"字形的虚线边框黄色区域里。如果是这样,北京的机场快线就应该按如图 9-9 所示的方案选线和运行,即:用机场快线连接首都国际机场和北

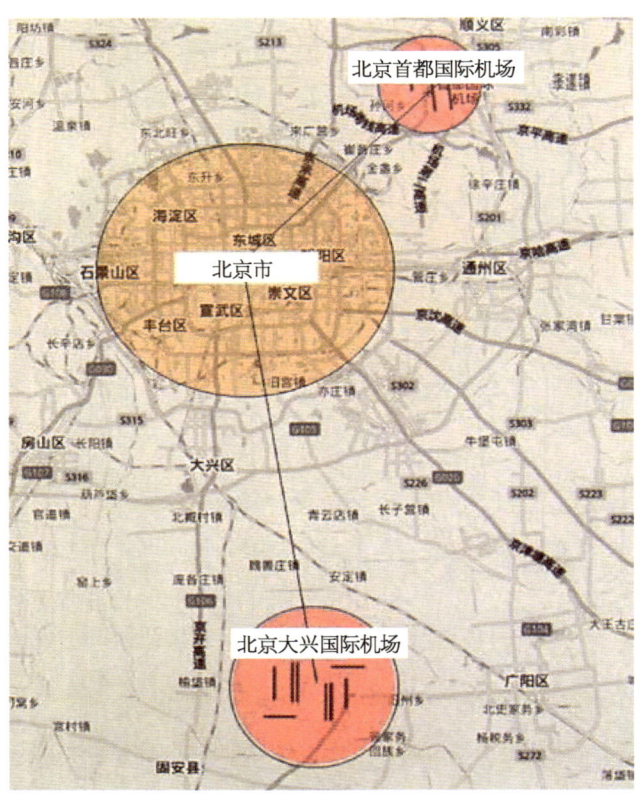

图 9-8 北京的两个机场与中心城

京大兴国际机场;在两个机场与上述倒"U"字形区域之间,机场快线不设站;在上述倒"U"字形区域内,机场快线结合CBD、金融街、东直门等重要地区和交通枢纽设若干车站,并可以结合车站建设城市航站楼;双交路运行。

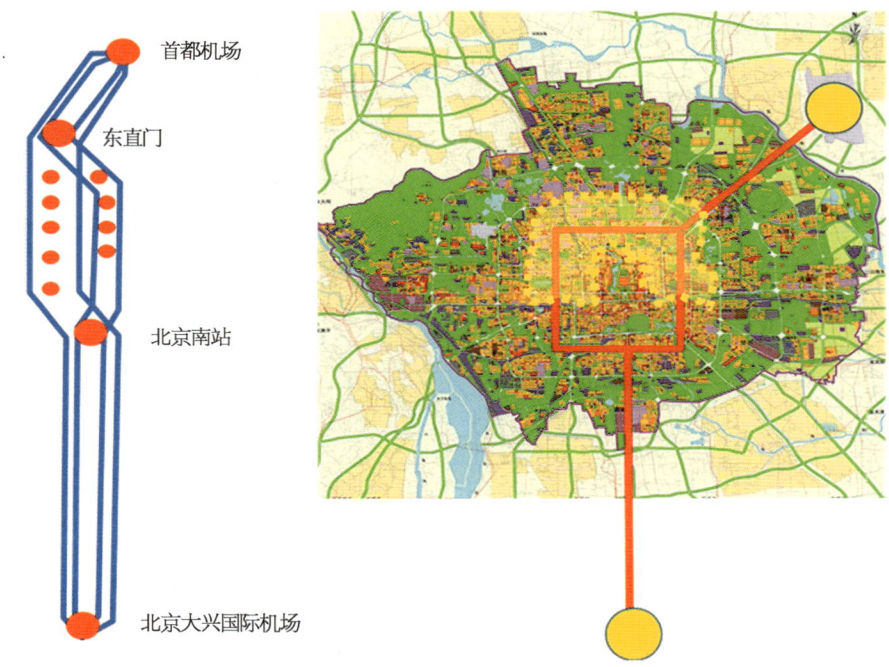

图9-9 北京的机场快线与城市航站楼选址

9.3 空铁联运

虹桥综合交通枢纽的建成投运使上海机场与沪宁、沪杭两个交通通道的联系高度紧密,完全成为一个整体。如果能够在沪宁、沪杭线上的每一个车站都开展远程值机的话,那就相当于把沪宁、沪杭线上的每个车站都变成了一个虚拟机场(见图9-10)。这样一来,不仅能够增强上海机场服务长三角的能力,同时也能够减少长三角地区部分城市的基础设施投资,又给该区域的旅客提供了很大的方便。因此,在虹桥综合交通枢纽规划时,规划团队策划了在长三角地区实施以航空为核心、以空铁联运为主体的旅客联运项目,希望沪宁、沪杭甬线上的每一车站既是车站也是"机场航站楼"。

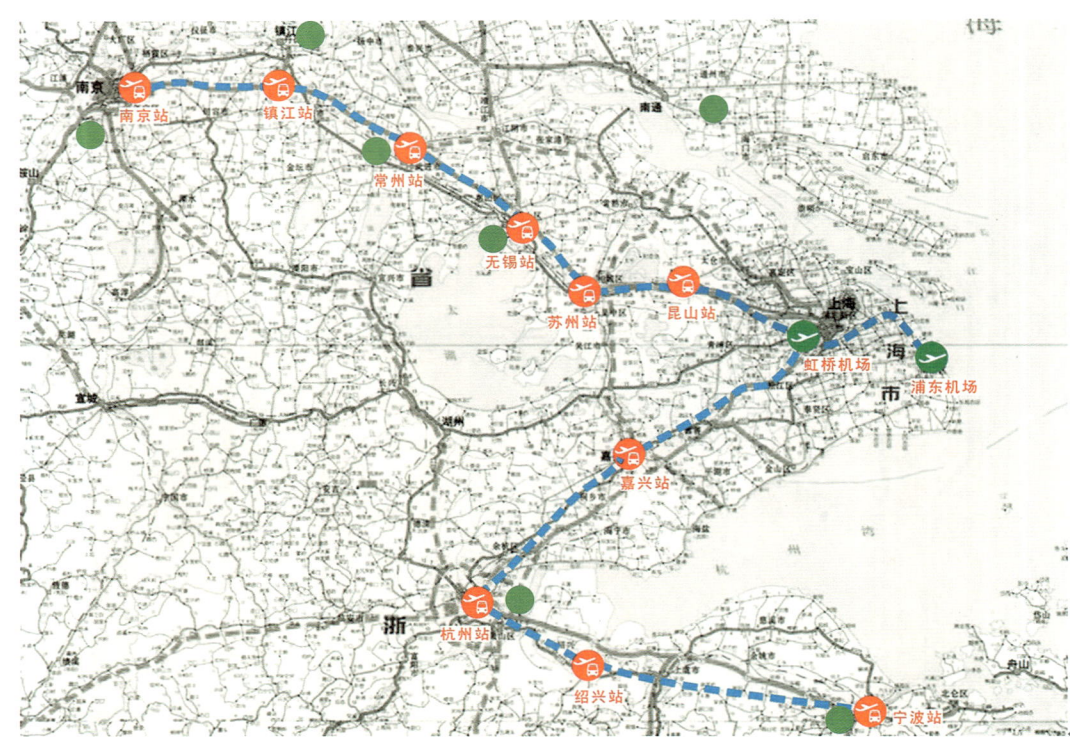

图 9-10 长三角可能实施空铁联运的站点

　　虹桥综合交通枢纽的建成投运,以及沪宁、沪杭城际客专、京沪高铁的运营以后,长三角区域与虹桥机场的联系就更加方便了,长三角地区的人们在自己所在城市的车站里办票,乘高铁来虹桥机场坐飞机(或者再去浦东机场坐飞机),就能够实现当天往返全国。例如,一个旅客早上七八点钟在无锡车站办完票,乘城际客专来虹桥机场后,即可乘九点钟左右的航班到全国各主要城市开会;当天晚上他还可以原路再回到自己家中。虽然到家可能会晚一点,但能够做到这一点,他就能把晚上住在开会城市的旅馆费省了。不仅省了半天到一天的时间,而且省了住宿费用。如果能够省 500~1 000 元旅馆住宿费,他就一定愿意掏一部分钱来提高交通效率,一定愿意接受远程值机服务。这样,空铁联运的经济效益也就出来了,否则仅仅是提供服务没有收益,空铁联运还不能算是成功的,因为那样的话就有可能做不下去、不可持续。没有了收益就不能长久,更不可能发展壮大,服务水平也就会下降,旅客就会逐渐流失了。

　　当然空铁联运的实施还需要一个过程。计划先在虹桥综合交通枢纽尝试实施浦东国际机场的值机服务;然后在上海市内建设城市航站楼,提供远程值机服务;同时在杭嘉湖、苏锡常地区推行接受行李的远程值机;最后,希望把上海机场的远程值机业务推广到整个长三角区域。

现在,中国东方航空集团公司(简称"东航集团")在长三角区域的近20个城市车站和230多个城际客专及高速铁路列车上开展了空铁联运,为旅客出行提供了诸多便利,基本上已经达到了虹桥综合交通枢纽规划时策划、规划的目的:空铁通、通天下(见图9-11)。

图9-11 东方集团的空铁联运广告

东航集团的空铁联运产品受到了极大的欢迎,特别是位于苏州、昆山经济开发区内的广大台商的接受度最高,他们下班之后乘高铁来到上海再转机回台北,还能赶得上与家人共进晚餐。但是,问题就来了!住在台北以外的人就赶不上啊!于是,东航集团又与中国台湾高铁一同开展了空铁联运(见图9-12)。

其实,现在在中国台湾桃园机场转乘高铁还不是很方便,还需要通过旅客捷运从航站楼转到高铁车站。因此,我应邀访问桃园机场时曾建议机场当局将高铁引入桃园机场,为旅客换乘提供最大的便利。

空铁联运的另一个好处是体现了公交优先的国家战略。由于空铁联运的大量客人都是乘铁路来机场的,所以大大减轻了城际道路系统的压力,降低了人均占用公共资源的水平。以虹桥综合交通枢纽为例,现在每天在空铁之间换乘的旅客超过10 000人次,也就是说虹桥机场每天都有十分之一的旅客是通过铁路进出机场的。这不仅达到了促进长三角交通、经济一体化的目的,而且大大减轻了区域道路系统的压力。

图 9-12　东航与台湾高铁开展空铁联运

　　虹桥综合交通枢纽现在已经开通了两条地铁线，即轨道交通 2 号线和 10 号线，它们每天也承担了超过 40% 的旅客吞吐量。两项相加，也就是有 50% 以上的旅客是通过轨道交通和铁路进出虹桥综合交通枢纽的，他们没有占用已经非常拥挤的道路系统，这是虹桥综合交通枢纽最大的贡献！今后，虹桥综合交通枢纽还将进一步引入三条城市轨道交通线和若干城郊铁路线，同时还要进一步加强空铁联运，提高服务质量，吸引更多的旅客，从而使利用公共交通进出枢纽的旅客达到所希望的 60% 以上。

案例 9-2　北京大兴国际机场的空铁联运

　　北京大兴国际机场选址于京郊南缘、与河北交界处，占两省市之地。规划有九条跑道，年处理旅客吞吐量 1.3 亿人次、货运量 200 万 t、起降 100 万架次。如果按此规划完全建成，那将是世界上第一大旅客运输量的机场。

　　北京大兴国际机场建成以后，其航站楼前的陆侧综合交通枢纽必定成为京津冀综合交通枢纽体系中最主要枢纽之一，对于京津冀一日交通圈的建设是至关重要的一个节点（见图 9-13）。同时也将是北京大兴国际机场空铁联运的最关键设施和京津冀空铁联运的标志性设施。

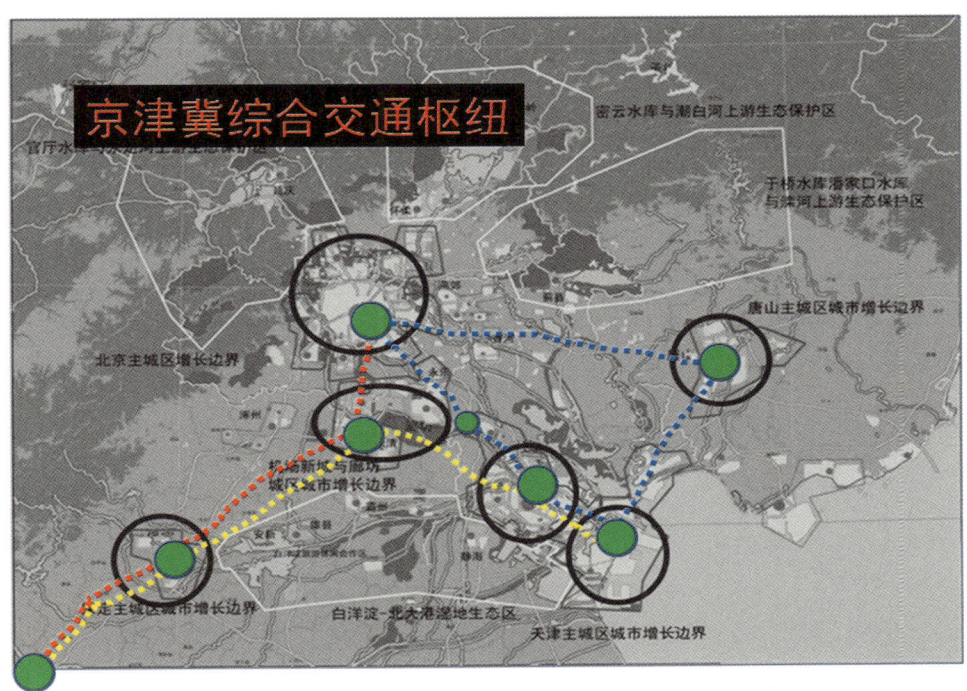

图 9-13 京津冀城际铁路与交通枢纽示意

京津冀的铁路有两大块,一块是普通铁路,一块是高铁。与本书关联度较大的还是高铁的问题。北京铁路枢纽为我国最主要的铁路枢纽之一,在路网中衔接着京沪、京哈、京广、京九、京承、丰沙、京原、京包、京通、大秦 10 条铁路干线,以及 1 条城际铁路(京津城际)和 2 条客运专线(京沪高速和京广高速),承担着我国东北、华北、中南、华东、西北地区间的物资交流和旅客中转运输任务。各干线间通过东南、东北、西北等环线相互连接,形成了大型的放射式环形铁路枢纽。

规划团队建议铁路和高铁进北京大兴国际机场的方案是"廊涿城际+京九+京广+京沪客专"。该方案在北京大兴国际机场综合交通枢纽内,铁路需要 4~8 股道。

铁路进到枢纽的意义还不仅仅在于空铁联运所带来的旅客换乘量的增加,更重要的是使整个京津冀区域的一日交通圈一下子扩大了,压缩了时空距离,为旅客提供了极大的方便。三条高铁进到北京大兴国际机场也一样,它不仅从数量上增加了换乘量,更重要的是把京津冀的一日交通圈彻底地改变了,甚至会将一日交通圈拓展到郑州和济南经济圈。

如果京广高铁或京沪高铁不进机场,仅仅靠城市轨道交通,在旅客的出行量中轨道交通要占到 50% 是非常困难的。三条高铁主要吸引的客流是周边城市,只有少量是北京市内。

这少量的北京市内的旅客是哪里的呢？其实就是丰台站附近的、南站附近的和西站附近的。原来预测机场旅客吞吐量的15%～25%是周边城市的，但如果京广高铁和京沪高铁进了北京大兴国际机场，那就不是这个量了，对旅客吞吐量预测的影响会很大。方案的选择还要考虑对空铁联运的认识和定位。规划团队一直不建议放弃京广、京沪线进机场的方案，其中一个原因就是，如果要做空铁联运，这两条客运专线不进去，空铁联运没有做大的可能性。只有京九高铁进到机场，效果不会很好，因为京九线的旅客吞吐量很少。

另外，考虑到三条高速铁路都进北京大兴国际机场综合交通枢纽在实施上的难度，规划团队也考虑了一个替代方案(见图9-14)。即京广高铁与京沪高铁在北京大兴国际机场以南各出一条支线与京九高铁线相接，然后三条高铁共用京九高铁的轨道通过机场后再与原京

图9-14 北京大兴国际机场与高铁的衔接方案

广、京沪高铁相接。这样可以让京广、京沪高铁线路上的高铁列车每小时至少开一列车经北京大兴国际机场综合交通枢纽后再分别进西站和南站。当然,这是建立在京九高铁的时刻有富余的前提下的。

对于北京大兴国际机场周围地区的轨道交通规划,规划团队建议规划一条从机场到廊坊的轨道交通。当然不一定是地铁,轻轨、独轨、有轨电车等也都可以,但一定要是轨道交通。因为像廊坊这种规模的城市,可能现在还没有能力去建轨道交通,但是人口规模那么大,今后一定是需要的。因此,对航空城的规划来说,无论如何是要考虑有这么一条轨道交通线进来的。

在航空城的西部还需要一条联系北京大兴国际机场航站区与黄村等航空城西、北部开发区的轨道交通。这条轨道交通可以将4号线延伸至北京大兴国际机场。运行上采用分段、分交路运行的方案。

在航站楼前北京大兴国际机场还规划了一块开发用地,且在这个区域里规划了地面有轨电车。如果要做好这一片地块的开发,有轨电车是非常有必要的,而且要考虑有轨电车能够进到机场综合交通枢纽里。地面有轨电车有一个好处就是它跟普通铁路一样,换轨很方便,线路运行很灵活,并且造价较低,国产化程度高。

综上所述,北京大兴国际机场的铁路和相关轨道交通规划如图9-15所示。

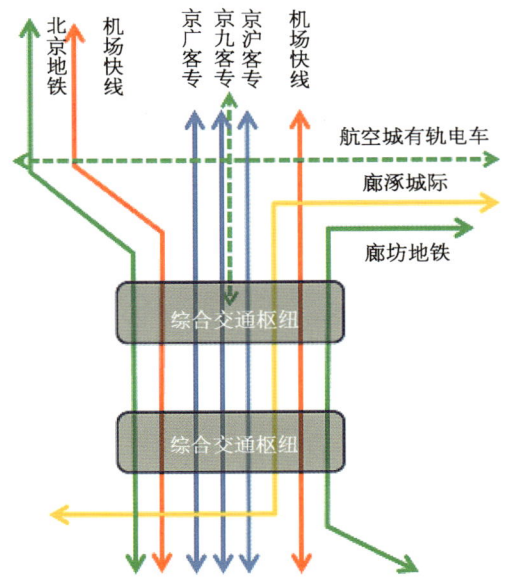

图9-15　北京大兴国际机场与各种轨道系统的衔接方案

根据上述轨道交通规划,进出北京大兴国际机场综合交通枢纽的轨道交通有四种可能的方案(见表9-1)。可以看出,从方案一到方案四轨道交通承担的比例是逐步减少的,由于轨道交通承担比例小了以后,地面公共交通承担的比例会略微有所上升。综合来看,当然是进的轨道交通线路数越多公共交通所占的比例就越大。对于北京大兴国际机场这么一个超大型机场,如果轨道交通承担比例不占到50%,机场的集疏运系统运行良好将会是非常困难的。所以,从这个角度来看只有方案一和方案二是可以接受的。

表9-1 四种可能的方案中公共交通承担比例分析

项目	方案一	方案二	方案三	方案四
方案特征	• 所有的轨道系统都进综合交通枢纽	• 高铁只有京九线进综合交通枢纽; • 其他轨道系统都进综合交通枢纽	• 机场快线(东线)没有建设; • 其他轨道系统都进综合交通枢纽	• 高铁只有京九线进综合交通枢纽; • 机场快线(东线)没有建设; • 其他轨道系统都进综合交通枢纽
轨道交通的比例(%)	45.5	39.3	37.3	31.1
地面公共交通的比例(%)	11.9	13.3	13.9	15.3
合计(%)	57.4	52.6	51.2	46.4

需要着重说明的是地面公共交通,虽然让公共交通量上去了,但它实际上增加了道路的负担,还会受地面交通拥堵等因素的影响。只有采用轨道交通是最大运量、最可靠的,轨道交通才能比较好地解决北京大兴国际机场的交通问题。同时,也只有铁路和各种轨道系统的准时性、可靠性才是旅客联运的最好保障。

同时,无论是利用铁路和轨道交通来提高北京大兴国际机场集疏运体系中的公共交通出行比例,还是利用铁路和轨道交通来做旅客联运,都必须从以下五个方面来推进铁路和轨道交通的运营变革。

(1)提高旅客候车、乘车的舒适度。
(2)减少旅客换乘次数和人数(即提高铁路和轨道交通的旅客覆盖率)。
(3)减少列车停站数(建设必要的机场快线)。
(4)增加列车运行的频次(即采用列车小编组,并公交化运行)。
(5)优化旅客流程(人车分离,减少换乘距离)。

最后,规划团队在北京大兴国际机场航站楼前的综合交通枢纽中规划布置了规模较大的"空铁联运中心",为北京大兴国际机场空铁联运的未来发展做好了包括值机办票、行李接受与输送、安全检查等在内的设备设施的充分准备(见图9-16)。

图9-16　北京大兴国际机场航站楼前的综合交通枢纽及相关开发设施

9.4　空路联运

航空与高速公路长途高速客车联运,在没有铁路的地方也是非常有必要的。但要特别注意路途不能太长,因为路途太长长途客车的可靠性就成了问题,所以宜将服务半径控制在150 km以内,还要考虑沿途的交通拥堵状况等影响其可靠性的因素。

空路联运的另一个问题是要不要在远程值机点接受旅客行李。香港机场、深圳机场在珠三角实施的空路联运都是不接受旅客行李的,我认为这样也能达到提高服务水平、拓展市场范围的目的,也是值得推广的。但上海机场的运营部门比较坚持在远程值机点提供接受旅客行李的服务,因此在长三角的远程值机点都是接受旅客行李的。他们认为在各种电子值机手段已被广泛应用的今天,不能接受旅客行李的远程值机点就没有太大意义了。目前,东航集团在虹桥机场的电子值机旅客已经占到70%以上。因此,上海机场运营部门的观点也是正确的,各地的情况不一样,必须因地因时因事来考虑。

在虹桥综合交通枢纽,空路联运基本上局限于传统的杭嘉湖、苏锡常经济区内,现在已经开通了昆山的上海机场航站楼(见图9-17)、无锡的上海机场航站楼(见图9-18),以及嘉兴的上海机场航站楼和南通的上海机场航站楼等。

图9-17 昆山的上海机场航站楼

图9-18 无锡的上海机场航站楼

同时,东航集团还在长三角区域开通了大量"空巴通"(见图9-11)。虽然东航集团提供的"空巴通"是不在远程值机点接受旅客行李的,但同样在不同层面上推动了以虹桥综合交通枢纽为中心的空路联运在长三角的健康发展,满足了不同细分市场的旅客需求,同样是值得称道的。

第 10 章

商业服务，提升功能

交通枢纽是否需要大规模的商业服务设施，配备多少商业服务设施，总是一个绕不开的课题。传统的城市规划理论认为交通枢纽就是让旅客快进快出，商业服务设施只会带来更多非交通客流和旅客在交通枢纽的停留，从而会增加交通枢纽的负荷，影响交通枢纽的运营能力。因此，商业服务设施在交通枢纽是不受欢迎的，规模应压缩至最小。然而，现代综合交通枢纽规划的理论则认为，商业服务功能是综合交通枢纽必备的功能，是交通枢纽不可或缺的一部分。它不仅提供了旅客在出行途中所需的服务，而且对综合交通枢纽的旅客高峰流量有一个削峰填谷的调节作用；同时还为交通设施的高效运行提供了一部分资金保障，为提高综合交通枢纽的服务水平奠定了基础。

可是，要做好商业服务设施的规划设计却是一件非常不容易的事情，要比功能要求明确且稳定的交通设施的规划设计困难得多。原因就是商业服务设施的使用需求永远是变化的，其实也就是因为旅客吞吐量和客流特征是不断变化的。

旅客吞吐量的大小直接影响商业服务设施的规模；客流特征，即性别、年龄、职业、收入、学历等，都会不同程度地直接影响到商业服务设施的业态构成和规划布局。因此，我说"服务好每一个旅客就是商业服务业的一切！"

综合交通枢纽的商业服务设施通常包括商业零售设施、办公设施、住宿设施、餐饮设施、娱乐设施、会展设施、旅行服务设施，以及广告设施等。

10.1 商业规模，客流决定

做商业服务设施规划首先想要知道的就是设施规模是多少。要弄清设施规模是多少，就必须搞清楚交通枢纽的旅客吞吐量和旅客特征。以虹桥综合交通枢纽为例，在2006年规划阶段，规划团队预测虹桥综合交通枢纽2020年日均进出旅客吞吐总量为110万人次。在规划团队做的商业服务设施规模预测中,预测进出虹桥综合交通枢纽的客流中,2020年约90万人次/d,一般高峰日约100万人次/d,极端高峰日约120万人次/d;2030年约127万人次/d,一般高峰日140万人次/d,极端高峰日约165万人次/d(见图10-1)。

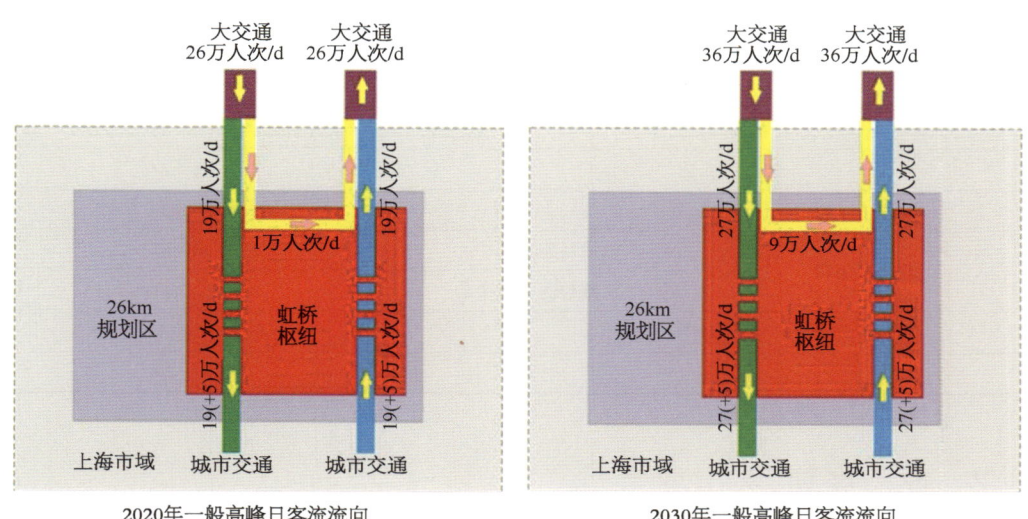

图10-1 虹桥综合交通枢纽商业客流预测

把虹桥综合交通枢纽作为规划的核心区,其周围26 km² 的地区为周边规划区,外围规划区则是上海市域。虹桥综合交通枢纽的客流分为进出枢纽的大交通(城市对外交通)进出客流、大交通换乘城市交通的客流、城市交通换乘大交通的客流,还有一小部分是城市交通换乘城市交通的客流。

通常利用三种方法来预测商业服务设施的规模。一是交通工程学的方法,也称"交通原单位法",是利用客流交通量来预测商业服务设施规模的方法,其本质就是用交通量算商业服务设施的面积。二是经济学的方法,也称"消费购买原单位法",是利用旅客购买商品和服务的能力来预测商业服务设施规模的方法,其本质就是用旅客消费能力计算商业服务设施的面积。三是调查实证的方法,也称"市场原单位法",是利用实际调查得来的相关数据预测商业服务设施规模的方法,其本质就是用现状数据推算未来商业服务设施的面积。

在虹桥综合交通枢纽,规划团队分别用上述三种方法,结合对与虹桥综合交通枢纽相类似的国内外交通枢纽的分析,对零售店、餐饮店、办公室、宾馆、运营管理用房等不同设施群做了预测,发现三种方法预测的结果其差别都很小。最后,再结合虹桥枢纽规划设计中实施的可行性的操作性要素的研究,得出了最后的结论(见表10-1)。

表 10-1 虹桥综合交通枢纽配套设施规模测算

设 施 名 称		推算值(m²)
配套商业服务设施	零售店	100 000
	餐饮店	31 000
租赁式办公室		41 000
酒店		82 000
小计 A		254 000
运营管理用房	机场与东交通中心	39 000
	铁路与西交通中心	13 000
小计 B		52 000
合计 A+B		306 000

10.2 业态规划,突出理念

自从有了人类聚落开始,商业服务业就与客流、物流的集散点"相依为命",在交通枢纽必然会出现各种各样的商业活动,因此综合交通枢纽设施的规划设计就必须满足交通与商业两个方面的发展需求。当然,现今的综合交通枢纽规划还不能停留在功能需求这个层面,还必须有所追求,力争达到旅客出行所希望达到的最理想状态,以创造一种新的"交通商业文化"为目标。

为了达到创造交通商业文化这个目标,综合交通枢纽的商业服务设施之业态规划有必要从三个方面去努力。

(1)要使交通商业设施成为"人们想象未来发展的地方,一个有梦或可以做梦的地方"。自古以来,人类就对旅行抱着期待与憧憬,旅行总是与人生、未来相联系。综合交通枢纽正是与旅行这一概念直接相连接的设施,在这里应该唤醒并强化人们对旅行的憧憬,而繁荣的商业服务设施就应该为达到这一目标而努力(见图10-2)。

(2)综合交通枢纽的商业服务设施应该有一个分期发展规划。考虑到交通枢纽旅客吞吐量与旅客特征的不断变化,商业服务设施的规模与业态也应该随之变化。在空间规划中留下发展变化的余地,谋求渐进的成长与发展是非常重要的。

图 10-2 交通枢纽内的商业活动

（3）综合交通枢纽的商业服务设施应该具备一定的规模和品质，在其所在的地区能够发挥旗舰店的影响力。最好还能够成为综合交通枢纽所在地区整体发展的象征和代表，能够发挥品牌的带动作用。

所谓旗舰店，就是要使店铺和公共设施完全融为一体，要具备较大的规模，要有主体空间，要有由鳞次栉比的店铺建筑空间构筑成的街道等，在枢纽商业服务设施群中起到引领作用，成为其标志性设施（见图 10-3）。

上述三点应该成为业态规划的基本原则。除了这三大基本原则之外，业态规划中还要特别注意两个基本理念。

（1）设施布局中的回游理念，指商业服务设施应该坚持"鳞次栉比的回游型设施规划"。让旅客体验手持地图，从找到自己想找的店铺中得到快乐，同时，在意外的地方有意外的发现，偶然的邂逅让旅客沉浸于便利购物、冲动购物的快乐之中。

业态规划要做到不管旅客在哪里都能感受设施整体的氛围，不要拘泥于主要通道、次要通道、广场、内部通道、小巷、分叉路等具体而破碎的意象。不要过度集中规划餐饮、零售和服务设施，尽量做到旅客所到之处都有餐饮设施，所到之处都可以购物。还要规划临时性的大

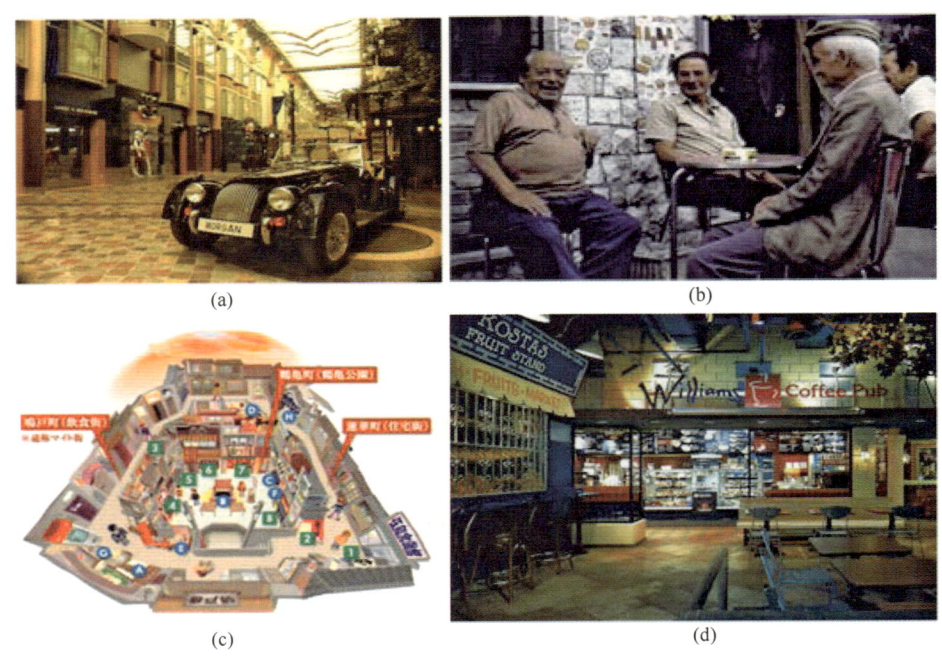

图 10-3　作为旗舰店来规划的交通枢纽商业设施

型活动空间，让旅客们觉得不管什么时候来都会有新的发现。

（2）各种商业服务设施的吸客能力是不一样的，可以根据其吸客能力的不同分为三个不同的设施群。首先是吸客力强大的超市型（fusion bazaar）设施群。该设施群以轨道交通、高速铁路、磁浮等短时间停留的换乘旅客为目标群体，追求便利性、即时性、价格优势。除此之外，枢纽中还应该导入另外两个商业设施群引导旅客对中层、高层消费的期待感，分别是吸客能力中等的展销型（fusion showcase）设施群和吸客能力较低的品牌街（fusion banquet）设施群。展销型设施群以目标较高、停留时间充裕的旅客为目标群体，追求高品位、信息发布、趋势性。该设施群可以规划布置在所有商业服务设施所在的区域。品牌街设施群以高收入阶层、停留时间很长或在宾馆住宿的旅客为对象，应该提供高档饮食、一流品牌商店、高端服务。而对其他旅客，也需要营造一个空间环境，吸引他们来尝试消费。

超市型和品牌街所对应的具体店铺，以及这些店铺的经营对象还都是比较好界定的。难的是展销型设施群，它们不仅介于超市型和品牌街之间，而且随时间的推移和旅客吞吐量的增加，其店铺种类和经营对象也会发生变化，是最需要认真研究、动态管理的（见表10-2）。

表 10-2 不同业态对应的设施一览

业态	超市型	展销型 A	展销型 B (2010 年、2020 年 设施利用时)	品牌街
零售	土产、地方的物产 旅行用品、传统小物品 商业小物品、皮革小物品 家庭杂货、简易书店 药店 时尚饰品 便利店 娱乐、自动售货机	土产、文具、书店 音乐 CD、电影 DVD 商业饰品 高级家电、电脑 化妆品、饰品 流行时尚 品牌内衣 品牌精选店	服饰用品小物品 一般家电 一般化妆品 一般内衣 一般精选店 一般时尚	高级礼品 品牌时尚 珠宝 装饰礼品 进口食材、进口点心 高尔夫店
餐饮	外卖咖啡 果冻店 中国茶、咖啡 食品角 啤酒角	咖啡休息室 三明治店 简便餐厅、茶店 咖啡专门店、甜品店	咖啡 轻食餐厅	高级餐厅 专门餐厅 自助餐厅 休息室 行政沙龙 商业沙龙
服务	足底按摩 ATM、邮政 投币储物箱	休闲 诊所(内外科、齿科) 美容诊所(皮肤科) 儿童乐园、旅行代理店	休闲	高级会所 美容室
租赁办公室 租赁会议室	—	租赁会议室 租赁办公室 商业中心 信息服务	租赁办公室(企业等) 租赁会议室(供办公室用)	大型、中型租赁办公室 会议中心 多目的大厅

10.3 设施布局,适应市场

根据上述业态规划的理念和思路,规划团队制定了虹桥综合交通枢纽的设施布局规划。首先,将商业服务设施在其专业化程度和集客度两个纬度上进行梳理和分类。由此可以看到,商业服务设施可以分为四类业态:① 集客度高、专业化低的超市型商业服务设施,这是与枢纽周边地区紧密相连的购物中心型业态;② 集客度高、专业化程度也高的娱乐、会展设施,这属于娱乐与文化复合型业态;③ 专业化程度高、集客度低的高档品牌店,属于包括观光因素的复合业态;④ 集客度低、专业化程度也低的交通服务型商业设施,属于特定商品购物中心型业态。此外,专业化程度较高的土特产店和专业化程度较低的百货店,其集客度不高不低(见图 10-4)。

对于一次基本建成的虹桥综合交通枢纽来说,每天的旅客吞吐量需要一个逐步增长,经

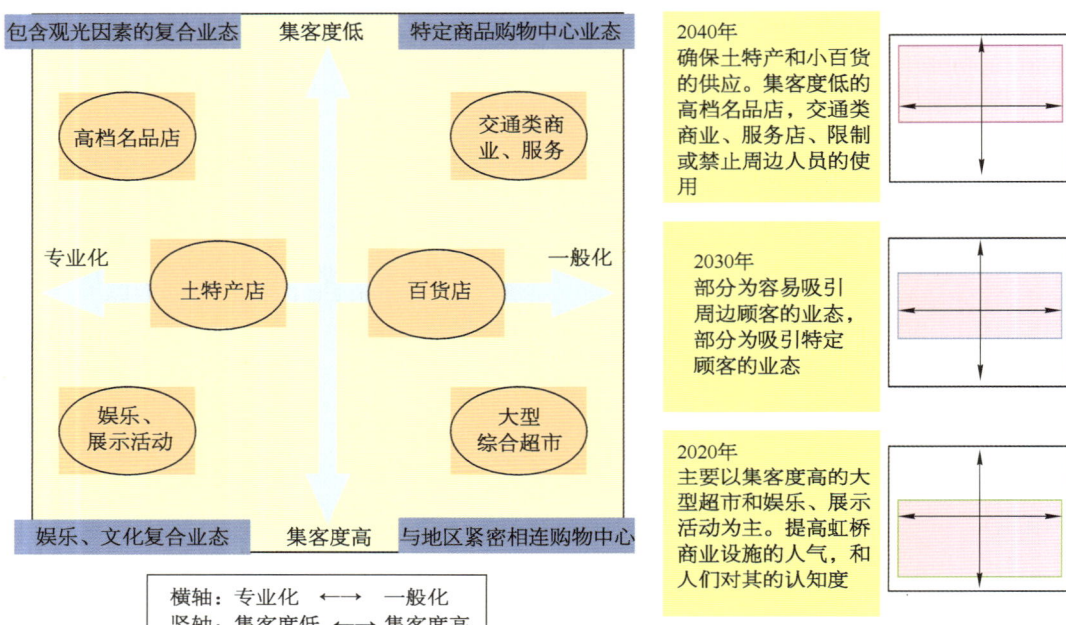

图 10-4 枢纽商业服务设施业态分析与分阶段规划理念

过 20~25 年时间最终达到设计容量的过程。因此在虹桥综合交通枢纽投运初期,交通设施的能力是富裕的,可以多布置集客能力强的设施;然后在 2020 年前后调整为一部分吸引周边顾客的业态,另一部分吸引特定顾客的业态;到 2030 年左右,设施的设计能力接近饱和,就应该确保土特产和小百货的供应,增加集客度低的高档名品店和交通类商业、服务店,要限制或禁止可供周边人员使用的商业服务设施的进驻。

按照这样的思路,分别对 2010 年、2020 年、2030 年虹桥综合交通枢纽内的商业服务设施进行了规划研究和规划布局。图 10-5~图 10-7 分别表示了虹桥综合交通枢纽东部的磁浮车站、东换乘中心和机场航站楼部分在 2010 年、2020 年、2030 年时的规划布局。通过这样的规划方案研究,彻底弄清了枢纽设施现在的设计要求和将来的需求。

规划团队对虹桥综合交通枢纽商业服务设施的规划还不止于这些理念和方法的深度。事实上,规划团队对虹桥综合交通枢纽的每一楼层的每一房间都有非常具体的规划意见。图 10-8~图 10-16 是虹桥综合交通枢纽东部的磁浮车站和东换乘中心(不含机场航站楼)在 2010 年枢纽设施投运时各楼层的商业服务设施规划图,在此作为案例供读者参考。

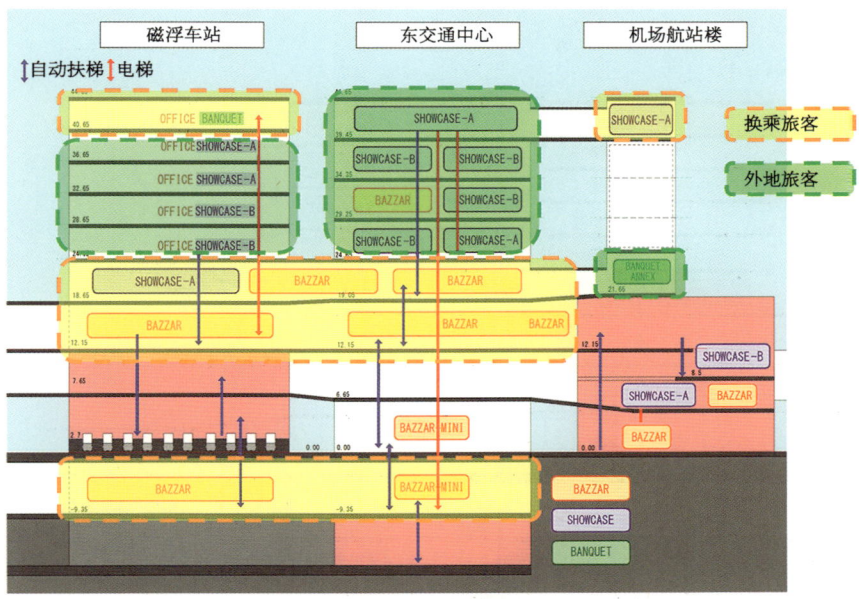

图 10-5 虹桥综合交通枢纽东部商业服务设施规划布局(2010年)

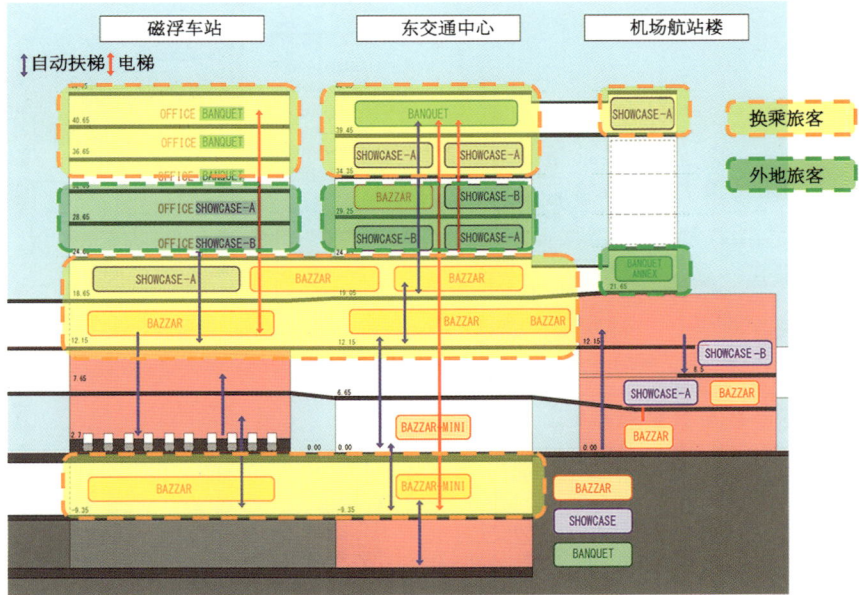

图 10-6 虹桥综合交通枢纽东部商业服务设施规划布局(2020年)

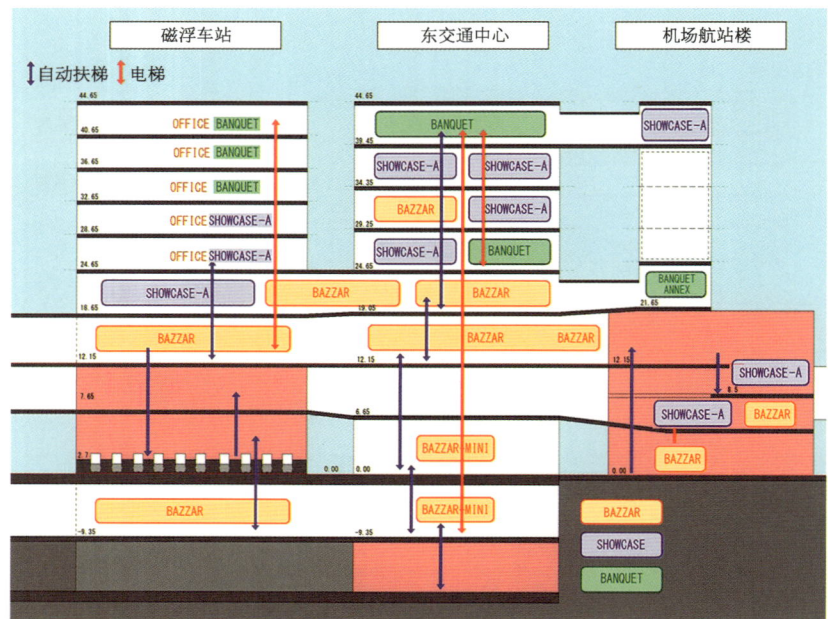

图 10-7　虹桥综合交通枢纽东部商业服务设施规划布局(2030 年)

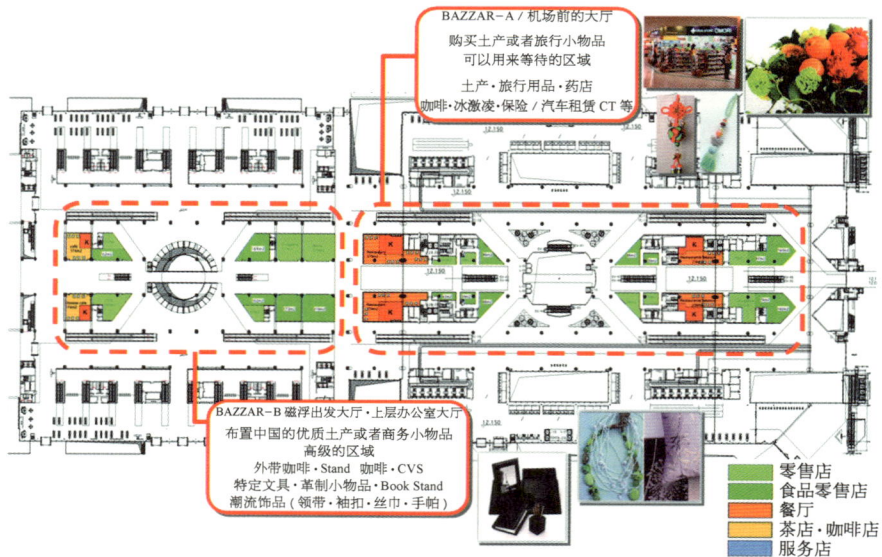

图 10-8　虹桥枢纽和商业服务设施规划布局(+12 m 层)

第 10 章 商业服务，提升功能

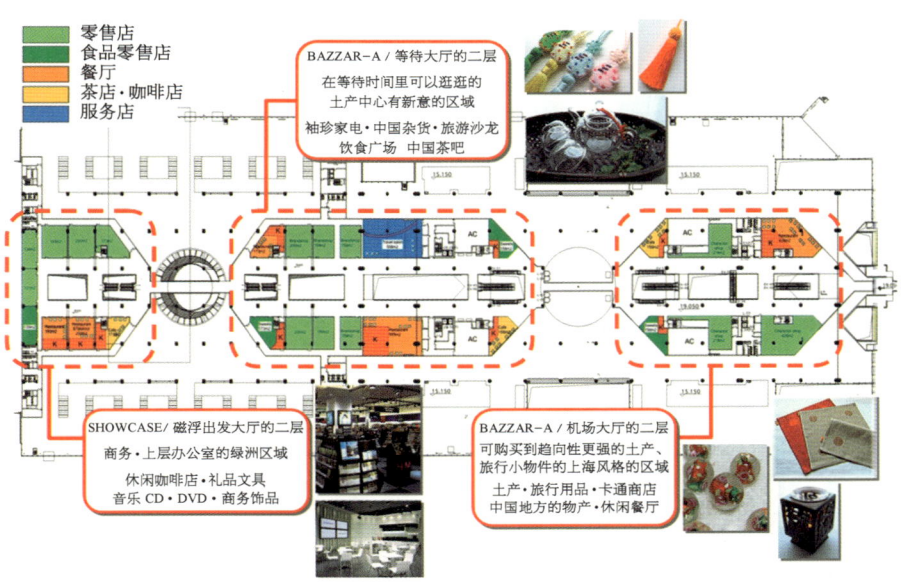

图 10-9　虹桥枢纽东部商业服务设施规划布局（+18 m 层）

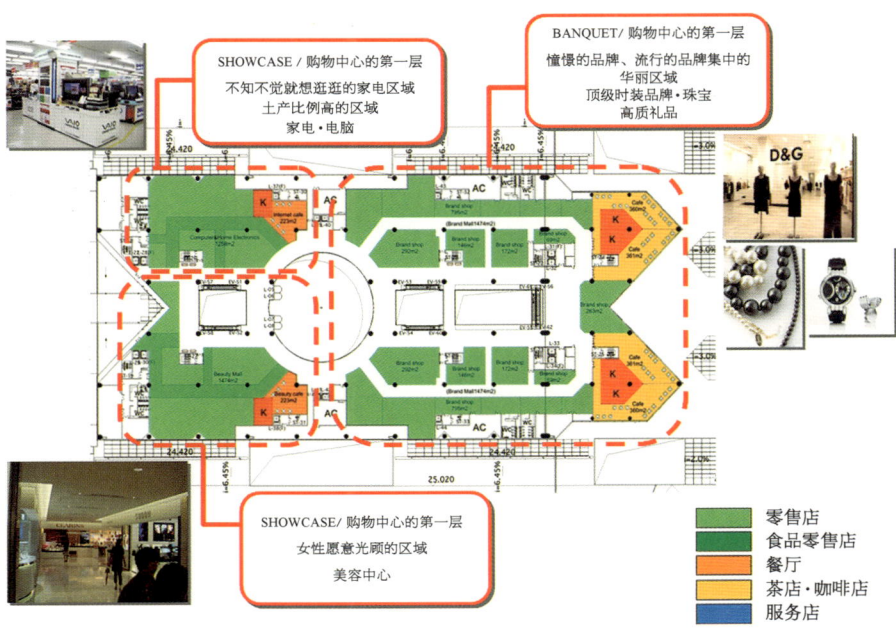

图 10-10　虹桥枢纽东换乘中心商业服务设施规划布局（+24 m 层）

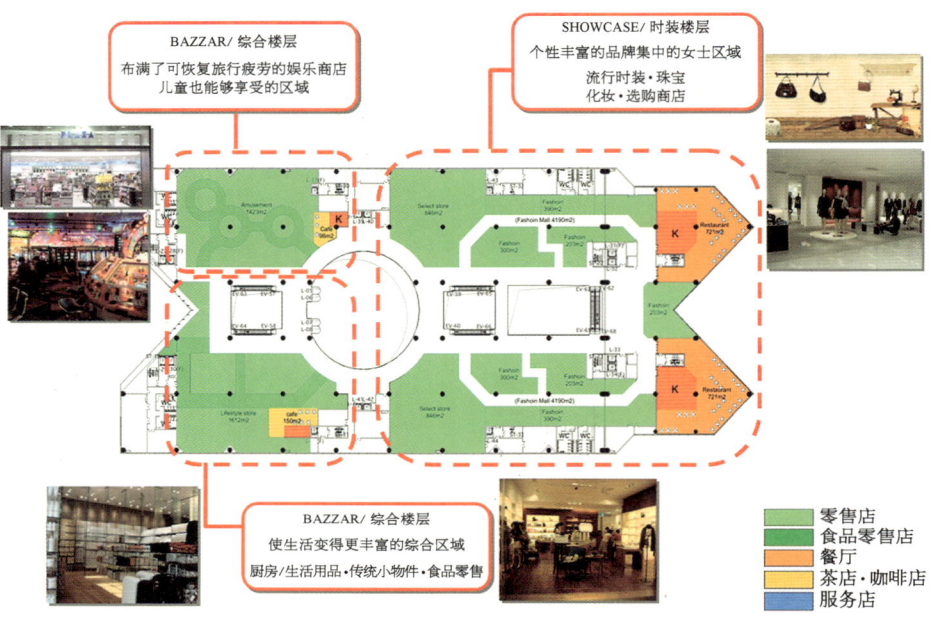

图 10-11　虹桥枢纽东换乘中心商业服务设施规划布局（+29 m 层）

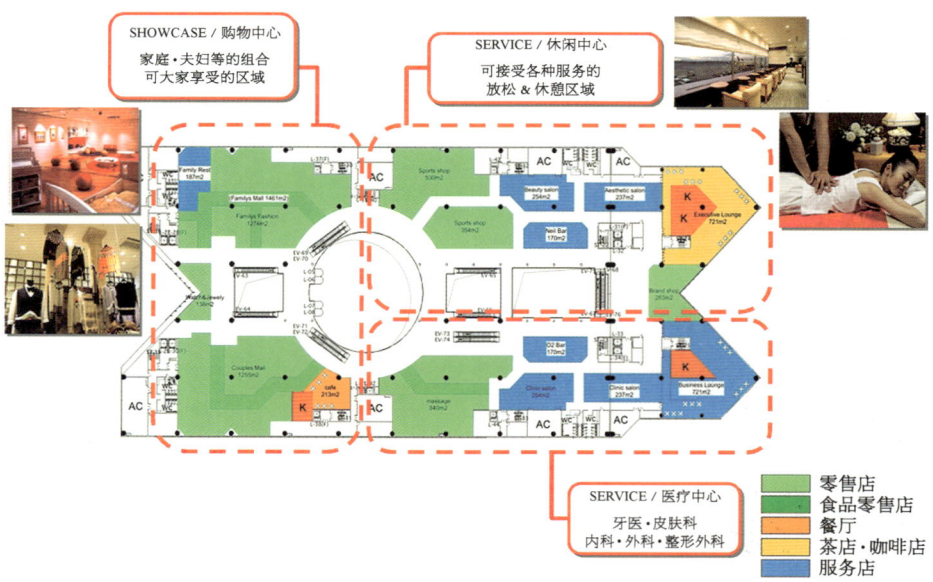

图 10-12　虹桥枢纽东换乘中心商业服务设施规划布局（+34 m 层）

第10章 商业服务，提升功能

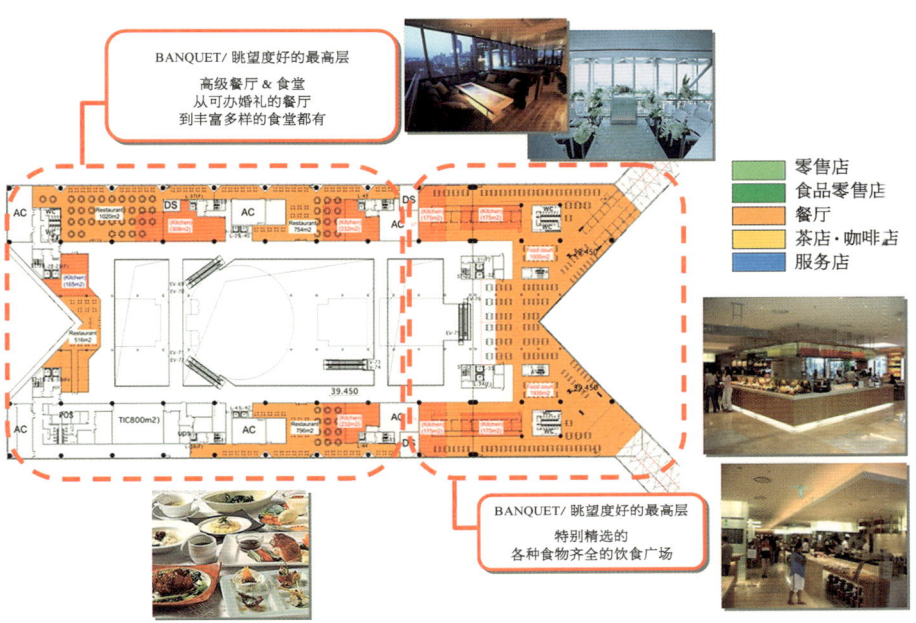

图 10-13　虹桥枢纽东换乘中心商业服务设施规划布局（+39 m 层）

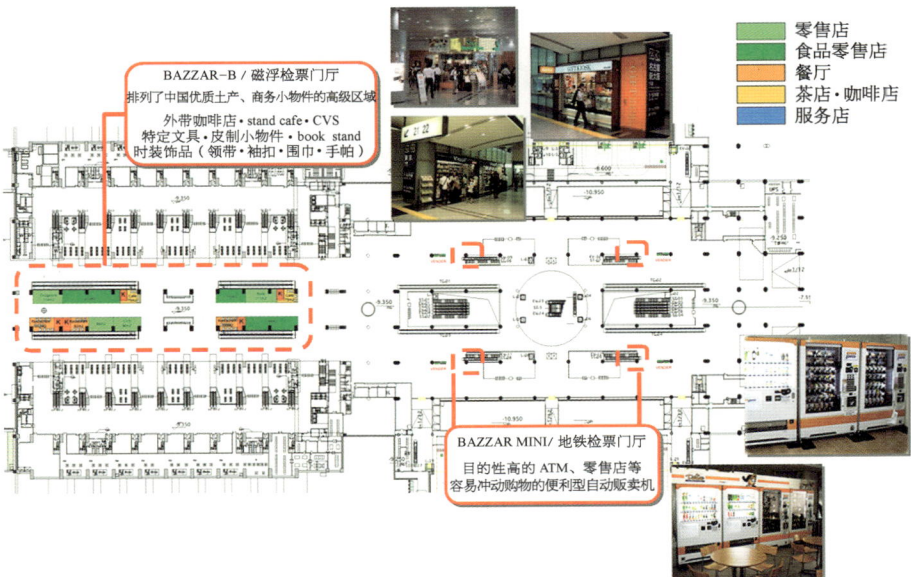

图 10-14　虹桥枢纽东部商业服务设施规划布局（-9 m 层）

159

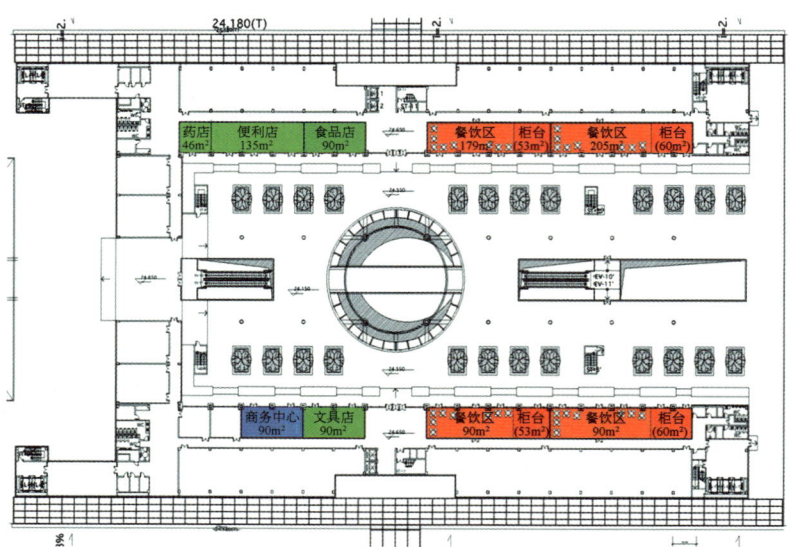

图 10-15　虹桥枢纽磁浮车站上部商业服务设施规划布局(+24 m 层)

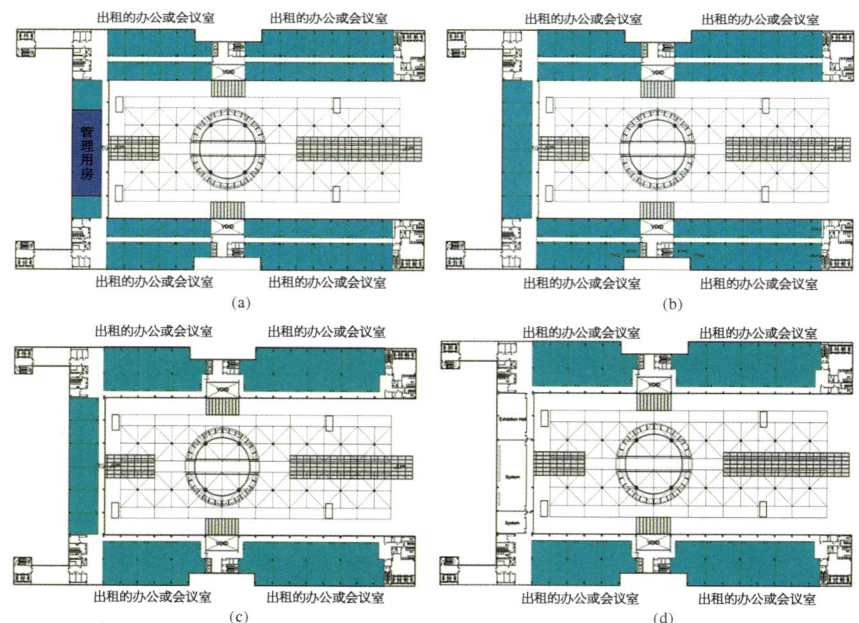

图 10-16　虹桥枢纽磁浮车站上部商业服务设施规划布局

(a) +28.65 m 层；(b) +32.65 m 层；(c) +36.65 m 层；(d) +40.65 m 层

对于相对独立的旅客住宿设施也应该做一个业态规划。如虹桥综合交通枢纽就有许多宾馆的规划,到底建设几个、采用什么样的标准(星级),需要规划团队认真研究。规划团队仅对两个先行建设的宾馆做了商业服务设施的业态规划,在此作为案例供读者参考(见图10-17、图10-18)。

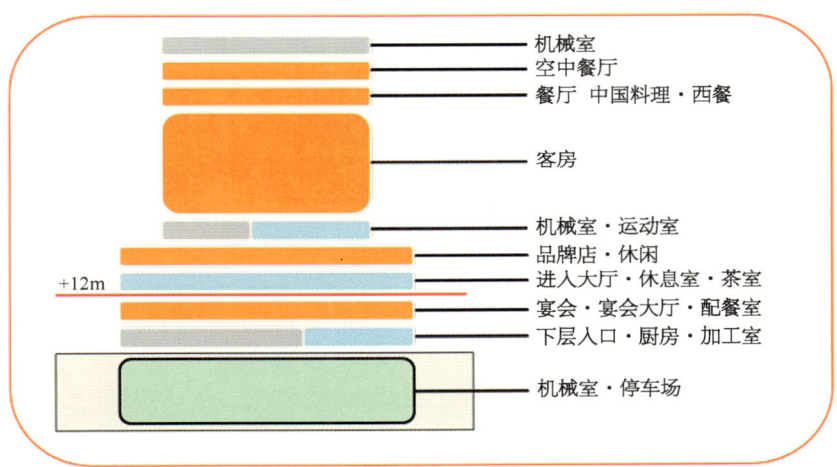

图10-17　虹桥枢纽四星级宾馆的业态规划

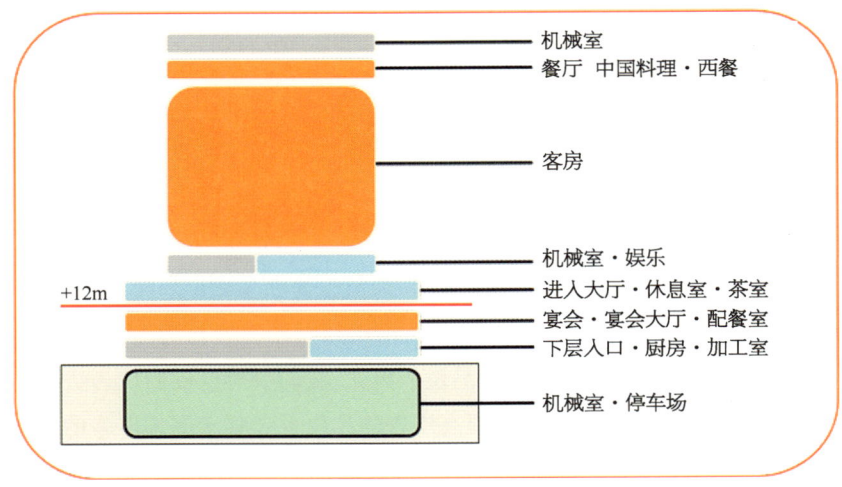

图10-18　虹桥枢纽假日型宾馆的业态规划

10.4 广告规划,受众第一

广告设施是综合交通枢纽的最优质资源,在综合交通枢纽广告设施的经营过程中完全没有经营风险,只盈不亏。因此,在规划设计阶段就应该认真研究,掌握广告设施的发展规律,尽可能做大做强这一块。总结以往的经验教训,综合交通枢纽广告规划的基本原则有四条。

(1) 广告的受众要尽可能多。广告的价值与看到它的人数成正比,这就要求将广告布置在旅客流程上,要让尽可能多的旅客能够看到。虹桥机场值机大厅中,值机柜台上方的 8 块巨大的广告牌就是受众最多的,几乎所有的旅客都必须在这里办票和通过。其实还不只是旅客,工作人员和送客的人也都能够看到这些广告牌(见图 10-19、图 10-20)。

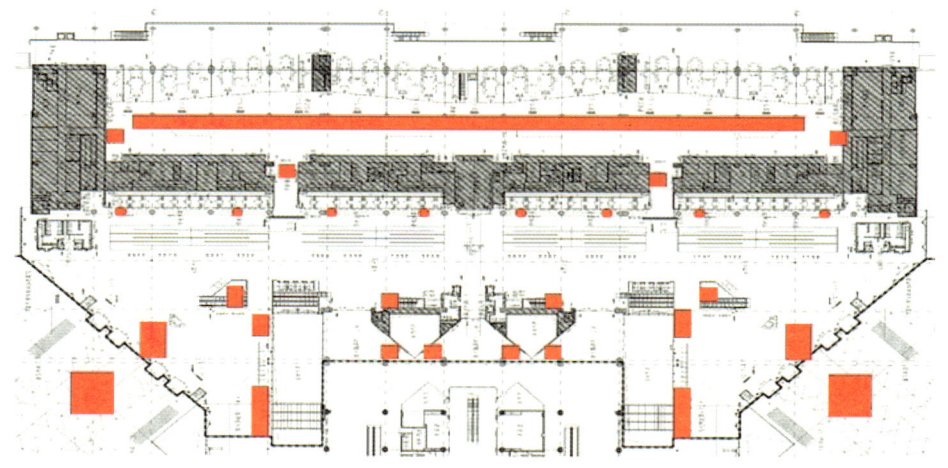

图 10-19 虹桥机场航站楼值机大厅与安检区的广告规划

(2) 单幅广告的面积要尽可能大。一般来说,平面广告的面积越大给人的印象越深,越容易引起人们的注意。这就要求规划时要为广告牌的设置准备充足的建筑空间和电源。

(3) 广告本身的品位要尽可能高。综合交通枢纽总是所在城市的门面,广泛分布其中的广告设施的品位其实也代表了这个城市的品位。因此,我们要对投放的广告进行一定程度的规范、规划,以期提高其品位。另一方面,提高广告的品位也有利于提高广告的收益。一般情况下,品位高的广告设施比较容易吸引品位高的产品广告,品位比较高的广告有比较好的收益。

图 10-20　虹桥机场航站楼值机大厅的广告

（4）广告的传播形式要尽可能丰富。现代科技为人们提供了许多新的传播方式,在综合交通枢纽广告设施规划中要特别注意多媒体广告、实物广告设施的规划。在虹桥综合交通枢纽,就规划了大量多媒体广告设施和实物广告设施,特别是在旅客休息和等待的区域,虹桥综合交通枢纽为广告商提供了显示器插口,为旅客提供了手机充电插座,旅客可以坐下来比较长时间地观赏电视节目或(植入的)广告商制作的多媒体广告(见图10-21)。

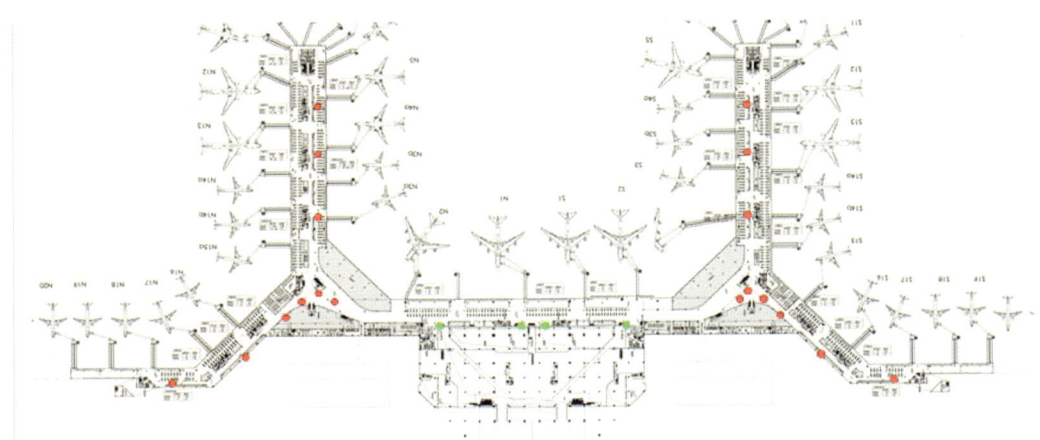

图 10-21　虹桥机场航站楼候机指廊的广告规划

第 11 章

防灾减害,保障安全

在综合交通枢纽内外每天都会聚集大量的人流、车流,虹桥综合交通枢纽规划的日均旅客吞吐量在110万人次以上,极端高峰小时旅客滞留人数会超过10万。这样一来,在规划设计时就必须把"防灾减害、保障安全"放在首位,规划方案是否成立首先要看它的安全保障是否可靠。

综合交通枢纽的安全保障首先要从枢纽及其所在地区的规划着手、从设施布局开始考虑;紧接着就要确立目标、对灾害进行分类;然后就是开展灾害识别和评估工作;接着是研究灾害对策、开展工程实施;最后是监测预警、制定应急救援的预案。通过这样五步作业,使综合交通枢纽规划可信可靠,能够做到"小灾不乱、中灾不停、大灾可修",从而使综合交通枢纽真正成为灾害发生时的"安全岛"。

11.1 设施布局,防灾优先

在综合交通枢纽规划的最初阶段,各种交通设施的布局中一定要把防灾减害放在头等重要的位置。总结一下,在设施布局中需要做好如下五个方面的工作。

(1) 综合交通枢纽所在周边地区内的旧有河道要做适当改造,以降低受灾概率。综合交通枢纽的规划建设往往都会涉及一个较大区域的水系变化,一方面要做好雨水排放防止水灾,另一方面还要考虑恐怖分子利用河道破坏地下设施。综合交通枢纽的地下设施往往还是比较大规模的。

虹桥综合交通枢纽在规划之初就针对水系做了反复研究和调整。在 26 km² 的枢纽地区,原来有一条河道(名为横沥港)由东南向西北穿过该地区,在地区内还有几条河汊(见图 11-1a)。最初的规划保留了这条河道,将所有交通设施规划布局在河道的东西两侧,为地区排水保留了最大的便利(见图 11-1b)。但是这样的方案对于交通设施之间的沟通和周边地块的开发都不是最佳,于是对规划做了调整,对河道的北部做了改道处理,使铁路建设避开了河道(见图 11-

1c)。但是最后又发现,如此大的河道上跨在虹桥综合交通枢纽几十万平方米的地下设施上,对枢纽运营期间的反恐防恐将会是一个巨大的挑战。经过反复论证和方案比较,最终还是决定河道改道(见图11-1d)。

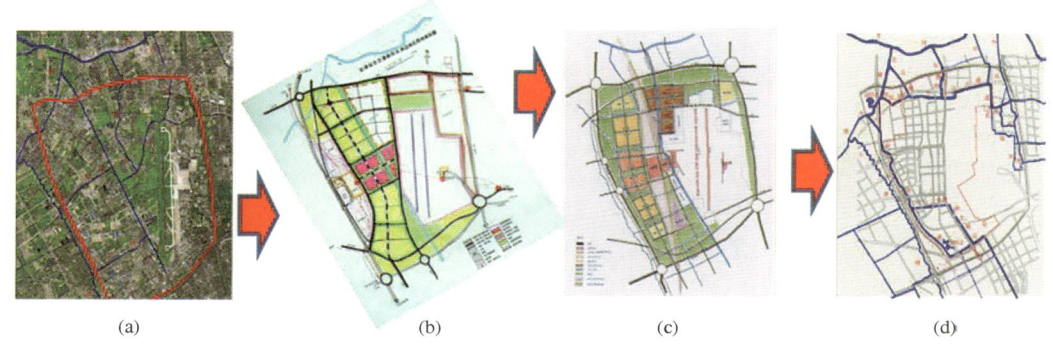

图11-1 虹桥综合交通枢纽的河道规划变迁

(2) 综合交通枢纽内的各功能模块应相对独立,以提高灾害免疫力。各种交通方式在运营管理上必须要有一定的独立性,从防灾减害的角度来看也一样,这种独立性有利于防止灾害的传播、有利于人员的疏散。在虹桥综合交通枢纽,规划时既保持了机场航站楼、铁路、磁浮、城市公共交通、车库各自的独立性,又将它们完全整合在一个建筑中(见图11-2)。

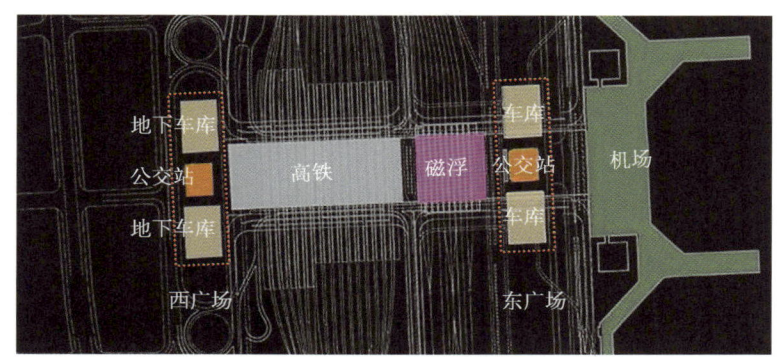

图11-2 虹桥综合交通枢纽的设施布局

(3) 综合交通枢纽应该规划建设多车道边、多出入口、多换乘通道,以利于安全便捷的旅客集散。多车道边、多出入口、多换乘通道的规划对于大型综合交通枢纽来说是至关重要的,它首先是旅客集散的需要,同时也是灾害发生时人员疏散的需要,以及消防急救人员快速进入的需要。在虹桥综合交通枢纽,几乎在所有交通方式的车站周边,以及各楼层都设置了车道边和出入口。在枢纽建筑内部还设置了三个换乘大通道,串联了所有交通方式的车站。

(4) 综合交通枢纽的地下空间应尽量采用敞开式规划设计,以利于应急疏散和防灾防恐。虹桥综合交通枢纽的地铁站厅层和全部地下车库都是开敞式的规划设计,就如同在地下挖了一个大坑,形成了一个巨大的下沉式广场,这些所谓的地下建筑,实际上就是盖在这个广场上的。因此,它的四周都是敞开的,有自然采光和自然通风的(见图11-3、图11-4)。

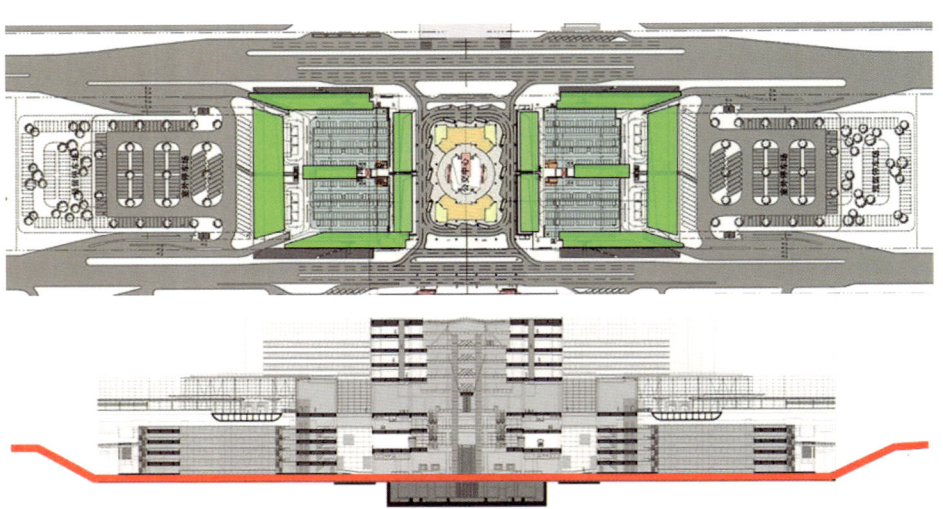

图11-3 虹桥综合交通枢纽的敞开式地下设施剖面

图11-4 虹桥综合交通枢纽的敞开式地下设施

当然,这种敞开式的地下空间规划也会带来问题,那就是这些地下空间都不能作为人防设施。这就需要得到相关部门的理解和认可。

(5) 综合交通枢纽规划应充分考虑人员疏散及避难的安全场地和空间,以利于提高灾害发生时的生命保障能力。设计师一般不会考虑避难空间的问题,而作为综合交通枢纽的规划工作者必须认真做好灾害发生时人员的疏散通道和避难空间保障工作。在虹桥综合交通枢纽,规划时就准备了六块这样的避难空间,共计约 15 万 m^2,按极端高峰小时 10 万人在枢纽建筑内考虑,约合人均 1.5 m^2,参照国外相关标准属于中等水平(见图 11-5)。

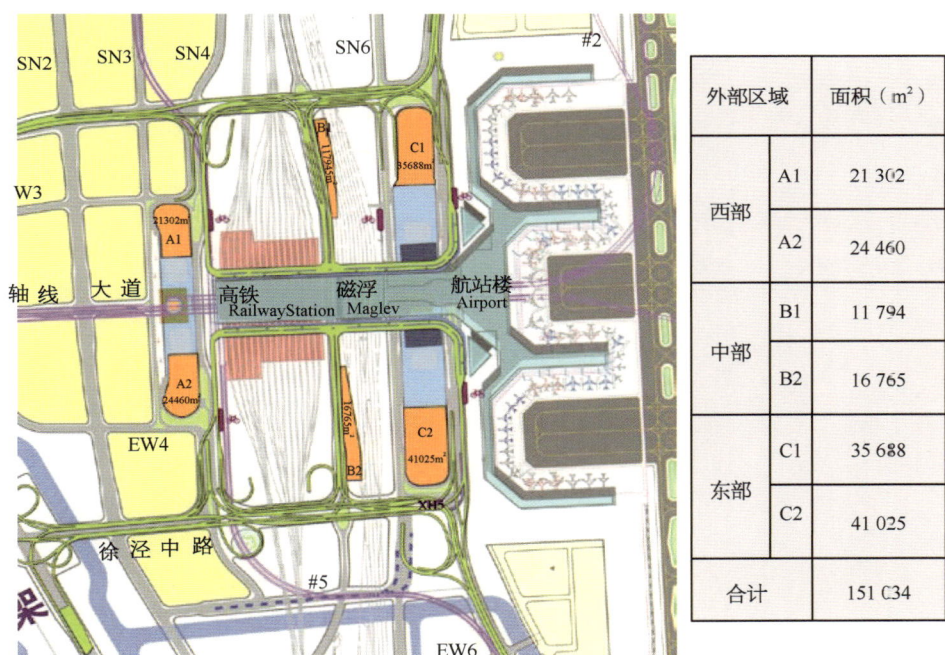

外部区域		面积(m^2)
西部	A1	21 302
	A2	24 460
中部	B1	11 794
	B2	16 765
东部	C1	35 688
	C2	41 025
合计		151 034

图 11-5 虹桥综合交通枢纽防灾疏散用地

11.2 区分灾害,确立目标

分析综合交通枢纽所在地区的灾害类型及各种交通方式易发生的灾害类型,可以得出综合交通枢纽可能遭受的主要自然灾害为水灾、风灾、火灾、地震。另外,由于综合交通枢纽在区域和城市中的重要地位及其人流集中的特点,容易成为恐怖袭击的目标,所以综合交通枢纽的恐怖袭击灾害也必须是规划设计工作所关注的重点。一般来说,防灾规划和灾害管理应该从以下六个方面、分三步展开。

(1) 灾害识别,通常采用绘制灾害树的方法找出所有灾害因子。

(2) 对识别出的灾害因子进行分级和评估。对灾害的分级与定义没有统一公认的标准,推荐采用表11-1的分级与定义。综合交通枢纽的灾害发生概率呈现出小灾密度高、大灾密度低的分布规律(见图11-6)。

表 11-1 灾害分级与定义

分	级	定 义
5级	巨灾	死亡10 000人以上,经济损失超过1亿元
4级	大灾	死亡1 000人以上10 000人以下,经济损失超过1 000万~1亿元
3级	中灾	死亡100人以上1 000人以下,经济损失超过100万~1 000万元
2级	小灾	死亡10人以上100人以下,经济损失超过10万~100万元
1级	微灾	死亡10人以下,经济损失小于10万元

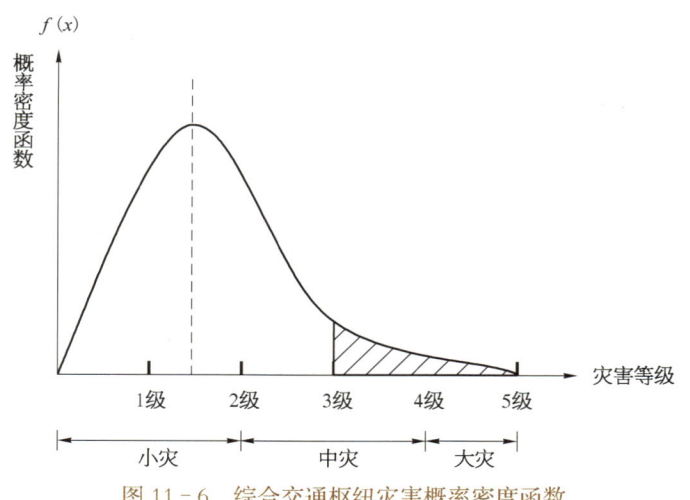

图 11-6 综合交通枢纽灾害概率密度函数

(3) 灾害对策,也就是动员各方力量,针对灾害特征,为采取一系列软硬件措施制定防灾减害的规划、设计和预案,以实现各交通枢纽自身防灾减害的目标。在虹桥综合交通枢纽,为枢纽制定了"小灾不乱、中灾不停、大灾可修"的防灾目标。所谓"小灾不乱"即在虹桥综合交通枢纽遭受低于本地区设防灾害影响时,枢纽的核心设施及其配套设施一般不受损害或不需维修仍能继续使用,整个枢纽正常运营,无混乱或动乱现象。所谓"中灾不停"即在虹桥综合交通枢纽遭受相当于本地区设防灾害破坏影响时,非核心设施或核心设施的一部分发生损坏,但不影响其他部分的运营,仍能保障整个交通枢纽的基本运营。损害部分需经过一般性维修或修理方可恢复使用。所谓"大灾可修"即在虹桥综合交通枢纽遭受高于本地区设防灾害破坏影响时,核心设施不至于发生倒塌或危及生命安全的严重破坏,能确保内部人员的撤离或逃生。交通枢纽的核心设施可以很快修复,恢复运营。

(4) 开展防灾减害相关工程的实施工作。将事先制定的防灾减害的规划、设计和预案付诸实施,特别是相关防灾工程的实施。

(5) 采取枢纽灾害的监测预警。特别要注意上述五大灾害(水灾、风灾、火灾、震灾、恐怖袭击)发生时的自动报警,加强防灾信息系统的建设,并促进防灾信息系统与运营信息系统的一体化。

(6) 灾害发生时的应急救援。要规划建设合格的人流疏散体系、完整的救援体系和体系化的各种预案。

11.3 灾害识别,灾害评估

灾害管理工作的第一步就是灾害识别、灾害评估。对所规划设计的综合交通枢纽进行详细的灾害识别和灾害评估是防灾减害的最基础工作,通常是从"灾害种类"和"设施系统"两个经纬度开展识别和评估工作的。

在虹桥综合交通枢纽,规划时就是针对火灾、风灾、水灾、震灾和恐怖袭击五种不同的灾害,在不同的系统和设施中找出灾害因子的(见表 11-2)。

表 11-2 虹桥综合交通枢纽灾害识别体系

灾害种类	系统	部位	原因	后果	与其他灾种关系
火灾	航站楼 交通中心 磁浮车站 高铁车站 地铁	旅客活动区域 公寓式办公建筑 商业区 设备区 停车场 办公区 设备层	人为纵火 设备或系统故障起火 违章操作或违规使用火种 爆炸(如煤气、天然气泄漏)起火 水灾、风灾、震灾或恐怖袭击引起火灾	结构损坏 人员伤亡 财产损失 车辆、设备损坏 系统瘫痪	引发水灾

(续表)

灾害种类	系统	部位	原因	后果	与其他灾种关系
风灾	航站楼 交通中心 磁浮车站 高铁车站	主体结构 玻璃幕墙等围护结构 屋盖系统 采光窗 车道边雨篷	龙卷风 台风 大风	结构破坏 人员伤亡 旅客财产损失 车辆或旅客财产损失 设备或系统破坏	引发水灾、火灾
	航站楼	登机桥			
	其他	广告牌 指示牌			
水灾	地铁车站	−16.5 m 层地铁车站 −9.5 m 换乘与站厅层	大雨或暴雨 风灾 给排水管线断裂 围场河等河水倒灌 蓄水池、变形缝等结构破坏 共同沟等地下管线淹没	地铁系统破坏 人员伤亡 财产损失 地下设备损坏 电力或其他控制系统瘫痪 车辆被淹	引发火灾
	交通中心	
	地下设备间	
	地下停车场	
震灾	航站楼 交通中心 磁浮车站 高铁车站 地下空间 总体	转换层与钢结构 屋面与采光体系 玻璃幕墙等围护结构 登机桥 高空连廊 雨篷 设备区 高架桥梁 共同沟 蓄水池	抗震不利地段 结构抗震措施 地震	结构倒塌 人员伤亡 设备损坏 财产损失 系统瘫痪	引发火灾、水灾
恐怖袭击	停车场 空侧高架 公共活动区域 航站楼 磁浮车站 高铁车站 地铁车站		汽车撞击或爆炸 炸弹、炸药等爆炸 释放毒气 车辆、设备爆炸或破坏	人员伤亡 车辆、设备损坏 结构破坏 财产损失 系统瘫痪	引发火灾、水灾

11.4 灾害对策,工程实施

灾害管理工作的第二步就是灾害对策与工程实施。这是综合交通枢纽防灾减害中最务实、最细致的工作,需要根据不同的灾害具体展开工作。

1. 火灾的设防

火灾的设防要求和目标是确保发生火灾建筑内人员能够安全疏散,确保消防救援通道畅通,限制火灾在建筑物内蔓延,确保结构在火灾中的完整性;同时防止火灾在建筑物之间蔓延,保障虹桥综合交通枢纽营运的连续性并保护财产。

通常,规划时需要做火灾场景的模拟和分析、防火分区的策划、烟气控制策划、人员疏散策划,以及对结构特别是钢结构的防火保护策划等工作。

2. 恐怖袭击的设防

恐怖袭击的设防袭击类型包括汽车炸弹、背包炸弹、自杀式炸弹、邮包炸弹、车辆撞击、暴力进入、纵火、生化辐射、对控制设施的破坏、黑客、计算机病毒、劫机。

对这些恐怖袭击的设防要求和目标是有效预防恐怖事件发生,形成多层监测网络,及早发现和阻止事件发生。最大限度减少恐怖袭击造成的生命财产损失,加强关键薄弱部位,提高枢纽抗袭能力。

在综合交通枢纽可采用的防范恐怖袭击的措施是:采用爆炸物探测器、采用 X 射线扫描仪检查包裹、使用金属探测仪、提供门禁系统通道控制、闭路电视(带有记录存储能力和夜间有充足的灯光支持)、带有可疑现象识别分析软件的高清闭路电视(可提前发现可疑目标)、高风险期设置临时检查点(对车辆检查,如车底扫描仪,用 X 射线或 γ 射线对整车扫描)等。

例如,虹桥综合交通枢纽就在所有的出入口设置了防撞杆(见图 11-7)、防爆柱、玻璃防爆贴,以及高清监控系统、门禁系统、安检系统等一系列的反恐防恐设施和系统(见图 11-8、图 11-9)。

3. 水灾的设防

水灾风险主要分布在道路低洼处、地道和地下空间。在当今全球气象环境变化、极

图 11-7 防撞杆的撞击实验

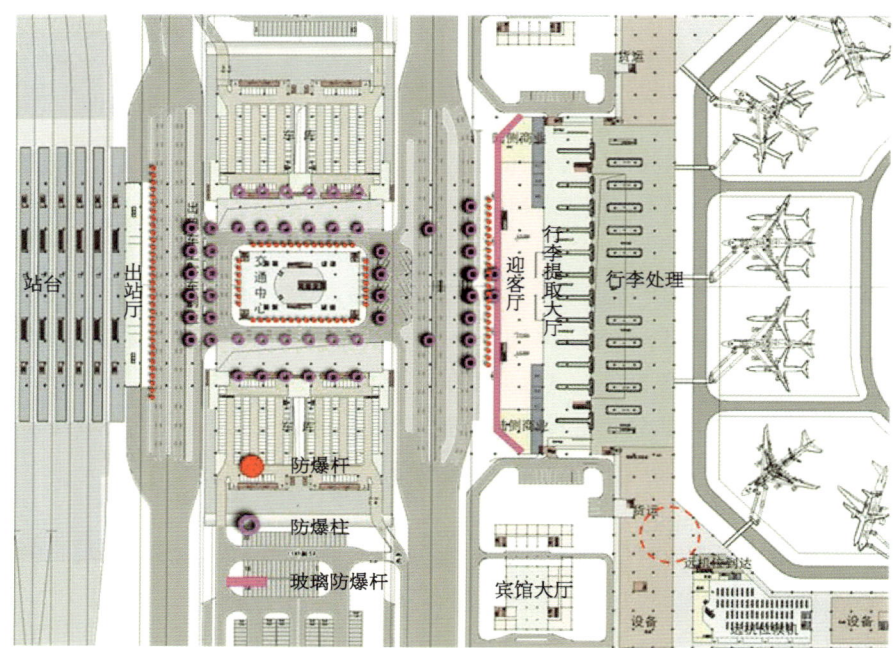

图 11-8　虹桥枢纽东部的防撞杆、防爆柱、玻璃防爆贴(0 m层)

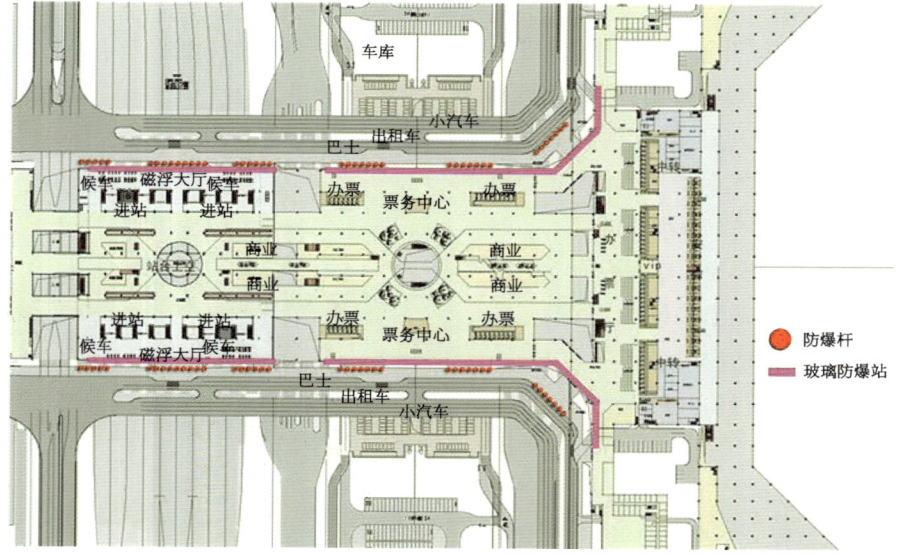

图 11-9　虹桥枢纽东部的防撞杆、防爆柱、玻璃防爆贴(+12 m层)

端天气增多的情况下,水灾的防范已经引起广泛关注。综合交通枢纽往往大规模开发地下空间,其周边地区交通线路集中、立交多,道路下穿非常普遍,这就成为水灾防范的重点和难点。表 11-3 收集了一些综合交通枢纽水灾防范的措施,供读者参考。

表 11-3　综合交通枢纽水灾防范措施

措　施	工 程 性 措 施	非工程性措施
灾前预防	加强河道疏浚,确保防洪水位 提高重点区域排水标准 敞开式地下区域周边防护 进出地下通道处防水措施 降低区域径流系数	编制暴雨应急预案 优化泵站运行管理 保证系统内严格雨污分流 加强排水设施的维护 加强地块开发管理
灾中控制	—	严格执行风险处理机制 排水系统设施的运行

另外,按相关标准和规范,根据不同区域的特征和设施的重要性在规划时设定了不同的排水标准,即不同的设计重现期和单位面积三小时降雨量。

4. 风灾的设防

风灾的设防要求和目标是基本风压重现期按 100 年计算。通常综合交通枢纽的建筑造型基本形成后,会委托专业单位做风洞试验及建筑结构的设计参数研究,会根据试验和研究的结论采取一些抗风设计和减灾技术措施。对于脆弱部位,在虹桥综合交通枢纽还采用了 24 小时在线监测。规划时对虹桥综合交通枢纽风荷载下枢纽建筑的结构响应与控制目标也做了相应的研究(见表 11-4)。

表 11-4　风负荷下枢纽建筑的结构响应与控制目标

工 程 风 级	结构响应及控制目标
中风(8~9 级)	结构构件及其附属围护构件均无破坏,结构构件应力未达到弹性极限应力,变形未达到弹性极限值
强风(10~11 级)	附属围护构件偶有破坏,结构受力基本处于弹性阶段,偶有结构构件进入塑性,变形偶尔大于弹性极限值,大风过后可能留有极少量残余变形,经修复后结构尚可继续正常使用
超强风(12 级及以上)	附属围护构件有少量破坏,结构小部分构件屈曲、变形接近或者达到极限值,大风过后留有残余变形,若设置临时加固措施,能使结构基本处于弹性工作状态

5. 震灾的设防

震灾的设防要求和目标都是很高的。各地的设防标准可能会不一样，但综合交通枢纽的设防标准在当地总会是最高的。以虹桥综合交通枢纽为例，枢纽的核心建筑全部按重点设防类别的建筑设计，地震参数取规范和场地安评结果之大值。整个虹桥综合交通枢纽被分为多个结构体，各单体结构的性能目标见表 11-5。

表 11-5　虹桥枢纽东部结构位移控制与关键构件性能目标

控制指标	2 号航站楼	东交通广场 B 区	磁浮虹桥站
位移控制值	多遇地震作用及 100 年一遇风荷载作用下，楼层层间最大位移与层高之比，钢筋混凝土框架结构应小于 1/550，钢框架结构应小于 1/300；罕遇地震作用下，楼层层间最大弹塑性位移与层高之比均应小于 1/50	同左	同左
关键构件性能目标	中震作用下所有转换桁架构件、支承连体结构构件按弹性设计。框架柱中震不屈服	所有柱间钢支撑构件按中震不屈服设计，支柱中震弹性。框架柱中震不屈服	中震下柱间支撑进入塑性耗能。框架柱中震不屈服

在虹桥综合交通枢纽，为了提高建筑结构的抗震性能，还采用了液体黏滞阻尼器（见图 11-10）、BRB 防屈曲支撑（见图 11-11、图 11-12）等先进的抗震技术。

图 11-10　虹桥综合交通枢纽使用的液体黏滞阻尼器

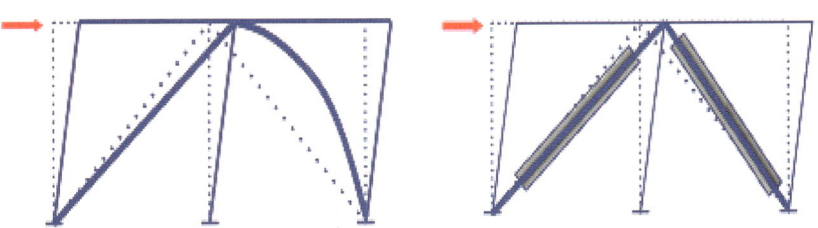

图 11-11　传统支撑和 BRB 支撑在侧向力作用下的变形

图 11-12　虹桥综合交通枢纽使用的 BRB 支撑

11.5　监测预警,应急救援

　　灾害管理工作的第三步就是监测预警、应急救援。在前述灾害对策研究与工程实施的基础上,综合交通枢纽就有必要建立自己的防灾监测与预警信息平台。在虹桥综合交通枢纽,就规划建设了一个防灾信息平台,将针对五种灾害建设的监测系统、设备,以及天气预报、地震预报等外部信息接进了该平台,成为虹桥综合交通枢纽应急指挥工作的一个很重要的工具和平台(见图 11-13)。

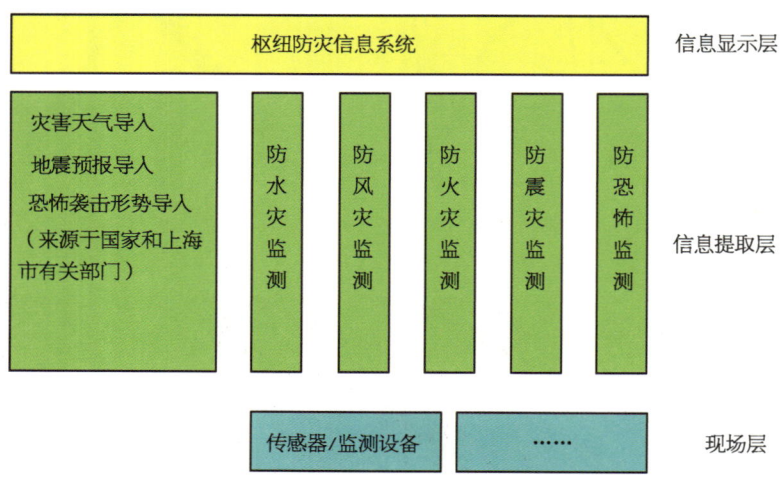

图 11-13　虹桥综合交通枢纽防灾信息平台

该平台和相关监控席位被接入了虹桥综合交通枢纽的运营管理中心，日常业务由运营管理中心统一管理。

分布在虹桥综合交通枢纽各处的各种传感器将收集到的各种信息转换成数据传输给各级数据处理中心，然后进行分析、判别、综合处理，最终提供给应急救援中心。图 11-14 和图 11-15 是风灾预警和水灾预警的两个案例。

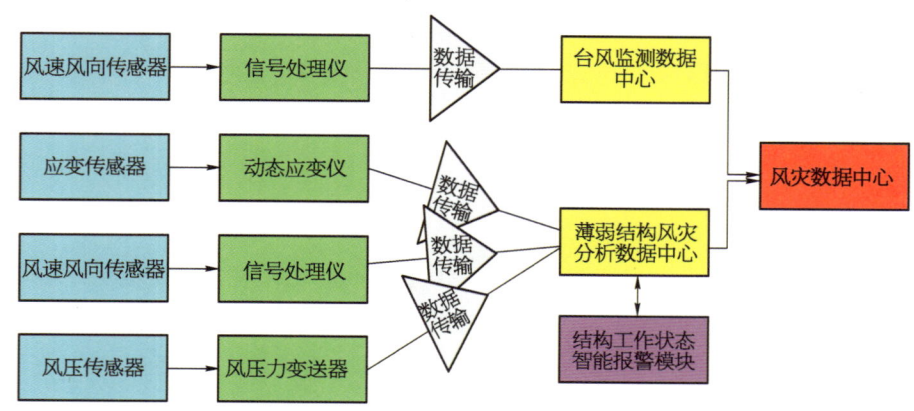

图 11-14　虹桥综合交通枢纽风灾监控与连接

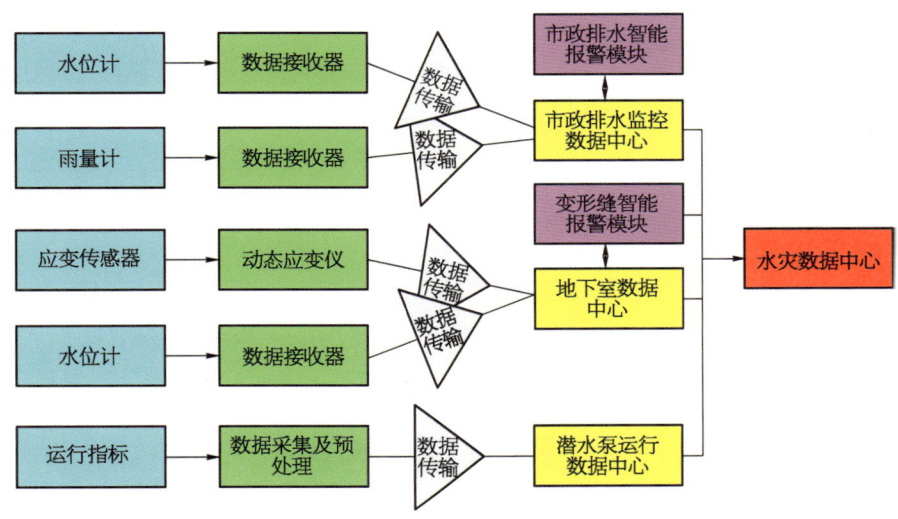

图 11-15　虹桥综合交通枢纽水灾监控与连接

在虹桥综合交通枢纽，除了上述软硬件设施系统的规划建设之外，还建立了一系列的防灾应急预案和应急管理制度。应急预案包括"防灾应急总预案"和"火灾处置预案""风灾处置预案""水灾处置预案""震灾处置预案""恐怖袭击处置预案"五个专项预案。总预案至少应包括如下内容：

（1）总则，包括编制目的、编制依据、分类分级、适用范围、工作原则、预案体系等。

（2）组织体系及职责，包括领导机构、办事机构、工作机构、专家机构等。

（3）预案工作机制，包括预测与预警方法、应急处置措施、恢复与重建方案、信息发布体系等。

（4）应急保障，包括队伍保障、经费保障、物资保障、基本生活保障、医疗卫生保障、交通运输保障、治安维护、人员防护、通信保障、科技支撑等。

（5）监督管理，包括宣传教育和培训、日常演练、责任与奖惩、预案管理等。

（6）附录，包括附则、附图及有效期说明等。

应急管理制度包括"应急管理流程"（见图 11-16）"应急管理体系"和"应急管理机构"。应急管理体系包括：应急救援组织机构、应急救援预案（计划）、应急培训和演习、应急救援行动、灾害现场调度指挥、灾损评估与善后处理、灾后恢复与重建工作。应急管理机构包括：应急指挥中心（负责统筹安排，协调应急管理组织各机构运作）、现场指挥机构（负责灾害现场的决策分析、调度指挥，安排人员和分配资源）、支持保障机构（主要提供应急物质资源和人员、技术实施方案及后方保障等)、媒体管理机构(负责发布灾害相关信息,安排与灾害有关的媒体报道、采访和新闻发布会等)、信息管理机构(负责灾害监测信息的采集汇总,管理应急现场各方面的信息,并提供各种信息资源为应急工作服务)。

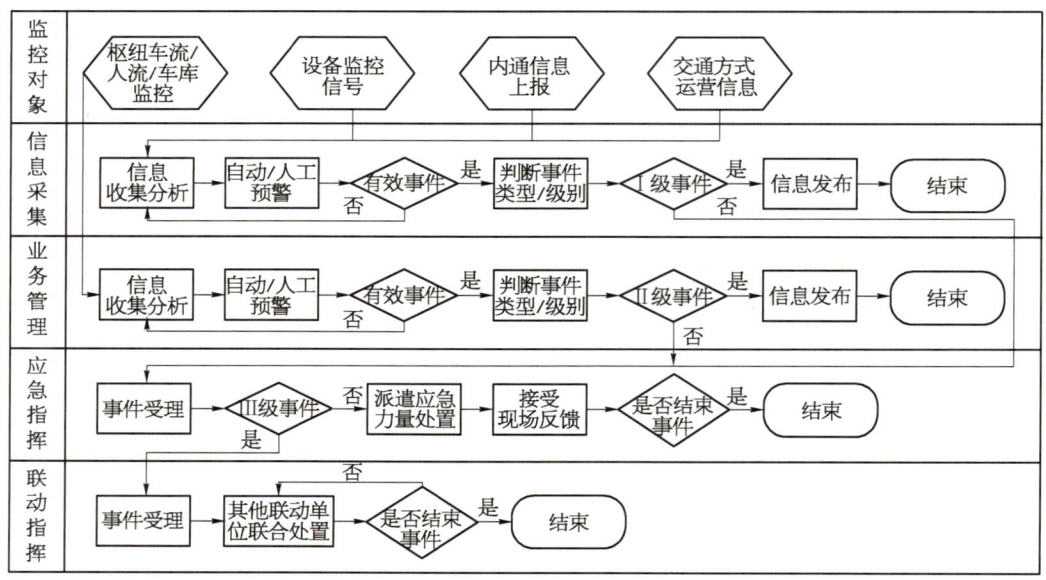

图 11-16　虹桥综合交通枢纽防灾监控与应急流程

综合交通枢纽规划（第二版）

第12章

节能减排，持续发展

综合交通枢纽一般具有以下特征,一是占地面积大,需要规划建设者时刻把节约用地放在重要的位置;二是建筑结构跨度大、空间高,要求规划建设者不要忘记经济实用的方针政策;三是外墙、屋顶面积大,需要规划建设者研究它们的有效利用;四是空调、照明能耗大,要特别注意运营期间的节能减排;五是室内环境质量控制难度大,需要综合考虑旅客流程、标志标识、商业服务、室内家具等各种服务设施的规划设计。

根据上述这些特征,为了保障综合交通枢纽的可持续发展,应该采取一系列对策和措施。第一是要保证综合交通枢纽规划的科学性,保证与其周边地区的协同发展。第二是要注意保障枢纽项目全生命周期内的资源节约,即节约土地、能源、材料、水资源等。第三是要特别注意生态环境、水环境、声环境、大气环境等的保护措施。第四是要在设施规划方面充分考虑好

表 12-1　综合交通枢纽可持续发展的对策和措施

枢纽可持续发展体系		对策和措施
科学规划和协同发展		1. 统筹全局、科学发展
资源节约	土地资源节约	2. 集约利用、节省土地
	能源中心节能	3. 能源系统、创新节能
	建筑节能	4. 绿色建筑、终生节能
	材料、水资源	5. 节约材料、珍惜资源
环境保护	生态环境保护	6. 动植物保护、绿化美化环境
	水文环境保护	7. 排水排污管控、水系保护
	声环境保护	8. 标本兼治、消减噪声
	大气环境保护	9. 减少排放、护佑蓝天
人性化服务		10. 以人为本、引领服务
社会经济效益		11. 财务状况良好、可持续发展

综合交通枢纽人性化服务的需求。最后就是运营管理综合交通枢纽的公司还必须有稳定的运营收益,保障其公司的财务状况良好(见表12-1)。

12.1 枢纽运营,终生节能

综合交通枢纽从想法产生、理念形成、规划设计,到工程实施、运营管理、改造扩建,在项目的不同阶段其资源消耗量会越来越大,对项目可持续发展的影响能力和贡献度则会逐渐下降(见图12-1)。因此规划时要关注枢纽项目各阶段的节约资源、节能减排,还要特别关注综合交通枢纽在前期的投入。

1. 项目前期策划阶段

在项目前期策划阶段,要纳入低碳、绿色的建设理念,进行绿色建筑的专题论证,在生态环境、气候环境、社会环境,以及用能状况、经济效益等方面确定综合交通枢纽合理的绿色建筑目标(见图12-2)。

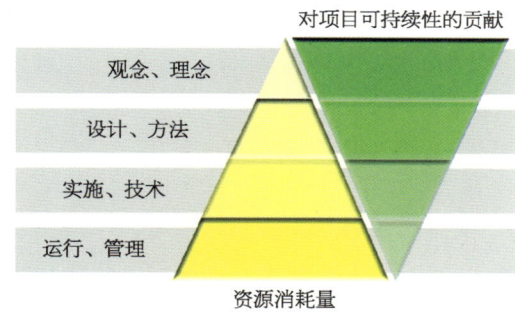

图12-1 项目不同阶段的资源消耗和影响能力

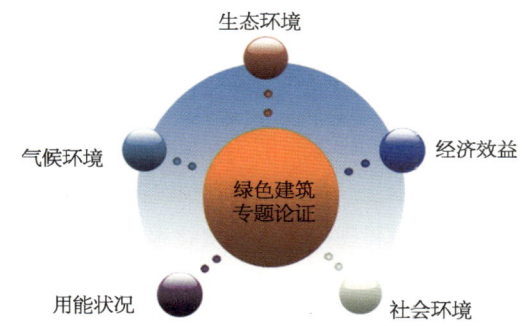

图12-2 综合交通枢纽绿色建筑论证

2. 项目规划设计阶段

在项目规划设计阶段,要特别注意节约土地,只开发适宜的场地,保护或恢复场地原貌,利用原始的地形地貌;要注意保护自然环境、原有的水系、原有的植被;要注意实施公交优先的原则,减少机动车的使用,减轻热岛效应。

要从气候特点、功能要求、社会文化和经济效益、社会效益、政策导向等方面综合考虑影响技术应用的各种因素,选择综合效益最优的技术。对于综合交通枢纽建筑本身,可以考虑采用减少玻璃幕墙的面积、增加实墙面积、在大空间利用天窗自然采光、过渡季节利用自然通风、玻璃幕墙采用遮掩措施、采用分布式供能系统、采用蓄冷蓄热技术、空调冷水系统采取直供技术、照明系统分区域分时段调控等技术。

在综合交通枢纽室内使用的新建筑材料选择上，还要监督规划设计人员使用低挥发性有机物装饰材料，以保证室内空气质量。还要设置室内空气质量监控系统，灵活地调节空调系统的末端设备。当然更重要的是要尽量缩短室内使用空调的时间，规划设计好自然通风和自然采光。

3. 项目施工阶段

项目施工阶段的节能环保要求是越来越高了，国家和地方政府出台的法规和规定也越来越细，需要在施工开始之前就有一个完整的策划。要特别关注施工污水与废水的处置，避免污染市政管线；要减少建筑垃圾的产生和处理，提高建筑垃圾的回收再利用率；要采用有效减少施工粉尘的措施控制粉尘污染；要严格控制施工和施工车辆等引起的噪声和震动等。

4. 项目运营管理阶段

项目运营管理阶段是节能环保的大头，应该全面规范运营管理制度、加强运行能耗监测和预警、认真做好每日产生垃圾的回收处理和再利用，还特别要研发实施交通运营相结合的供能系统。还要特别强调的是，综合交通枢纽运营管理阶段最重要的工作是要想方设法不断地提高公共交通所占的比例，尽可能多地采用低排放的交通运输工具。这才是综合交通枢纽节能减排、可持续发展的根本。

12.2　节能减排，技术先行

节能减排课题首先要从技术上着手寻求突破。具体来说就是要从节约土地、节约能源、节约水资源、节约材料等四个方面来改善室内环境、改善运营管理，从而达到建设可持续发展的综合交通枢纽的目的。

12.2.1　紧凑集约，节约用地

在综合交通枢纽的设施布局上应该力求做到各种设施的紧凑布局，以此达到节约用地的目的。在虹桥综合交通枢纽，将原规划的两条远距离平行跑道，改为了两条近距离平行跑道的规划布局，释放出了约 7 km² 的土地，从而使虹桥综合交通枢纽的蓝图具备了可操作性。在虹桥综合交通枢纽，最大限度地推行了公交优先的政策，使旅客利用公共交通进出枢纽的比例超过了 50%，大大减少了私人交通量，节约了道路设施、车道边设施、停车设施的用地量。同时，进出枢纽采用地面与高架相结合的道路系统，也节约了道路用地，增加了枢纽设施周边的土地开发量。

在综合交通枢纽的规划建设中，规划建设者还会大规模开发利用地下空间，高密度开发

枢纽设施的上部空间和周边地区,并充分利用枢纽设施的屋顶。虹桥综合交通枢纽的旅客出发层以上就规划布置了两个办公设施群、一幢大型商业设施,均没有占用额外的土地。

12.2.2 自然采光,自然通风

利用自然采光和自然通风的程度,应该成为评价综合交通枢纽规划设计方案最重要的指标之一。在虹桥综合交通枢纽机场航站楼的规划设计中,规划团队就最大限度地利用了自然采光和自然通风,在旅客活动空间做到了白天不用开灯,一年中至少有 3 个月不用开空调。

上海的夏季建筑物的遮阳是一个难题,大面积的玻璃幕墙肯定是不利于节能减排的方案。在虹桥综合交通枢纽,规划团队合理地控制了窗墙比,将规模巨大的虹桥机场 2 号航站楼的西立面设计为以实墙面为主,清水混凝土外墙采用内保温系统(见图 12-3)。航站楼候机长廊立面上的透明玻璃幕墙则采用(打点)low-E 中空玻璃。

图 12-3 虹桥综合交通枢纽朝西的清水混凝土立面

12.2.3 节水、节材

清洁淡水资源已经是我国多数大中城市的紧缺资源。综合交通枢纽用地面积大、硬化地面多,每日用水特别是冲厕用水量相当惊人,因此在规划设计中应该考虑雨水回用技术、中水技术、节水型灌溉技术、节水型卫生器具等各种节水技术的运用。在虹桥综合交通枢纽,规划团队充分利用室外给水管网水压,在室内给水中采用直供系统,仅 2 号航站楼每年就可节约

用电将近 16 万 kW·h；全部采用节水型卫生器具，节水率按 25% 计，仅 2 号航站楼每年就可节约 13.7 万 t 自来水；虹桥机场的雨水回用系统建成后，可以为 2 号航站楼提供其日用水量的 60%，预计年回用水量 472 000 m^3，每年可为机场节约 52.5 万元。

随着综合交通枢纽的规模越来越大，其建筑材料的使用量也越来越大，如何在规划建设中节约建筑材料也是重大课题之一。规划建设者有必要在土建与装修一体化规划设计方面多做文章，如清水混凝土的使用、结构部件的装饰化、钢结构及钢结构的外露等。还应该最大限度地使用本地建筑材料和可回收再使用材料。在虹桥综合交通枢纽建设中，将用地范围内被拆迁建筑物、构筑物的废旧建筑材料处理后，全部作为新建场道设施的地基处理材料再利用，取得了很好的经济效益和环境效益。

12.2.4 节能

在综合交通枢纽可以研讨八个方面的节能技术：水蓄冷技术、变频技术、热回收技术、新风利用技术、分层空调和置换通风技术、大空间采暖技术、冷热计量技术、中央节能控制技术。

虹桥综合交通枢纽采用了水蓄冷的集中能源中心方式，蓄冷可起到"削峰填谷"的作用，缓解用电紧张，提高能源利用效率，减少装机容量。充分利用峰谷电价，节省运行费用。蓄冷水罐共 2 个，蓄冷水罐单个有效容积为 20 000 m^3，水蓄冷运行费比常规制冷可节约大量运行成本。水系统采用大温差，减小循环水泵装机容量，降低运行费用（见图 12-4）。

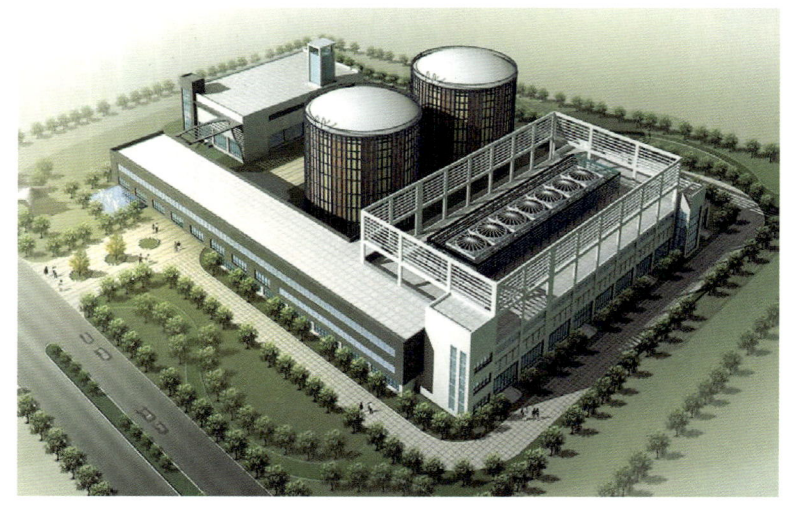

图 12-4 虹桥综合交通枢纽能源中心之一

虹桥综合交通枢纽能源中心的冷冻水系统还采用二次泵形式,二次泵为变流量。根据二次侧末端负荷的变化,在满足某一最不利水环路所需使用压力的条件下,通过改变二次水泵电机的运转频率或水泵的运行台数,以达到节能目的。不同区域的用户侧水系统均采用变流量水系统,可以根据负荷变化变频调节水泵流量和扬程,以达到最大节能运行。

在虹桥综合交通枢纽,部分窗是可以开启的。在过渡季节尽量利用新风,可进行全新风运行,减少空调的运行。冬季内区的消除余热,可采用室外免费能源,即新风,以减少能源的浪费。

在虹桥综合交通枢纽的大空间,采用了分层空调和置换通风技术,尽量减少无效空间区域的能量消耗,只满足有效区域的舒适度。采用计算流体动力学(computational fluid dynamics, CFD)的方法,对大空间的空调气流组织进行了分析,实际情况也得到了很好的验证。室内的温度分层非常明显,楼面温度为24℃时,屋顶最高点温度却达到了40℃以上。

12.2.5 新能源利用

综合交通枢纽往往是其所在城市的门户和标志性建筑,新能源的利用具有不可取代的示范作用。因此,在综合交通枢纽的规划建设中利用新能源就是规划建设者必须倾注心血和努力的。

京沪高速铁路上海虹桥站是虹桥综合交通枢纽的核心工程之一,虹桥站约24万 m^2,空调面积约16.5万 m^2,采用垂直双U并联型埋管地源热泵空调系统(见图12-5)。埋管铺设

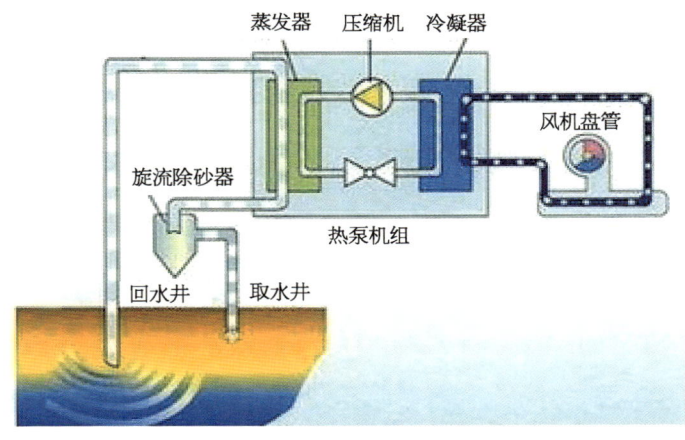

图12-5 地源热泵空调原理示意图

在高铁站房的南北两侧的站台下方,地源井的孔径为 110～130 mm,钻孔深 90 m,在南北 2～15 号站台下面共钻孔 1 960 个,共铺设了垂直管 36 万 m,水平管 2.5 万 m。每 7 个垂直钻孔组成一个小支路,每个站台铺设 10 个回路,每个回路均连接到综合管沟内的 $DN400$ 总管。夏季总冷负荷 19 977 kW,冬冬总热负荷 7 126 kW。地源热泵系统为高铁主站房和南北辅楼提供冬季供暖的全部热量,夏季与离心式冷水机组联合工作,用于补峰和夜间或过渡季节低负荷情况下使用。

另一个被广泛运用于综合交通枢纽工程的新能源项目就是太阳能。最简单的太阳能利用就是太阳能热水,任何一个综合交通枢纽都可以做到。在虹桥综合交通枢纽,也采用了利用太阳能热水系统给卫生间提供洗手用的热水等(见图 12 - 6)。

图 12 - 6 虹桥采用的太阳能热水系统

比太阳能热水器更有意义的是光伏发电项目。在虹桥综合交通枢纽的上海铁路虹桥站,太阳能光伏发电项目总投资 16 058 万元。利用上海铁路虹桥站的站台屋面面积 6.1 万 m^2,总装机容量 6 688 kW,年均发电可达 630 万 kW·h(见图 12 - 7)。据测算,此项目年节约 2 274 t 标准煤,年减少排放二氧化碳 5 837 t,二氧化硫 45 t,氮氧化合物 20 t,烟尘 364 t。该项目已经于 2010 年 6 月 28 日成功并网发电。

继虹桥综合交通枢纽光伏发电之后,10 MW 的杭州东站枢纽太阳能光伏发电项目、10.67 MW 的南京南站枢纽太阳能光伏发电项目相继完成,广州、深圳、武汉等地的铁路车站项目都顺利完成了光伏发电项目。

图 12-7　虹桥枢纽采用的光伏发电系统

　　虹桥机场 2 号航站楼是虹桥综合交通枢纽的重要组成部分,与航站楼相邻的虹桥机场货运楼建筑占地面积大,周围无高大建筑遮挡,是建设太阳能光伏电站的理想场所。尤其是面积约 3.46 万 m^2 的货运站金属屋面,周围没有任何遮挡,从建筑结构上看,也比较适合采用太阳能光伏发电与建筑一体化的设计,按照光伏板铺满货站屋顶来计算大约可敷设 3.5 MW 的太阳能电池组件,其设计装机容量属目前国内机场中规模最大的光伏发电与建筑一体化的太阳能电站。该项目被列入 2012 年"金太阳示范工程"(见图 12-8)。2013 年初,该项目成功并网发电后成为中国民航运用光伏发电的先驱,开启了中国民航大规模运用太阳能光伏发电的新时代。

图 12-8　虹桥机场货运站屋顶的光伏发电

12.3　环境保护

在综合交通枢纽规划建设中,最常遇到的环境保护问题包括:社会环境的保护、生态环境的保护、水文环境的保护、声环境的保护、大气环境的保护和公害防治等内容。在枢纽设施的规划阶段就必须开始环境保护课题的研究,这一点很重要。现在的基本建设程序中,环境评估工作是在项目的工程可行性研究阶段才实施的,项目进展到这个阶段许多环境保护的方案和可选项都已经消失,基本上只能对环境影响进行评估,而少有回头去调整或改变方案以更加有利于环境保护的可能性。因此,综合交通枢纽在规划阶段的环境评估,以及规划师对环境保护的考虑,是具有极其重大的影响力的。

1. 社会环境保护

社会环境保护是项目规划建设的强制审查内容,现在所有的建设项目都要做一个社会稳定评估,但同环境评估一样是在工程可行性研究期间进行的,也是为时已晚了。如果规划阶段对周边的社会环境没有必要的筹划,到建设时再要做点实事就非常困难了。在虹桥综合交通枢纽的规划中规划团队对周边社会环境是做了一些考虑的,在虹桥综合交通枢纽 26 km² 的区域内,结合原居民的原有社会结构,加上就近搬迁的原则,在规划区域的西南角、西北角和东北角等三处规划布置了三个搬迁居民居住区。同时,还为小区规划了轨道交通车站和公交线路,这为原居民生活邻里关系、就业、休闲和出行等社会环境的保护奠定了基础。

2. 生态环境保护

在综合交通枢纽的规划设计中,对生态环境的保护主要体现在对原地区内动植物的保护和综合交通枢纽建成后的新环境的绿化美化。综合交通枢纽一般都选址在已经城市化的地区,对动物的影响不会太大,但对本地植物的保护以及对建成后植物多样性的考虑往往都是不够的。经常可以看到在一些项目中本地植物的多样性得不到保护和发扬,却花大价钱引进不适合本地环境的植物,甚至有些外来物种根本无法存活,造成大量浪费。这样事倍功半的事情实在做不得! 因此,在综合交通枢纽的规划设计之前,应该对本地的动植物做广泛深入的调查研究,并用以指导枢纽的规划设计工作。

3. 水文环境保护

水文环境保护在日益脆弱的城市防洪体系中显得格外重要,因为硬化的地面越来越大,要在城市中保留一定的水面和调蓄能力变得越来越困难。在虹桥综合交通枢纽地区的规划中,由于前章所述防灾的原因,不得不取消了原横沥港(见图 12-9 中的虚线部分),在其西边,即虹桥综合交通枢纽地区的西边界位置上规划建设了一条替代河道(见图 12-9 中的红线部分)。考虑到枢纽建设将会带来大面积的地面硬化等因素,规划不仅没有减少水面面积,而且还增加了河道和几片湖泊,大大提高了虹桥综合交通枢纽地区的防洪、调蓄能力(见图 12-9)。

4. 声环境保护

声环境保护是综合交通枢纽规划中最头痛的问题。综合交通枢纽集聚了多种交通方式,而几乎所有交通方式都会产生不同程度的交通噪声,因此需要规划设计、建设、运行管理,以及交通工具本身等多个方面优化方案、采取措施。

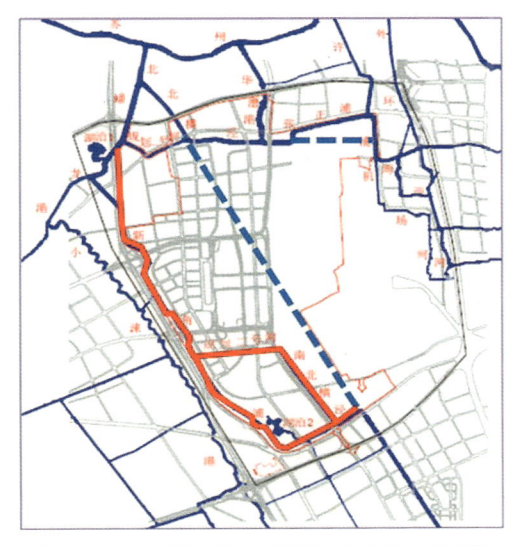

图 12-9 虹桥综合交通枢纽地区的水系变迁

在虹桥综合交通枢纽的规划中,为减少和隔离交通噪声动足了脑筋,也配备了相当多的资源。特别是由于虹桥综合交通枢纽包含了民用航空,规划时在减少飞行噪声方面做足了功课:① 将远距离跑道改为近距离平行跑道,大大减少了噪声影响范围;② 规划建设了飞机绕滑道,使高噪声区内的居民得以全部搬迁;③ 将飞机着地点内移了 300 m,又使噪声影响区域向机场内移进来 300 m;④ 减少了夜航、取消了夜货航;⑤ 启动了降噪飞行程序的研发;⑥ 在将来还会进一步要求航空公司采用低噪声航空发动机。在采取了这些措施之后,扩建后的虹桥机场对周边地区的噪声影响基本控制在了原来一条跑道时的范围之内(见图 12-10)。

5. 大气环境保护

在大气环境保护方面,要求综合交通枢纽要做的首先是公交优先,做大做强公共交通,特别是大运量的城市轨道交通。我大胆地提出一个目标,那就是大型综合交通枢纽都必须做到公共交通所占比例大于 50%。也许目前还有些困难,但远期规划必须要设定这么一个目标。只有公共交通所占的比例上去了,人均排放量才会下来。在虹桥综合交通枢纽已经做到了这一点,今后随着第三、四、五条轨道交通线的进入和城市道路交通拥堵的恶化,虹桥综合交通枢纽公共交通所占的比例还会上升。

另外,在综合交通枢纽的规划设计中要特别注意规划方案要坚持"停车熄火、集中候车"的原则。因为停车不熄火会带来严重的大气污染,而设置集中的、舒适的候车空间正是为停

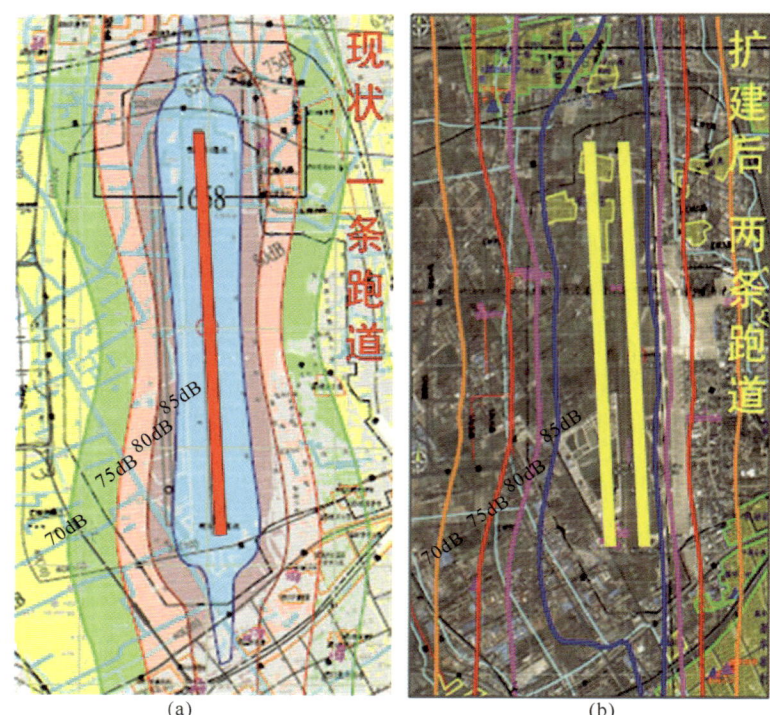

图 12-10　虹桥机场航空器噪声影响比较

车熄火创造条件的。

除了为公共交通创造便捷的运营条件，在综合交通枢纽的规划设计中还要为新能源交通工具、低碳交通工具的运营创造必要的条件。

6. 公害防治

公害防治工作在综合交通枢纽的规划中主要表现为：① 污水的截污纳管。由于枢纽工程一般都在建成区，这应该不是什么大问题。② 防治雾霾。这与大气保护所要做的工作是一样的。③ 垃圾处理。要处理好交通枢纽不断产生的各种垃圾，分类收集垃圾是关键。④ 社会治安。社会治安问题是最严重的。综合交通枢纽集聚了大量的、复杂的旅客吞吐量，加上其流动性，给社会治安带来了极大的难度。在设施的规划设计上要为社会治安的管控提供最大的技术保障。例如，要提供高清的 CCTV 系统、门禁系统、安检系统等；要为社会治安事件发生时提供必要的设施条件等。

12.4 高效经营,持续发展

一般情况下,讲到可持续发展,人们想到的大体上就是"节能减排、环境保护"。但是,仅仅做到这些还只是做到了"可持续",还是不够的,还必须有所"发展"。要发展就是要扩大再生产,对于综合交通枢纽的项目法人(运营企业)来说,就是企业要盈利。我一直坚信没有利润的企业一定是不可持续的,也是不可能提供一流服务的。

那么,综合交通枢纽的运营企业到底怎样才能盈利呢?我认为除了要有一个好的公司治理结构之外,还特别要注意下面这三个方面的问题。

(1) 要合理控制资产规模。要在项目前期认真研究市场需求,项目的可行性分析要使综合交通枢纽的设施规模与市场需求匹配好,做好分期发展规划(见图 12-11)。同时在项目建设实施中还要严格控制投资规模。简单来说,就是要用尽可能小的设施规模发挥出最大的运输能力。这么说的理由其实很简单,因为综合交通枢纽是一个城市功能型设施,规模过大只会带来经营上的巨大压力,甚至是结构性的亏

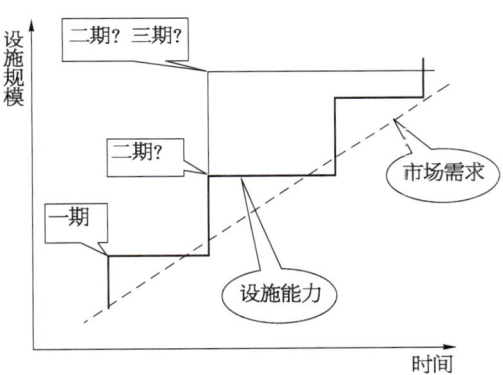

图 12-11 枢纽设施规模和市场需求的关系

损。例如虹桥机场在扩建工程完成投运的第一年就能够盈利的原因之一,就是因为它用 134 亿元(工程 60 多亿元、土地 70 亿元)的投资,承担了 3 000 万人次的年旅客吞吐量。

(2) 要严格控制人力成本。对于综合交通枢纽的运营管理企业来说,它的运营成本大体上是设施折旧、银行利息的摊销部分第一,人力成本第二,运营维护成本第三,其他成本就很小了。其中摊销和人力成本都是非常刚性的,要控制人力成本关键就是要精兵简政、提高效率,严格控制运营管理人员的总数。

在现今的社会环境和制度下,人员规模一旦形成,人力成本也是非常刚性的,基本上不能做减法。因为要是减少员工的工资、奖金或者是福利,那是要冒造成社会不稳定的风险的,所以要给予特别的关注,要慎重。这样一来,就只有一条路了,就是"精简高效"。

(3) 要坚持走"三化"的道路。即投资多元化、管理社会化、经营市场化。这三化中投资多元化最为关键,因为投资多元化会给企业带来一个好的公司治理结构,带来一个广阔的融

资平台,带来一个面向市场的经营管理体制和机制。同时,多元化的投资结构自然就会要求企业的经营管理者走管理社会化和经营市场化的道路。因为管理社会化能够调动最好的社会管理资源,经营市场化则能够让企业最便捷地对接市场,从而提高企业的竞争能力,保障企业的可持续发展。同样经营管理城市"功能保障型设施"的上海机场(集团)有限公司(简称"上海机场集团"),在过去20多年中从小到大、从弱到强,在投资多元化、管理社会化、经营市场化方面积累了许多的经验教训,对建设绿色综合交通枢纽,走可持续发展的道路是一个很好的参考案例。

案例 12-1 上海机场的"三化"实践

拥有浦东、虹桥两座机场的上海机场集团,近年来始终赢利能力保持国内机场行业领先的奥秘何在?

这一方面缘于上海机场具有先天的区位优势——地处全国经济金融中心的特大型城市上海,又依托长三角经济高速发展的推动;同时更缘于民航系统的积极改革创新——1994年12月,虹桥机场移交上海市政府管理,是民航第一家移交地方政府的大型机场,也是机场属地化改革的试点单位。在上海市政府和民航主管部门的支持下,经过20年努力,上海机场从1个机场、1条跑道、1座航站楼,发展成为"一市两场"、6条跑道、4座航站楼的世界级机场体系。数量增长的同时,更撬动了此后一系列改革措施,通过行业与地方的合力助推上海机场成长。

(1) 试水混合型经济,走市场化、社会化、国际化道路。

2014年上半年,浦东国际机场继续保持了我国内地机场货邮运量第一、全球第三的出色成绩;除了本身是联邦快递全球总枢纽的孟菲斯机场和拥有自由港独特免税优势的香港机场之外,在类似经营环境的机场中,上海机场集团创下了世界范围的最佳业绩。

这不是集团自身单打独斗出来的,优秀的合作伙伴非常关键。

1999年,上海机场集团公司与德国汉莎货运航空公司以及锦海捷亚国际货运有限公司合资成立上海浦东国际机场货运站有限公司。这家合资企业的常务副总来自汉莎,作为一家老牌民航巨头,汉莎丰富的管理经验、长期的市场耕耘,为浦东机场货运业务带来非常有价值的帮助。如今的浦东机场不仅货运业务量连年保持全球领先,更以高水平运营享誉业内,2014年又赢得全球最佳货运机场称号。

拥有浦东和虹桥机场所有户内外广告媒体独家经营权的上海机场德高动量广告有限公司(简称"机场德高动量"),同样是由上海机场集团与世界排名第一的户外广告公司——法国德高集团合作组建的。

在这家合资企业官方网站上,阵容强大的优秀广告客户被一一列出:登陆虹桥机场的首家克莱斯勒数码汽车展厅、浦东国际机场内的虹桥机场值机柜台上方的雅诗兰黛海报、浦东国际机场大厅的 VISA 信用卡和著名的 LVMH 旗下的众多高端奢侈品品牌室内灯箱、浦东国际机场户外的世界 500 强企业广告牌……事实上,自从 2005 年机场德高动量签约承接广告经营以来,上海两场的广告客户水准便不断提升,如今亮相于此的都是国内外各行业的一线品牌;广告经营收入更是比合资前有了大幅度提高。

2009 年,上海机场集团与香港机场管理局合资成立上海沪港机场管理有限公司(简称"沪港公司"),探索合资合作新模式。虹桥机场与香港优秀管理团队合作后,虹桥机场的国际机场协会(Airport Council International,ACI)旅客服务质量测评排名从 2009 年的 130 位上升到 2013 年的 22 位;近年来相继获得 2013 年度国际航空运输协会(International Air Transport Association,IATA)"便捷出行"项目北亚地区机场最佳合作伙伴奖以及国际评级机构授予的"全球最佳国内机场""五星级航站楼"等称号。而在刚启动的新一轮合作中,上海机场将进一步发挥沪港公司的作用:这支团队不仅将继续担负航站楼管理的职责,还要更深地介入经营领域,使香港机场的商业运营经验为上海机场所用。

这些与合作伙伴共同打造的企业,如今俨然成为上海机场集团的骨干力量。

(2) 利用资本市场,实现资产高速增值。

如今的上海机场集团,旗下有着我国主要民航机场中率先上市的上海国际机场股份有限公司,仅上市公司资产就超过 200 亿元,而在 20 多年前刚上市时,这个数字仅仅是 10 亿元。依托资本市场,上海机场集团实现了资产高速增值,也为机场建设提供了源源不断的资金支持。

1998 年,虹桥机场通过股份制改造成为当时国内三大机场中第一家上市公司,并在上市后使公司资产从 10 亿元迅速增长到 40 亿元。

初尝资本活力之后,上海机场越来越善于利用这一市场。1999 年,虹桥机场成为我国《可转换公司债券管理暂行办法》出台后首家发行可转债的 A 股公司,由上市公司发行 13.5 亿元可转换债券,用于机场建设。

2002 年,伴随上海机场的航班东移、浦东机场重新定位,上海机场集团实施了浦东、虹桥两场资产置换,以浦东机场一期工程飞行区等相关资产及浦东机场航空油料公司 40% 的股权,与上市公司的虹桥机场航站楼等相关资产进行置换。这一措施为浦东国际机场后续建设搭建了广阔的融资平台,也为上市公司打开更大的发展空间。事实证明,这步在资本市场的棋走对了——2002 年以来,上海国际机场股份有限公司实现了上市公司总资产从 60 多亿元到 500 多亿元的增长,机场建设也因为资本市场注入的资金流得以持续推进。

(3) 率先实施特许经营,非主营收入节节攀升。

一座机场要运营好,机场自身不必事事包打天下,更要善于运用特许经营等市场手段,这是上海机场集团移交地方管理后始终秉持的理念。

在出境购物游客流日益壮大的当下,上海庞大的"海淘"一族中,却有越来越多的人会说:"很多东西不用出去采购,在机场'日上'买就行啦!"出境旅客们的账算得明白:上海机场的"日上"免税店,化妆品、烟酒等多类产品售价较之欧美日韩或港澳地区的当地商家往往更加便宜,而且旅客购物还可以登机前预订商品、返程时再付款提货,从而省去了在境外全程提着大堆行李、还得一路打包的麻烦。这家如今在上海口岸出境游旅客中人气极旺的免税店并非上海机场集团的自营企业,而是采用特许经营权模式引进的入驻商家。

其实,早在1999年,浦东机场一期工程投入运营时,上海机场集团就提出,要充分利用国际通用的机场特许经营模式,引入专业保障服务企业。浦东机场货运站项目、加油站项目、航空食品配餐项目等率先尝鲜,取得了良好效果。

此后,机场特许经营权的运作领域随之扩大。2004年以后,上海机场集团航站楼内的商业项目陆续全部改为市场化运作,通过招投标方式交由中标方经营,机场按照协议约定收取租金。通过招标,日上免税、上海淮海商业集团等资金雄厚、信誉良好、运营管理能力强的公司进驻机场,更带来了出色的收益。到2013年,仅浦东、虹桥两机场航站区的商业租赁收入,占集团总收入比重就达到近20%。到目前为止,特许经营模式已经成为上海机场普遍采用的成熟商业模式,广泛覆盖到宾馆、公务机、航站楼商业、通信等业务。

(4) 内部管理创新,保障型单位的企业化运作。

机场要创造出色的盈利业绩,除了有效的经营措施为企业"开源"之外,通过既降低开支、又确保优质运行的高水平成本控制,来实现内部"节流",也同样重要。

"安检护卫、能源供应、机电设备……这些领域虽然发达国家已经开始出现外包服务,但目前国内还缺少专业的外包供应商可供选择,因此我们使用自己的团队。"谈及上海机场集团引入的市场化机制时,这些还没做到的项目,也是上海机场集团将要继续改革、赢得未来发展空间的地方。

在上海机场集团看来,安检、能源、机电等都可说是机场运行重要的核心环节,但保证好核心环节的运作并不等同于不计成本、把各个环节变成一整份"大锅饭";恰恰相反,市场机制在这里同样大有作为。

所以,上海机场集团正在着手将一批保障型单位打造为独立核算的内部企业。能源保障公司、安全护卫公司、机电信息公司等单位在今后的运作中,将模拟发达国家机场对于外包服务商的要求,引入全成本核算、模拟市场机制操作等方式。市场竞争的压力与活力都将借此传递到上海机场集团内部,以此更精准高效地降低成本、提升服务保障水准。

当机场经营管理的创新深入这些核心环节,探索与施行的难度不言而喻,但"上海机场发展速度行业领先,领先就意味着探索和先行先试的责任"。

在这个案例所述的三方面问题中,合理控制资产规模是最重要的。综合交通枢纽作为城市基础设施具有明显的边际效益,表现为基础设施一旦形成,其运营成本就基本锁定,不会因旅客吞吐量不足而出现大规模的成本下降。因此,资产规模过大或过度超前的基础设施建设必然带来企业经营的困境。反之,如果资产规模控制好了,人员规模也就好控制了,人力成本也就低下来了,企业的效益自然也就好了。当然,员工的待遇也就容易提高上去了。

也就是说,对于一个综合交通枢纽的运营管理公司来说,必须通过节能减排、绿色环保等,这些可持续的具体方法来建设绿色枢纽,并实现综合交通枢纽自身科学、和谐的成长,从而达到综合交通枢纽可持续发展的目标,同时也使综合交通枢纽的运营管理公司可以赢利。而不是由于节能减排、绿色枢纽的规划建设,使综合交通枢纽及其运营管理公司只能简单地在低水平上维持,得不到成长和发展,甚至造成枢纽运营管理公司长期亏损。

综合交通枢纽是城市的功能保障型设施,其运营管理公司提供给社会的产品是服务。由于我始终坚信"一个亏本的企业是不可能提供一流服务的!"因此,我建议在综合交通枢纽项目的规划建设中,一定要坚持"经济上不可行的项目不急于实施"这一基本原则,杜绝那些"节能不节钱"的项目。以我的经验来看,这条原则一定会为今后在综合交通枢纽的规划建设中,实施节能减排、绿色环保的项目扫清障碍,在综合交通枢纽的规划建设中能够顺利地实施一批真正节能减排、绿色环保的好项目,使综合交通枢纽及其运营管理公司能够走上可持续发展的道路,并得到社会和企业的一致好评。

因此,"可持续"是方法,"发展"才是目标。可持续发展其实是人类的生存哲学。

结 语

一体化，可持续

书读到这里,大家一定会觉得综合交通枢纽规划是一个非常繁杂、困难的课题,它涉及的专业内容很多,还需要协调各种复杂的关系,很难掌握其成功的"密钥"。在这里,我想告诉大家,综合交通枢纽规划建设成功的秘诀,从技术上来说就两点,只有六个字,即"一体化""可持续"。只要做好这两点,综合交通枢纽就一定是成功的,否则"问题就有点严重啦!"

1. 本书内容总结

本书首先对"出行理念"和"枢纽体系"做了定义和解释,特别是对交通枢纽的定义、分类、意义、目标做了比较具体的讨论。然后分12章讨论了综合交通枢纽的规划设计问题。

(1) 定位功能,明确目标:从区域规划、城市规划、综合交通网络规划、枢纽周边地区开发规划等角度研究综合交通枢纽的功能定位,从而明确综合交通枢纽本身规划建设的目标。

(2) 规模合理,滚动发展:讨论综合交通枢纽的运量预测;设定交通设施的容量;制定综合交通枢纽及其周边地区的分期发展规划。

(3) 流程便捷,易于识别:对运输组织的研究是综合交通枢纽规划设计的前提和基础;而流程与流量是确认综合交通枢纽规划设计的核心要素,是枢纽换乘规划设计的根本。

(4) 人车分流,动静分离:人流与车流分离应该是任何一个综合交通枢纽规划设计所必须坚持的第一原则;各种交通方式的不同换乘人流最好能够在人车分流的前提下共用通道;还要特别注意车道边的规划设计。

(5) 公交优先,站场分离:公交优先应该是综合交通枢纽规划设计的基本原则;运量越大的交通方式越应该优先就近换乘;公共交通系统的规划一定要坚持站场分离的原则,最好将公共交通在综合交通枢纽的车站设置为起点终点前的一站;还要为旅客提供便捷换乘、舒适候车的最佳环境。

(6) 快慢分离,互通冗余:在交通枢纽中,旅客快速交通系统与地区、货物、后勤等慢行交通系统要分离；另外，还要为贵宾、特殊旅客以及货运、垃圾车等的进出提供合理、便捷的通道。

（7）各成体系，便于运营：枢纽内各种交通方式聚集在一起，既要保障旅客在各种交通方式之间换乘的便捷性，又要保证各自运营系统具备必要的独立性；各种交通方式的基础设施也应该产权明晰，对经营性资产和非经营性资产应区别对待，要充分关注经济效益；同时，枢纽内简洁明晰、相对统一的标识系统也是至关重要的。

（8）统一平台，运营指挥：所有的综合交通枢纽都必须建立各种交通方式之间的信息系统互联，这就要求规划建设一个共用的运行信息平台；有了这样的公共信息平台，就有可能以综合交通枢纽为中心开展旅客联运；更有可能对综合交通枢纽的日常运营和应急救援进行统一指挥。

（9）多式联运，方便旅客：各种交通方式在综合交通枢纽的集聚为开展多式联运提供了契机和条件，这或许就是突破和建立和谐高效的综合运输体系的开端；这也逐渐成为综合交通枢纽必须具备的功能之一。

（10）商业服务，提升功能：综合交通枢纽的商业服务设施需要一个合理的规模和合理的业态；关注商业服务设施的吸客能力，动态规划商业服务设施的布局是规划时必须做的工作。

（11）防灾减灾，保障安全：在综合交通枢纽规划之初，就要把防灾减害放在头等重要的位置上，高度重视其发展规划；枢纽常见的灾害是火灾、风灾、水灾、震灾和恐怖袭击；根据不同的灾害类别，可按照灾害识别与灾害评估、灾害对策与工程实施、监测预警与应急救援三个步骤来实施枢纽防灾策略。

（12）节能减排，持续发展：规划建设绿色综合交通枢纽是规划与建造者始终不渝的目标；采用成熟的节能技术，不断地在节能减排上下功夫，应该是规划与建造者永恒的追求；必须是在环境保护的前提下才能成就综合交通枢纽的可持续发展。

2. 综合交通枢纽的一体化

由于各种复杂因素的影响，导致我国的各种交通方式长期各自为政、分而治之。长期以来希望建立的综合交通体系一直未能形成，而综合交通枢纽提供了一个综合交通体系形成的契机和突破口。因此一体化就成为综合交通枢纽规划设计的一个主要目标。

"一体化"就是综合交通枢纽规划设计理论的核心，其实也是本书的一条主线。具体一点来看，本书对综合交通枢纽的规划研究，归纳起来就是在追求七个方面的一体化：

（1）功能定位追求综合交通枢纽与区域和城市发展的一体化。

(2) 交通运输追求综合交通枢纽与综合交通网络发展的一体化。

(3) 规划布局追求综合交通枢纽中各种交通基础设施的一体化。

(4) 系统建设追求综合交通枢纽与运行信息系统的一体化和应急指挥系统的一体化。

(5) 多式联运追求综合交通枢纽中各种交通方式运营管理的一体化。

(6) 防灾规划追求综合交通枢纽安全保障的一体化。

(7) 项目开发追求综合交通枢纽实现投资、建设和运营的一体化。

在综合交通枢纽通过对上述七个"一体化"的不懈追求,希望最终达到促进区域和城市经济社会一体化发展的目的。例如虹桥综合交通枢纽,它在促进长三角经济社会一体化方面就做出了突出的贡献,甚至已经成为长三角区域经济一体化的标志。

如今,综合交通枢纽的规划建设如火如荼,但良莠不齐。如何去评价这些综合交通枢纽的规划建设水平呢?我给大家一个简单的评价标准,那就是去看看它的一体化程度。一体化做得不好,只是把各种交通方式简单地放在一起,最好也就是一个"拼盘",不能称其为"佳肴"。因此,我认为综合交通枢纽规划建设所追求的目标就是一体化,彻彻底底的一体化!

3. 综合交通枢纽的可持续发展

综合交通枢纽的可持续发展是本书的另一条主线。虽然可持续发展这个词在本书的最后才出现,但是细心的读者在每一章中都能看到"尊重市场、敬畏规律、节能环保、追求效益、和谐发展"的可持续发展理念。

在本书的最后,我不想再逐章展现贯穿于本书各章中的可持续发展理念,但还是想说一句:离开市场需求和科学规划,作为"门面"和"政绩"的综合交通枢纽是不可持续的,长期亏损的综合交通枢纽也是不可持续的。

可持续发展是综合交通枢纽规划的基本原则,更是生存哲学。可持续发展是目标,其实也是底线。

案例 13-1 揭阳潮汕国际机场综合交通枢纽项目策划

粤东地区的揭阳、潮州、汕头三市,位于粤港澳大湾区与海西经济区之间的中心位置(见图 13-1),是我国东南沿海非常富庶的地区。2019 年揭潮汕三市人口约 1 500 万,实现生产总值 5 875 亿元。全球潮汕籍总人口达 4 500 万以上,主要分布于东南亚地区和中国香港、澳门、台湾、广东等地。过去该地区的航空旅客大多被厦门机场、深圳机场、广州机场吸引,随着

结语　一体化，可持续

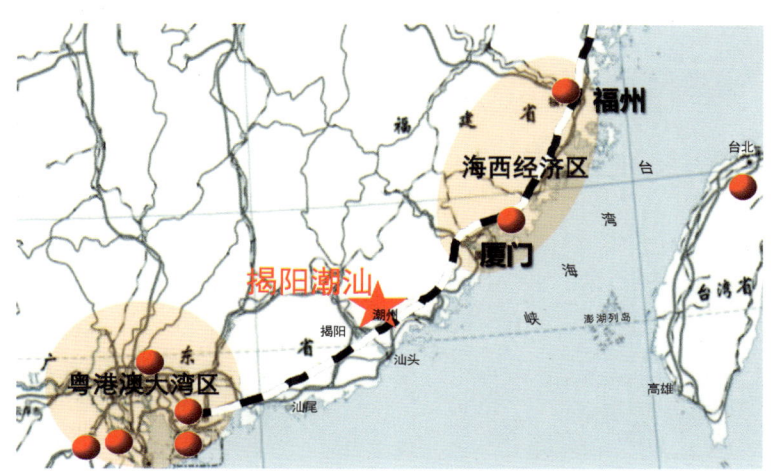

图 13-1　揭阳潮汕国际机场的位置

这些机场能力趋于饱和，揭阳潮汕国际机场迎来了一个高速发展期。

揭阳潮汕国际机场位于揭阳、潮州、汕头三市的地理中心位置，距离揭阳 22 km、汕头 28.5 km、潮州市区 24 km。揭阳潮汕国际机场是粤东联系世界的门户，广东第四大国际机场，广东机场集团下辖的第二大机场。它辐射闽西南、赣东南部分地区，直接服务人口 3 000 万左右。2011—2019 年，年均旅客吞吐量增长率为 15%，2019 年已经达到了 735 万人次。根据机场总体规划，2025 年揭阳潮汕国际机场的年旅客吞吐量将达到 1 450 万人次，2040 年达到 2 800 万。同时机场周边交通便利，甬莞高速公路与汕昆高速公路在此交汇，已建成并于 2019 年 10 月通车的广梅汕高铁在航站楼前设有机场高铁站，厦深高铁站距机场 8 km。另外，规划中的揭潮汕城际铁路将设揭阳潮汕机场站、潮汕站、汕头站等，以这些交通枢纽为中心，揭潮汕中心城区间实现 30 min 互达。随着旅客吞吐量的快速增长，机场周边有望发展成为三地交汇的新城区，成为揭潮汕地区的 CBD（见图 13-2）。这些都为综合体项目带来商业、住宿等业态的巨大市场空间。

揭阳潮汕国际机场综合交通枢纽项目位于机场航站楼正前方。我们将高铁车站布置在距航站楼 200 多 m 的南面，在航站楼与高铁车站之间开发建设机场的综合交通枢纽（见图 13-3）。航站楼、综合交通枢纽、高铁车站通过地下一层的通道直接联系。该综合交通枢纽总建筑面积约 13.7 万 m²（其中地上部分面积约 9.4 万 m²，地下部分面积约 4.3 万 m²，另含项目室外工程），造价估算约人民币 8.77 亿元（其中地上部分约 4.87 亿元，地下部分约 3.90 亿元，

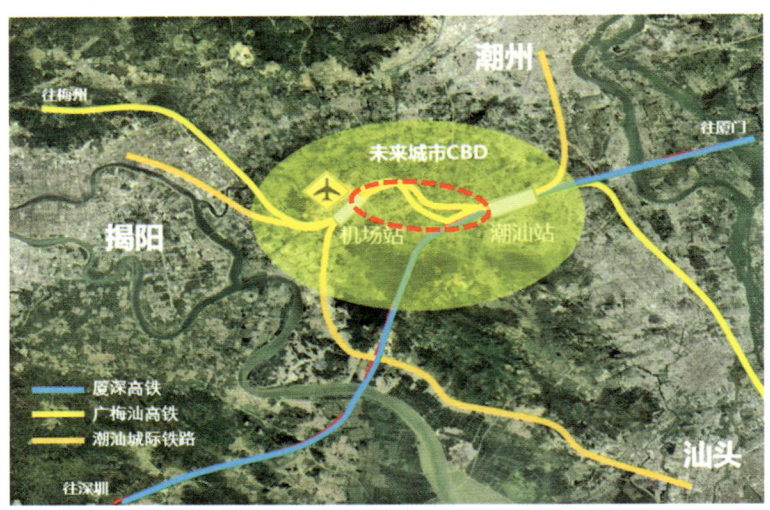

图 13-2　揭阳潮汕的"未来城市 CBD"

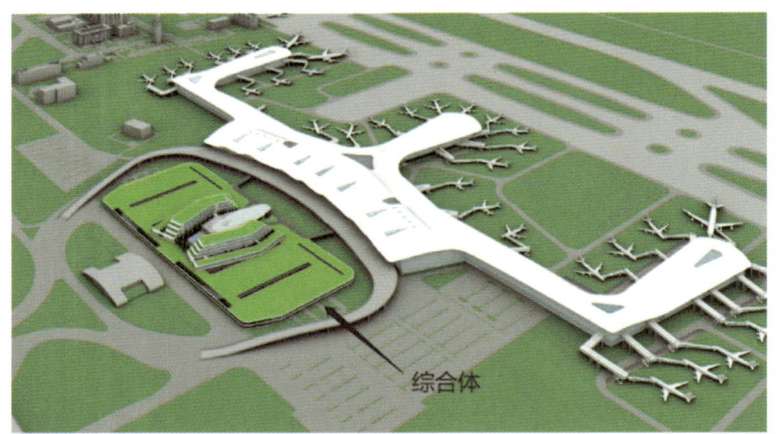

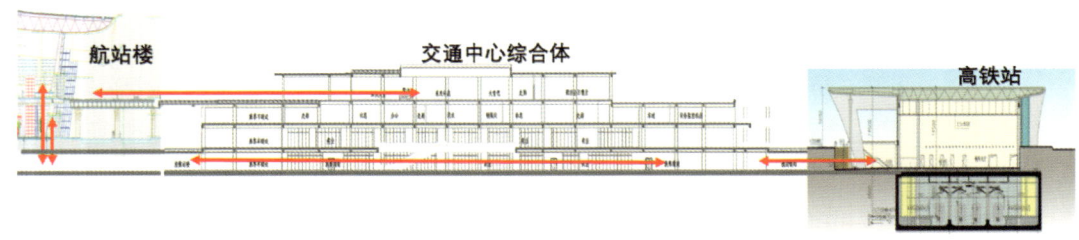

图 13-3　揭阳潮汕国际机场综合交通枢纽

地下为航站楼的人防设施)。综合交通枢纽实际上是一个综合体,主要包括综合换乘中心、停车库、旅客过夜用房和商业配套办公四大部分。作为航站楼的配套服务设施,其主要功能是为航站楼进出港的旅客与地面各种交通工具(高铁、公交、旅游大巴、出租车及私车)换乘。其中综合换乘中心为本项目的核心空间,发挥了衔接航站楼、高铁站及道路交通的枢纽作用。该综合体位于机场的最核心位置,往来机场航站楼和高铁站非常便捷。综合体地下一层和地上一层均与航站楼和高铁站直接连通,地上三层的旅客过夜用房大堂与航站楼三层(出发层)直接连通。

该项目的主要业态有三大部分,分别为旅客过夜用房、停车楼和商业配套。旅客过夜用房位于综合体的三至六层,规划面积为 22 442 m^2,共设房间 416 间,主要为过夜航班机组和有过夜用房需求的旅客提供客房及餐饮服务。停车场建筑面积 113 442 m^2,位于综合体的一至二层及地下一层的人防地下室,为机场和高铁站旅客、过夜用房及商业设施提供配套停车位,初期设计车位共 2 700 个。商业配套位于综合体的地下一层和地上一、二层,面积约 2 034 m^2,包括购物、餐饮、娱乐、文化、休闲、展示、办公等设施,为旅客、航空公司工作人员提供配套办公、餐饮、广告等全方位服务(见图 13-4)。

图 13-4 揭阳潮汕国际机场综合交通枢纽的功能构成

中交航空港与广东机场集团计划以股权合作方式成立合资公司,由合资公司负责该项目的投资、建设和运营。公司注册资本为人民币 4.87 亿元,各方以现金出资,其中中交航空港出资人民币 3.94 亿元,占合资公司 81% 股权;广东机场集团出资人民币 0.93 亿元,占合资公司 19% 股权。

广东机场集团对其实施的工程范围的工期、质量、安全和造价等负责,配合合资公司完成其实施的工程范围的工序衔接和工程竣工验收,以及按规定需要进行的消防、卫生、人防等报建、检测及验收。合资公司对交通中心综合体的运营期限不低于 30 年(不含该项目的建设期)。

根据详细的市场调研和财务分析,预计该项目在 2022 年(运营第 1 年)实现盈亏平衡。随着运营成熟,项目利润总额将保持稳定增长(见图 13-5)。预计该项目当期现金流将在 2022 年(运营第 1 年)回正,累计现金流将在 2037 年(第 16 年)回正(见图 13-6)。

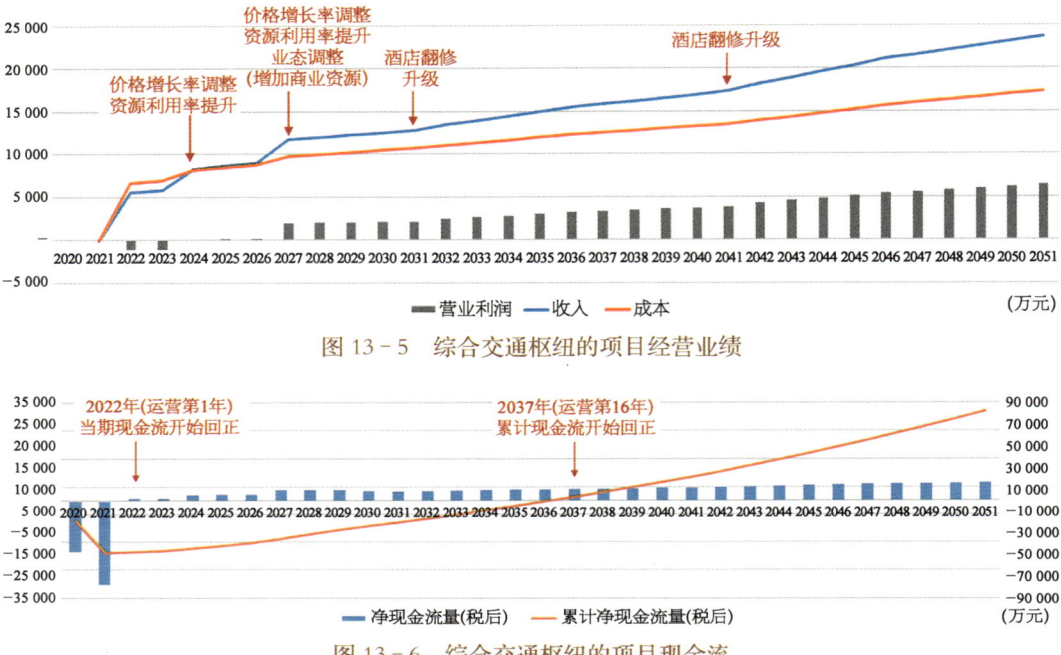

图 13-5 综合交通枢纽的项目经营业绩

图 13-6 综合交通枢纽的项目现金流

合资公司可在土地等资产注入后进行资本运作,包括但不限于产业基金、公募 REITs 等资本运作方式。

揭阳潮汕国际机场综合交通枢纽的项目策划持续做了五年,在这个不断谋划、不断克服困难、不断推进的过程中,我们看到了广东机场集团对科学和市场的尊重,以及开放的胸怀。他们做得非常睿智、非常成功。

该项目的规模和复杂程度,对于一个不足 1 000 万人次年旅客量的机场来说,都是难度很大的。广东机场集团早谋划,充分调动市场上的资金为自己的发展服务,高水平地完成国内首个小机场的综合交通枢纽综合体,并且抓住了市场机遇,占得了民用航空市场先机。这是一个借船出海的典型案例。

同时,该项目从投资效益分析指标来看,其财务内部收益率、资本金财务内部收益率、资本金财务现金流动态回收期、项目投资财务净现值等各项指标均较好,具有较好的投资收益。

图表索引

图 0-1	各种交通方式的优势阈 2			中的定位 18
图 0-2	"组合出行"模式 3		图 1-7	上海西部地区(虹桥综合交通枢纽周围地区)规划设想 19
图 0-3	上海市轨道交通 3 号线水产路站 4		图 1-8	济宁临空经济区位置图 20
图 0-4	以车站为核心集聚的城市多核结构 4		图 1-9	济宁临空经济区产业设施分区图 21
图 0-5	上海市中心城轨道交通网及车站 500 m 半径覆盖圈 5		图 1-10	济宁临空经济区功能分区图 22
图 0-6	以虹桥综合交通枢纽为核心的高速公路一日交通圈 7		图 1-11	兖州"空铁新城"之城市结构示意图 23
图 0-7	以虹桥综合交通枢纽为核心的高速铁路一日交通圈 7		图 1-12	虹桥综合交通枢纽地区要素规划 25
图 0-8	以上海机场为核心的航空一日交通圈 8		图 1-13	虹桥综合交通枢纽地区详细规划 26
图 0-9	交通网络的基础原型 8		图 1-14	虹桥商务区城市设计 26
图 1-1	虹桥综合交通枢纽在长三角的定位 15		图 1-15	北京大兴国际机场临空经济区位置 27
图 1-2	虹桥综合交通枢纽位于沪苏嘉地区的核心 15		图 1-16	北京大兴国际机场临空经济区总体规划 28
图 1-3	北京大兴国际机场在京津冀区域的功能定位 16		图 1-17	北京大兴国际机场临空经济区结构规划 29
图 1-4	虹桥综合交通枢纽在长三角综合交通网络中的功能定位 17		图 1-18	北京大兴国际机场临空经济区绿地规划 32
图 1-5	京津冀综合交通网络中的北京大兴国际机场综合交通枢纽 17		图 1-19	北京大兴国际机场临空经济区总平面图 33
图 1-6	虹桥综合交通枢纽在上海城市规划		图 1-20	北京大兴国际机场临空经济区路网

		系统规划 35
图 2-1		综合交通枢纽设施的基本空间构成 38
图 2-2		综合中小型交通枢纽面积的算定 39
图 2-3		交通枢纽的空间布局模型 39
图 2-4		日本某轨道交通车站前广场的规划 40
图 2-5		扬州及其周边地区主要机场 44
图 2-6		深圳市城市总体规划(1996—2010年) 45
图 2-7		深圳市城市规划布局结构 45
图 2-8		不同交通方式沿线城镇发展规律 46
图 2-9		深圳市龙岗方向城市发展轴用地现状(1996—2010年) 47
图 2-10		深圳市龙岗方向城市发展轴用地规划调整建议 47
图 2-11		组合出行模式 48
图 2-12		公共汽车在轨道交通车站周边接驳模式 48
图 2-13		虹桥综合交通枢纽的规划布局 50
图 3-1		各种交通设施相对独立的投标方案 55
图 3-2		将各种交通设施整合为一体的投标方案 55
图 3-3		将各种交通设施整合为一体的投标方案平面 56
图 3-4		一体化后的虹桥综合交通枢纽设计模型 57
图 3-5		一体化后的虹桥综合交通枢纽设计方案剖面 57
图 3-6		一体化后的虹桥综合交通枢纽平面方案 58
表 3-1		虹桥综合交通枢纽内客流换乘量预测 59
图 3-7		由换乘量决定的设施布局规划 60
图 3-8		虹桥综合交通枢纽中的轨道交通规划 61
图 3-9		虹桥综合交通枢纽中的各种交通方式 62
图 3-10		铁路与轨道交通的换乘 62
图 3-11		机场航站楼与轨道交通的换乘 62
图 3-12		磁浮交通与轨道交通的换乘 63
图 3-13		铁路与磁浮交通的换乘 63
图 3-14		机场航站楼与磁浮交通的换乘 63
图 3-15		铁路与机场航站楼的换乘 63
图 3-16		旅客流程上直达目标层的自动扶梯 64
图 3-17		容易识别、不会错过的标识系统 65
图 3-18		综合交通枢纽的商业服务功能 65
图 3-19		与流程通道可望可及的集中商业服务设施 66
图 3-20		与旅客流程通道融合的商业服务设施 66
图 4-1		浦东国际机场一体化交通中心 69
图 4-2		浦东国际机场一体化交通中心的人行通道 70
图 4-3		交通中心人行通道两侧的商业服务设施 70

图 4-4　交通中心地面层不同交通方式的车道边　71

图 4-5　交通中心人行通道的竖向交通节点　71

图 4-6　浦东国际机场交通中心内的会合点　72

图 4-7　交通中心人行通道的竖向运输工具　72

图 4-8　港珠澳大桥珠海口岸与交通枢纽规划　73

图 4-9　虹桥综合交通枢纽的道路围绕建筑　73

图 4-10　东广场的人行通道与车道边水平分离　74

图 4-11　东广场停车库内的人、车流线水平分离　74

图 4-12　交通中心停车库内的人行通道　74

图 4-13　静态交通的停车库与繁忙的车道边　75

图 5-1　虹桥综合交通枢纽的轨道交通车站与公交接客站　79

图 5-2　宽敞舒适的轨道交通站厅　79

图 5-3　位于枢纽出发门前的各种公共汽车下客站　80

图 5-4　位于机场航站楼门前的各种公共汽车下客站　80

图 5-5　位于机场航站楼和磁浮门前的公共汽车上客站　81

图 5-6　位于磁浮车站门前的公共汽车上客站　81

图 5-7　虹桥机场 2 号航站楼前的出租车接客系统　81

图 5-8　虹桥机场 2 号航站楼的出租车蓄车场　81

图 5-9　虹桥机场 2 号航站楼前的出租车通道　82

图 5-10　虹桥机场 2 号航站楼前的出租车候车与上车　83

图 5-11　虹桥机场 2 号航站楼前的出租车候车与上车实景　83

图 5-12　社会车辆进库接客及送客再出库流线　83

图 5-13　社会车辆送客及进库流线　83

图 5-14　社会车辆进库接客及送客实景　84

图 5-15　铁路、磁浮和轨道交通的车辆段规划布局　84

图 5-16　从西北车辆场出来到两个或一个候车室接客的车辆流线　85

图 5-17　从西南车辆场出来到两个或一个候车室接客的车辆流线　85

图 5-18　长途客车和公共汽车候车室的设置　86

图 5-19　地面公交的候车室和车道边　86

图 5-20　候车室外的公共汽车　86

图 5-21　公交候车室内景　86

图 6-1　虹桥综合交通枢纽的交通量预测　89

图 6-2　虹桥综合交通枢纽外围道路系统规划　90

图 6-3　虹桥综合交通枢纽对外道路交通节

| 图 | 编号 | 标题 | 页码 |

	点 91
图 6-4	虹桥综合交通枢纽对外节点交通量预测 91
图 6-5	虹桥综合交通枢纽门前交通量预测 92
图 6-6	多车道边、多出入口的枢纽集疏运系统 93
图 6-7	虹桥综合交通枢纽地区交通量预测 94
图 6-8	虹桥机场2号航站楼的贵宾设施 95
图 6-9	虹桥综合交通枢纽的贵宾通道 95
图 6-10	虹桥机场贵宾通道的双出入口保障 96
图 6-11	虹桥综合交通枢纽的货运、垃圾通道 97
图 6-12	虹桥机场西货运区及枢纽物流园区 97
图 7-1	虹桥综合交通枢纽的设施分类 101
图 7-2	虹桥综合交通枢纽的设施分类案例 102
图 7-3	虹桥综合交通枢纽的设施区分布局 103
表 7-1	虹桥综合交通枢纽设施的融资模式与运营目标 103
图 7-4	虹桥综合交通枢纽的投资分工 104
图 7-5	北京大兴国际机场综合交通枢纽意向图 105
图 7-6	北京大兴国际机场规划的外围环线 106
图 7-7	北京大兴国际机场铁路与轨道系统线位布置 107
表 7-2	四种可能的方案中公共交通承担比例 107
图 7-8	航站楼前土地利用总体布局示意图 108
图 7-9	本次项目策划的对象范围 109
表 7-3	北京大兴国际机场综合交通枢纽商业设施规模预测 109
表 7-4	投资平衡和运营费用平衡的测算 110
图 7-10	虹桥综合交通枢纽的设施布局（平面） 111
图 7-11	虹桥综合交通枢纽的设施布局（剖面） 111
图 7-12	虹桥综合交通枢纽的运行系统和虹桥机场的运行系统 112
图 7-13	虹桥综合交通枢纽东交通中心运行管理系统 113
图 7-14	虹桥综合交通枢纽中的引导标识 114
图 7-15	虹桥综合交通枢纽标识系统的设置规范（单位：mm） 115
图 7-16	虹桥机场2号航站楼前交通换乘中心的共享空间 115
图 7-17	虹桥综合交通枢纽停车楼内的识别标识系统 116
图 7-18	虹桥综合交通枢纽停车楼内的识别标识实景 116
图 7-19	虹桥综合交通枢纽停车楼内的交通

图表索引

核 116

图7-20 虹桥综合交通枢纽停车楼内的"(西瓜层)标识卡" 116

图8-1 浦东国际机场运营指挥体系 119

图8-2 浦东国际机场交通信息中心位置 119

图8-3 浦东国际机场交通信息中心 120

图8-4 浦东国际机场交通信息系统构造 121

图8-5 浦东国际机场交通信息来源 121

图8-6 浦东国际机场交通信息显示屏 122

图8-7 虹桥综合交通枢纽交通信息体系 123

图8-8 虹桥综合交通枢纽交通信息平台结构 123

图8-9 虹桥综合交通枢纽交通信息显示屏 124

图8-10 综合交通枢纽传播交通信息的媒体 124

图8-11 虹桥综合交通枢纽交通信息系统应用架构 125

图8-12 虹桥综合交通枢纽交通信息中心与运行指挥中心架构 126

图8-13 虹桥机场航站楼运行指挥中心(TOC)实景 126

图8-14 虹桥综合交通枢纽运行指挥中心平面图 127

图8-15 虹桥综合交通枢纽运行指挥中心 127

图8-16 虹桥综合交通枢纽应急救援指挥中心 128

图9-1 虹桥综合交通枢纽旅客联运服务范围 130

图9-2 远程值机模块示意 132

图9-3 某高铁车站内设置远程值机模块示意 132

图9-4 位于虹桥枢纽内的浦东机场远程值机设施 133

图9-5 位于虹桥枢纽内的浦东机场远程值机设施实景 133

图9-6 上海机场城市航站楼 134

图9-7 上海适合建设城市航站楼的地点 135

图9-8 北京的两个机场与中心城 136

图9-9 北京的机场快线与城市航站楼选址 137

图9-10 长三角可能实施空铁联运的站点 138

图9-11 东方集团的空铁联运广告 139

图9-12 东航与台湾高铁开展空铁联运 140

图9-13 京津冀城际铁路与交通枢纽示意 141

图9-14 北京大兴国际机场与高铁的衔接方案 142

图9-15 北京大兴国际机场与各和轨道系统的衔接方案 143

表9-1 四种可能的方案中公共交通承担比例分析 144

图9-16 北京大兴国际机场航站楼前的综合交通枢纽及相关开发设施 145

图 9-17	昆山的上海机场航站楼 146
图 9-18	无锡的上海机场航站楼 146
图 10-1	虹桥综合交通枢纽商业客流预测 149
表 10-1	虹桥综合交通枢纽配套设施规模测算 150
图 10-2	交通枢纽内的商业活动 151
图 10-3	作为旗舰店来规划的交通枢纽商业设施 152
表 10-2	不同业态对应的设施一览 153
图 10-4	枢纽商业服务设施业态分析与分阶段规划理念 154
图 10-5	虹桥综合交通枢纽东部商业服务设施规划布局（2010 年） 155
图 10-6	虹桥综合交通枢纽东部商业服务设施规划布局（2020 年） 155
图 10-7	虹桥综合交通枢纽东部商业服务设施规划布局（2030 年） 156
图 10-8	虹桥枢纽和商业服务设施规划布局（+12 m 层） 156
图 10-9	虹桥枢纽东部商业服务设施规划布局（+18 m 层） 157
图 10-10	虹桥枢纽东换乘中心商业服务设施规划布局（+24 m 层） 157
图 10-11	虹桥枢纽东换乘中心商业服务设施规划布局（+29 m 层） 158
图 10-12	虹桥枢纽东换乘中心商业服务设施规划布局（+34 m 层） 158
图 10-13	虹桥枢纽东换乘中心商业服务设施规划布局（+39 m 层） 159
图 10-14	虹桥枢纽东部商业服务设施规划布局（-9 m 层） 159
图 10-15	虹桥枢纽磁浮车站上部商业服务设施规划布局（+24 m 层） 160
图 10-16	虹桥枢纽磁浮车站上部商业服务设施规划布局 160
图 10-17	虹桥枢纽四星级宾馆的业态规划 161
图 10-18	虹桥枢纽假日型宾馆的业态规划 161
图 10-19	虹桥机场航站楼值机大厅与安检区的广告规划 162
图 10-20	虹桥机场航站楼值机大厅的广告 163
图 10-21	虹桥机场航站楼候机指廊的广告规划 163
图 11-1	虹桥综合交通枢纽的河道规划变迁 167
图 11-2	虹桥综合交通枢纽的设施布局 167
图 11-3	虹桥综合交通枢纽的敞开式地下设施剖面 168
图 11-4	虹桥综合交通枢纽的敞开式地下设施 168
图 11-5	虹桥综合交通枢纽防灾疏散用地 169
表 11-1	灾害分级与定义 170
图 11-6	综合交通枢纽灾害概率密度函数 170
表 11-2	虹桥综合交通枢纽灾害识别体系 171

图11-7	防撞杆的撞击实验 173
图11-8	虹桥枢纽东部的防撞杆、防爆柱、玻璃防爆贴(0 m层) 174
图11-9	虹桥枢纽东部的防撞杆、防爆柱、玻璃防爆贴(+12 m层) 174
表11-3	综合交通枢纽水灾防范措施 175
表11-4	风负荷下枢纽建筑的结构响应与控制目标 175
表11-5	虹桥枢纽东部结构位移控制与关键构件性能目标 176
图11-10	虹桥综合交通枢纽使用的液体黏滞阻尼器 176
图11-11	传统支撑和BRB支撑在侧向力作用下的变形 177
图11-12	虹桥综合交通枢纽使用的BRB支撑 177
图11-13	虹桥综合交通枢纽防灾信息平台 178
图11-14	虹桥综合交通枢纽风灾监控与连接 178
图11-15	虹桥综合交通枢纽水灾监控与连接 179
图11-16	虹桥综合交通枢纽防灾监控与应急流程 180
表12-1	综合交通枢纽可持续发展的对策和措施 182
图12-1	项目不同阶段的资源消耗和影响能力 183
图12-2	综合交通枢纽绿色建筑论证 183
图12-3	虹桥综合交通枢纽朝西的清水混凝土立面 185
图12-4	虹桥综合交通枢纽能源中心之一 186
图12-5	地源热泵空调原理示意图 187
图12-6	虹桥采用的太阳能热水系统 188
图12-7	虹桥枢纽采用的光伏发电系统 189
图12-8	虹桥机场货运站屋顶的光伏发电 189
图12-9	虹桥综合交通枢纽地区的水系变迁 191
图12-10	虹桥机场航空器噪声影响比较 192
图12-11	枢纽设施规模和市场需求的关系 193
图13-1	揭阳潮汕国际机场的位置 203
图13-2	揭阳潮汕的"未来城市CBD" 204
图13-3	揭阳潮汕国际机场综合交通枢纽 204
图13-4	揭阳潮汕国际机场综合交通枢纽的功能构成 205
图13-5	综合交通枢纽的项目经营业绩 206
图13-6	综合交通枢纽的项目现金流 206

案例索引

案例 0-1 苏州吴教授一家的周末一天 6

案例 0-2 上海市综合客运交通枢纽布局规划 9

案例 1-1 济宁市"空铁新城"发展规划 19

案例 1-2 北京大兴国际机场临空经济区规划(北京部分,2020—2035) 27

案例 2-1 日本某轨道交通车站前广场规划 40

案例 2-2 虹桥综合交通枢纽铁路站股道数量策划 42

案例 2-3 苏中机场的终端规模策划 43

案例 2-4 深圳市轨道交通3号线的运量策划 44

案例 7-1 北京大兴国际机场综合交通枢纽开发策划 105

案例 9-1 北京的城市航站楼选址 136

案例 9-2 北京大兴国际机场的空铁联运 140

案例 12-1 上海机场的"三化"实践 194

案例 13-1 揭阳潮汕国际机场综合交通枢纽项目策划 202

参 考 文 献

[1] 刘武君,顾承东,等.图解虹桥综合交通枢纽——策划、规划、设计、研究[M].上海:上海科学技术出版社,2008.

[2] 刘武君,陈建国,等.虹桥综合交通枢纽开发策划研究[M].上海:上海科学技术出版社,2009.

[3] 刘武君.重大基础设施建设项目策划[M].上海:上海科学技术出版社,2010.

[4]《上海市综合客运交通枢纽布局规划》发布[EB/OL].[2007-01-10]. http://www.shanghai.gov.cn/shanghai/node2314/node2319/node12344/user object26ai9540.html.

[5] 王蕾.上海机场赢利能力行业领先的秘密[EB/OL].[2014-09-10]. http://www.caacnews.com.cn/newsshow.aspx?idnews=257092.

[6] 刘武君,万建军,李文沛,等.以城际磁浮交通推动长三角一体化[J].综合运输,2003(9):14-15.

[7] 刘武君.建设虹桥枢纽 服务区域经济[J].上海城市发展,2006(1):30-32.

[8] 秦灿灿,刘武君.关于上海机场与磁浮、铁路开展联运的设想[J].综合运输,2006(5):31-32.

[9] 刘武君,俞志海,付荞.关于建设"磁浮交通市域线"的建议[J].上海综合经济,2003(9):61-62.

[10] 赵海波,顾承东,刘武君,等.虹桥综合交通枢纽开发融资策划[J].城市轨道交通研究,2007,10(1):7-10.

[11] 刘武君.虹桥机场规划中的几个问题[M]//吴念祖.上海空港(第4辑).上海:上海科学技术出版社,2007.

[12] 顾承东,林晨,刘武君.国外大型综合交通枢纽的开发[M]//吴念祖.上海空港(第4辑).上海:上海科学技术出版社,2007.

[13] 顾承东,林晨,刘武君.上海虹桥综合交通枢纽建设管理策划[J].综合运输,2007(9):54-57.

[14] 赵海波,顾承东,林晨,等.虹桥综合交通枢纽规划方案研究与策划[J].城市轨道交

通研究,2007.10(11):8-12.

  [15] 顾承东,刘武君,林晨.虹桥综合交通枢纽投资平衡研究[M]//吴念祖.上海空港(第8辑).上海:上海科学技术出版社,2008.

  [16] 北京市规划和自然资源委员会.北京大兴国际机场临空经济区(北京部分)控制性详细规划(街区层面)[EB/OL].(2020-12-02)[2021-07-29].http://ghzrzyw.beijing.gov.cn/zhengwuxinxi/ghcg/xxgh/dx/202012/P020201215545307199896.pdf.

综合交通枢纽规划（第二版）

第二版后记

自2002年我向上海市政府书面提出"建设虹桥枢纽、服务区域经济"的项目建议，到2010年虹桥综合交通枢纽建成投运，整整八年时间，我全程参加了虹桥综合交通枢纽的策划、规划、设计、施工和竣工、投运等所有工作，投入了自己人生最美好八年的全部身心。

2002年，"建设虹桥枢纽、服务区域经济"建议书中的附图

从2004年开始,我主持虹桥综合交通枢纽的前期工作是我进入人生中最大的亢奋期。对于我个人来说,虹桥综合交通枢纽就是事业的顶峰,空前绝后。在一个如此巨大而重要的项目中,从项目的提出、功能定位、开发策划、投融资、建设与运营管理体制的决策运作,到规划方案、设计思路,以及一些非常具体的细节设计,我个人都发挥了决定性的作用。这样的机遇过去没有过,今后也不会再有了。回想那八年多激荡人心的岁月,我从心底里感谢过去的那些"老领导",是他们为我提供了这样一个巨大的舞台,放手放心地让我展示了我过去40年所学和所练的全部知识和功夫。我的"表演"如何、虹桥综合交通枢纽规划建设得如何? 自有后人会做出公正的评判。虹桥综合交通枢纽至今还是一块"无字碑"! 然而,我作为主要当事者之一,有责任有义务为历史留下一份"真实"、给上海一份"答卷"。这就是我出版本书的最根本原因。

2004年,刘武君手绘的、最早的虹桥综合交通枢纽规划图

虹桥综合交通枢纽建成投运以后,我曾多次在清华大学、同济大学、中国民航管理干部学院、交通运输学会、轨道交通学会、城市交通学会、投资协会,以及众多规划设计单位、交通研究单位、项目业主单位等做了许多次演讲,从不同角度介绍了虹桥综合交通枢

纽及其背后的一些故事和思想。这些隐藏于虹桥综合交通枢纽物理空间背后的东西,往往更有利于大家完整和全面地了解虹桥综合交通枢纽。因此,大家都希望我能够尽快把这些贯穿于虹桥综合交通枢纽规划设计中的理念和思路、经验和教训、艰辛和体会都记录下来、公之于众。吴良镛先生甚至在2013年就已经为本书题写了书名,这对我的写作真是一个莫大的鼓励和督促,谢谢先生!于是2014年,我就将过去讲演的PPT和讲义资料、讲课录像等进行整理,出版了《综合交通枢纽规划》,供大家分享、讨论、批判、指正。

2015年,《综合交通枢纽规划》第一版出版发行

转眼间七年多过去了,《综合交通枢纽规划》收获了广大读者的鼓励和抬爱,原版书早已售罄,且需求依然强劲。今年初受上海科学技术出版社的邀请,我修订《综合交通枢纽规划》再出第二版,由于距上一版出书时间还不长,且时间仓促,所以此次修订没有改动原书的结构,主要增加了一些案例和补充说明。

最后,我要感谢在成书过程中秦灿灿、陈立、李起龙等各位朋友和同事做出的大量无私贡献。感谢清华大学建筑与城市研究所、同济大学工程管理研究所、上海瑞科同航工程管理咨询有限公司、美国 SPS（上海）交通咨询有限公司[Strategic Planning Services (Shanghai) Co., Ltd.]、上海觐翔交通工程咨询有限公司、中国民航机场建设集团有限公司、中国城市规划设计研究院、铁路第三设计研究院、铁路第四设计研究院、上海市政工程规划设计研究总院、上海建筑科学研究院集团有限公司、上海华东建筑设计研究院、上海机场建设指挥部、上海磁浮交通发展有限公司、上海科学技术出版社等单位的朋友们和同事们为本书提供了相关资料、图片，以及宝贵的修改意见，感谢他们无私提供的方方面面的支持和帮助。

刘武君

2021 年 7 月 20 日 于北京干杨树